职业教育汽车类专业改革示范新教材
"双证融通"改革试点汽车运用与维修专业教材

微课版

汽车基础电气设备检修

主编 陈翔 周泳敏

华东师范大学出版社
·上海·

图书在版编目（CIP）数据

汽车基础电气设备检修/陈翔，周泳敏主编.—上海：华东师范大学出版社，2017
ISBN 978-7-5675-6917-1

Ⅰ.①汽… Ⅱ.①陈… ②周… Ⅲ.①汽车—电气设备—车辆修理 Ⅳ.①U472.41

中国版本图书馆CIP数据核字（2017）第225025号

汽车基础电气设备检修

主　　编	陈翔　周泳敏
项目编辑	皮瑞光
特约审读	李兴福
责任校对	冯寄湘
装帧设计	庄玉侠
出版发行	华东师范大学出版社
社　　址	上海市中山北路3663号　邮编 200062
网　　址	www.ecnupress.com.cn
电　　话	021-60821666　行政传真 021-62572105
客服电话	021-62865537　门市（邮购）电话 021-62869887
地　　址	上海市中山北路3663号华东师范大学校内先锋路口
网　　店	http://hdsdcbs.tmall.com/
印 刷 者	常熟高专印刷有限公司
开　　本	787毫米×1092毫米　1/16
印　　张	16.25
字　　数	406千字
版　　次	2018年8月第1版
印　　次	2023年2月第3次
书　　号	ISBN 978-7-5675-6917-1/H·119
定　　价	39.80元
出版人	王焰

（如发现本版图书有印订质量问题,请寄回本社客服中心调换或电话021-62865537联系）

序 XU

  为进一步提升职业院校人才培养质量，落实立德树人根本任务，推动职业教育人才培养供给侧与需求侧的紧密对接，服务学生终身发展，上海市教育委员会教学研究室于2011年在全国率先探索以"双证融通"为标志的"双证书"制度的新型实践模式，创新整体育人理念指导下的供给侧改革思维，实现职业教育人才培养机制的重大突破。

  作为首批试点单位，上海市交通学校汽车运用与维修专业开展"双证融通"专业教学改革实践已逾六年。学校联合兄弟院校在"双证融通"专业教学实施方案编制、课程体系建设、课程标准研制与课程考核实施等方面承担了一系列探索性工作。

  为满足汽车运用与维修专业"双证融通"课程教学需求，上海市交通学校、上海市公用事业学校、上海市现代职业技术学校、上海市南湖职业学校的专业骨干教师依据《上海市中等职业学校"双证融通"改革试点汽车运用与维修专业教学文件》，联合开发了汽车机械系统结构与拆装、汽车使用与维护、汽车机械系统检修、汽车基础电气设备检修四门"双证融通"课程教材。此系列教材注重学生职业能力培养，将课程内容要求（包括职业资格证书的应知应会要求）都细化到知识点、技能点，既夯实、强化专业能力，又注重培养学生适应未来职业变化所需的关键能力，实现了学历证书与职业资格证书的内涵与要求深度融合。

  此系列教材在国内"双证融通"专业教学改革实践中具有一定的创新性和较高的实践价值。期待此系列教材的出版能推进上海市汽车运用与维修专业教师的"教"与学生的"学"，也期待同学们在汽车专业的学习中更加出彩！

上海市教育委员会教学研究室

前言
QIANYAN

  本书是中等职业学校汽车运用与维修专业的"双证融通"教材,依据上海市《中等职业学校汽车运用与维修专业教学标准》,并参照汽车维修行业和相关国家职业技能标准编写而成。

  本教材以培养职业技能人才为导向,按照汽车维修职业岗位(群)的能力要求,培养学生就业、创业和适应岗位变化的能力,并具有可持续发展和再学习的能力。

  教材内容包括:电工基础技术应用、汽车电气线路分析与测试、汽车电源系统检修、汽车起动系统检修、汽车照明与信号系统检修5个项目,共14个教学模块;以"学习任务"为主线,通过学习任务整合相关知识、技能与态度,设计成任务引领型教材。

  本书建议教学学时数为144学时,具体学时分配见下表:

项　　目	理论课时	实操(模操)课时	项目课时
项目一　电工基础技术应用	8	12	20
项目二　汽车电气线路分析与测试	8	10	18
项目三　汽车电源系统检修	16	20	36
项目四　汽车起动系统检修	12	20	32
项目五　汽车照明与信号系统检修	12	20	32
机动	2	4	6
合计	58	86	144

  本书由上海市南湖职校陈翔、周泳敏担任主编,上海市南湖职校赵磊、上海市交通学校战裕进、上海市现代职校蔡莉艳、上海市公用事业学校王吉欣参与编写。其中,周泳敏编写项目一(模块一、模块二)、赵磊编写项目一(模块三),陈翔编写项目二,战裕进编写项目三,蔡莉艳编写项目四,王吉欣编写项目五。

  本书在编写过程中得到上海交通职业学院副教授吕坚、上海市技术装备中心高级教师施慧君及陈运富、毛伟泳等教师的支持和帮助,在此一并致以感谢。

  由于编写时间及编者水平有限,书中难免有错误和不妥之处,恳请广大读者批评指正。

编 者
2018 年 3 月

目 录

| 项目一 电工基础技术应用 | 1 |

模块一 直流电路制作 2
- 任务 1 串联直流电路制作 2
- 任务 2 并联直流电路制作 11
- 任务 3 混联直流电路制作 16

模块二 电路测量 21
- 任务 1 电压、电阻、电流的测量 21
- 任务 2 电路的测量 34

模块三 磁与电磁的应用 46
- 任务 1 继电器的测试 46
- 任务 2 电磁阀的测试 57

| 项目二 汽车电气线路分析与测试 | 63 |

模块一 汽车电气线路分析 64
- 任务 1 汽车电路图的分类与例图的识读 64
- 任务 2 汽车电路图的识读 74

模块二 汽车电路/系统测试 86
- 任务 1 汽车专业技术资料的查阅 86
- 任务 2 汽车电路/系统的测试 94

| 项目三 汽车电源系统检修 | 99 |

模块一 蓄电池的维护与更换 100
- 任务 1 蓄电池的更换 100
- 任务 2 蓄电池的检测与维护 110

模块二 交流发电机的拆装和检测 122
- 任务 1 发电机的更换 122
- 任务 2 发电机的分解、组装和检测 126

模块三 电源系统的检测 144
- 任务 1 电源电路/系统测试 144

　　　　任务2　电源系统的检测 ·· 151

项目四　汽车起动系统检修 ·· 159
　模块一　起动机分解、组装和检测 ··· 160
　　　　任务1　起动机的分解和组装 ·· 160
　　　　任务2　起动机零部件的检测 ·· 169
　模块二　起动系统电路的连接 ··· 175
　　　　任务1　无起动继电器系统电路的连接 ·· 175
　　　　任务2　带起动继电器系统电路的连接 ·· 181
　模块三　起动系统故障排除 ·· 189
　　　　任务1　起动系统的检测 ··· 189
　　　　任务2　起动机的更换 ·· 197

项目五　汽车照明与信号系统检修 ·· 203
　模块一　汽车照明装置的使用 ··· 204
　　　　任务1　汽车外部照明装置的使用 ·· 204
　　　　任务2　汽车内部照明装置的使用 ·· 208
　模块二　汽车照明系统检修 ·· 213
　　　　任务1　前照灯的更换 ·· 213
　　　　任务2　前照灯的调整 ·· 222
　　　　任务3　照明系统电路检测 ··· 228
　模块三　汽车信号系统检修 ·· 237
　　　　任务1　信号装置的操作 ··· 237
　　　　任务2　信号系统电路识读与检测 ·· 241

项目一 电工基础技术应用

自汽车问世至今,随着电子技术与数据通信技术在汽车上广泛应用,汽车所有的系统大量采用了该类技术,使得汽车的技术和性能发生了巨大的变化。由于当今汽车电气装置也是在原有电气装置上发展而来,或形成互补,或实现替代,或实现创新,它们之间的变化如图1-0-1所示。

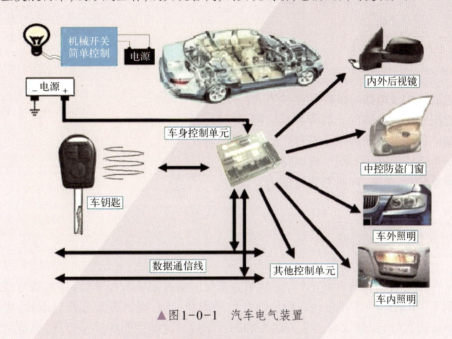

▲图1-0-1 汽车电气装置

导学

在汽车运行过程中,电气故障占整车故障的比例约为80%左右,且呈逐年增加的趋势,这些变化对知识结构和技能提出了更高的要求,即必须掌握一定的电工电子技术,知道电路的结构和特点,能看懂和分析电路的组成和连接方式,会使用电工仪表,能动手对电路及组成电路的元器件进行测量和测试,如图1-0-2所示。

▲图1-0-2 应掌握的维修技能

模块一　直流电路制作

1. 能记住构成电路的条件和连接方式。
2. 能识别构成电路的元器件和相应图形符号。
3. 能记住电工常用的图形符号。
4. 能自己动手完成不同形式电路的制作。
5. 培养分析、思考、沟通和表达能力。

学习导入

汽车在拐弯时需要打开转向灯,遇到紧急情况时会开启危险报警灯,遇到红灯或障碍物时需要踩刹车,车后部的灯具会亮起醒目的红色制动警示灯,遇到雾天会开启雾灯,夜间行车须开启示宽灯或大灯,同时仪表上会亮起柔和的背景灯。这些照明和信号灯具,已成为汽车上不可缺少的一部分,而且随着科技的发展,汽车上的照明、信号灯具的功能日趋智能化,使得这些灯具的控制电路越来越复杂。

你知道这些灯具是怎样工作的?它们由哪些元器件组成?如要形成一个独立完整的电路需要那些元器件和控制装置?还有这些照明、信号灯具的工作过程是用什么方法来表达的?这些问题需要你去学习和实践,获取有关电路的基础知识。

任务1　串联直流电路制作

一、任务描述

当你和你的家人外出旅行,打开行李箱盖放置行李时,舱内会自动亮起灯光,尤其在夜晚极大地方便行李的摆放或提取,合上箱盖后灯会自动熄灭。还有当你倒车时,倒车灯会照亮后部周围的环境,方便倒车,同时提请行人和后续车辆注意,起到安全警示作用。那么你知道这些灯光是如何工作的?通过学习和制作这些电路,能让你获取此类电路的特点、工作过程及有关基础知识。

二、任务准备

1. 简单直流电路结构和组成

1）电路基本结构

电路是由电气设备和元器件,按一定方式联接起来,为电荷流通提供路径的总体,也称电气回路,简称回路。电流所经过的路径称为电路,最简单的电路是由电源、过载保护装置、控制装置、用电设备和导线五个基本元器件组成,如图1-1-1所示。

2）电路组成

（1）电源。

电源是提供电能的设备,电源的功能是把非电能转变成电能。例如,电池把化学能转变成电能;发电机把机械能转变成电能。由于非电能的种类很多,转变成电能的方式也很多,目前实际使用的电源类型也很多。生活中最常见的电源是干电池,汽车上的电源为蓄电池(如图1-1-2所示),纯电动车的电源为锂电池组等。

▲图1-1-1 简单电路

▲图1-1-2 电源

（2）过载保护装置。

过载保护装置主要有熔丝、电路断电器、易熔线等。汽车上常用的熔丝一般有管式和片式两种,如图1-1-3所示。管式熔丝的额定电流值,通常标示在两端金属电极部分上。片式熔丝以其塑料外壳的颜色代表其额定的电流,不同颜色代表不同的电流值,同时在其顶部也有用数字标出电流值。

▲图1-1-3 管状和片式熔丝

(3) 控制装置。

实现对电路的控制和分配,除了传统的手动机械开关、压力开关、温控开关外,汽车上还大量使用电子控制装置来接通和断开电路,如图1-1-4所示。

▲图1-1-4 手动和电子控制装置

(4) 用电设备。

在电路中使用电能的各种设备统称为负载,负载的功能是把电能转变为其他形式的能。例如起动机把电能转变为机械能;发电机将机械能转变为电能;灯泡把电能转变为光能。汽车上除了常见的这些用电设备以外,还包括各种电子控制装置、传感器、执行器、继电器、电磁阀等用电设备。

(5) 导线。

▲图1-1-5 汽车用各色导线

导线用来把电源、负载和其他设备连接成一个闭合回路,起着传输和分配电能的作用,如图1-1-5所示。此外,汽车上常利用车体部分代替从用电设备返回电源的导线。

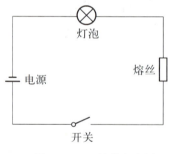

▲图1-1-6 简单电路图

2. 电路图

任何电路的连接关系都可以用电路图来表示,同样电路中的设备或元件也可用相应的符号来代替,分析电路经常要用到电路图,尤其是分析复杂电路更是离不开电路图,所以电路图在日常使用或电路制作及维修过程中的应用很广。

汽车电路是由许多个保护元件、控制元件和用电设备通过导线连接而成,这些电气设施的用途和工作特性(连接关系)可通过电路图和简洁的符号来表达。所以汽车电路图主要的功能是表示电路的工作原理及各元器件之间的连接关系,包括导线连接器针脚的排列、导线的颜色和截面积,为检修提供依据。由于汽车的应用电路往往比较复杂,为了便于理解,所以电路图中的元器件必须用国际或国家统一规定的符号表示,如图1-1-1所示的简单电路就可用图1-1-6所示的简单电路图来表示该电路的工作过程。

 点拨

电路图是利用元件的图形符号和文字符号代替实物元件表示电路的构成、连接关系和工作原理,而不考虑其实际安装的一种简图。

为了使电路图具有通用性,便于技术交流,构成电路图的图形、文字符号不是随意的,它有统一的国家标准和国际标准。

要看懂或分析电路图,必须了解图形符号和文字符号的含义及标注的使用方法。

表1-1-1列出了部分常用电路元件的名称和图形符号:

表1-1-1 常用电路元件的名称和图形符号

元件名称	图形符号	元件名称	图形符号
直流电源	⊣⊢	灯具	⊗
脉动直流	=	可变电阻	▱
交流	∼	电阻	▭
熔丝	▭	手动开关	⊢--
相连接的交叉导线	+	不相连接的交叉导线	+
插头和插座	─◖	接地	⏚

3. 电路的状态

在实际用电的过程中,根据不同的需要和不同负载的情况,电路会有如下三个状态:

1) 通路(闭路)

闭合开关后,电源开始供电,此时闭合电路中的负载有电流通过,负载能正常工作。处在这种状态下的电路,称之为通路,如图1-1-7(a)所示。同时根据负载的大小可分为满载、轻载和过载。

2) 开路(断路)

开路就是电源两端或电路中某处断开,电路中没有电流流过,电源不向负载供电。电路处于开路状态有两种可能:一种是控制性开路,另一种是故障性开路。控制性开路是根据需要,有选择性地将开关断开,切断电路的供电。故障性开路是电路中发生了意外情况,使得电路断路。处在上述两种状态下的电路,都称之为开路,如图1-1-7(b)所示。

汽车上常见电路的故障性开路有:导线或接插件脱落、导线机械性折断、控制装置(控制单元和各种开关)失效和负载内部断路(失效)。

3) 短路

电流不经过负载,直接与电源的另一端构成回路或直接由导体接通构成回路。处在这种状态下的电路,称之为短路,如图1-1-7(c)所示。

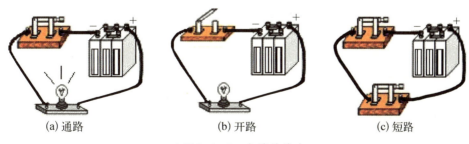

▲图1-1-7 电路的状态

目前汽车电路中使用的电源电压有 12 V 和 5 V,发生电路短路的形式可分为对地短路和对正极短路,这两种短路的情况有所不同。

（1）对地短路:通常是指导线由于绝缘层的损坏而造成电路接地,形成短路,如图1-1-8所示。

（2）对正极短路:通常是指导线由于绝缘层的损坏与另一电路中的正极线接通,如图1-1-9所示。这种情况下的短路,会使电路运行异常,出现一些奇怪的现象,而且不易查找。

汽车上常见的短路故障有:导线绝缘层损坏或脱落引起的对地短路、负载内部损坏引起的短路和导线与导线之间或导线与另一正极线的短路。电路发生短路时极易引起车辆自燃,如图1-1-10所示,所以应切实防止和避免短路的发生。

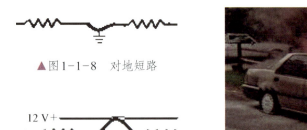

▲图1-1-8 对地短路

▲图1-1-9 对正极短路

▲图1-1-10 短路引起的自燃

4. 串联电路的组成

把两个以上的电阻性元件或负载依次连接成无分支的电路称为串联电路。它们之间的关系是首尾相连的,如图1-1-11(a)为两个灯泡的串联电路,其电路图如图1-1-11(b)所示。这是最简单的一种电路,导线、控制开关以及电源都与仅有的一条电路相连,每个元件的电阻可以是不同的,但数值相同的电流将流经每一个元件,所以通过每个元件的电压也是不同的。如果电路断开,电流便不能通过,意味着整个电路不能正常工作。

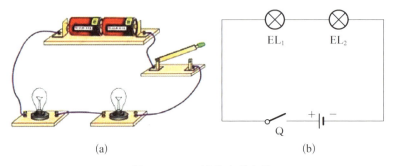

▲图1-1-11 简单串联电路

要点提示

（1）串联电路中流经每一点的电流都是相同的。

（2）串联电路中的总电阻等于各个串联的电阻之和。

（3）串联电路中各个串联电阻上的电压之和等于电源电压。

点 拨

汽车电路中常将电阻性元件与负载串联起来用于降压和调节负载的工作电流(限流),如在空调鼓风机电路中采用分级式抽头电阻,通过鼓风机开关分别与分级式抽头电阻相连,达到改变鼓风机转速的目的;或用电位器改变输出电压的高低,如节气门踏板位置传感器,通过踏板位置的变化,使得信号输出电压发生变化。

三、任务实施

1. 汽车行李箱灯电路制作

1) 器材准备

表1-1-2列出了制作汽车行李箱灯电路所需器材。

2) 操作步骤及要求

(1) 根据电路图,请你选择相应的元器件。

(2) 参照电路图,在电路实验板上,按电路的走向合理分布元器件并固定其位置。

(3) 按电流走向用导线依次将各元器件连接起来,连接好后复查一遍,确认无误后,通电测试。压下行李箱开关后灯应熄灭,释放行李箱开关后灯应点亮。

(4) 在整车上找出相对应的元器件,并验证该电路的工作过程。

(5) 操作结束后,先切断电源,再撤去导线并整理好。

表1-1-2 汽车行李箱灯电路制作所需器材

序号	名 称	所需器材	序号	名 称	所需器材
1	电路实验板	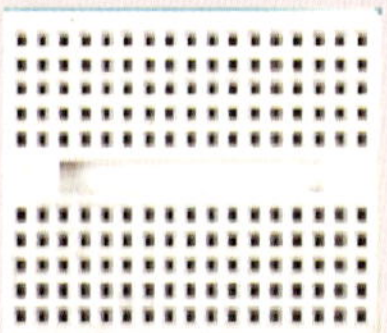	4	行李箱灯	
2	电工实验台	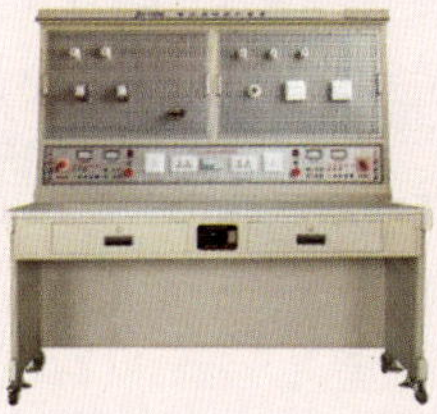	5	行李箱开关	
3	电路图	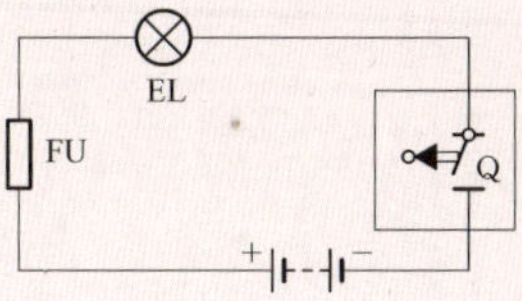	6	熔丝盒	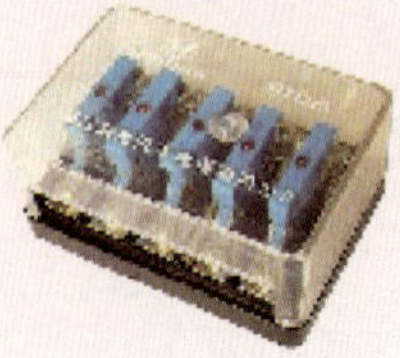

序号	名称	所需器材	序号	名称	所需器材
7	蓄电池		8	套装工具	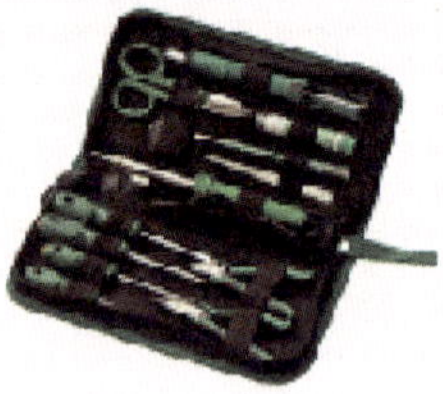

2. 汽车倒车灯电路制作

1）器材准备

表1-1-3列出了制作汽车倒车灯电路所需器材。

2）操作步骤与要求

(1) 根据给定的电路图,选择相应的元器件。

(2) 根据电路图,在电路实验板上,按电路走向合理分布元器件并固定其位置。

(3) 按电流走向用导线依次将各元器件连接起来,连接好后复查一遍,确认无误后,通电测试。压下倒车灯开关后灯应点亮,释放倒车灯开关后灯应熄灭。

(4) 在整车上找出相对应的元器件,并验证该电路的工作过程。

(5) 操作结束后,先切断电源,再撤去导线并整理好。

表1-1-3　汽车倒车灯电路制作所需器材

序号	名称	所需器材	序号	名称	所需器材
1	电路实验板	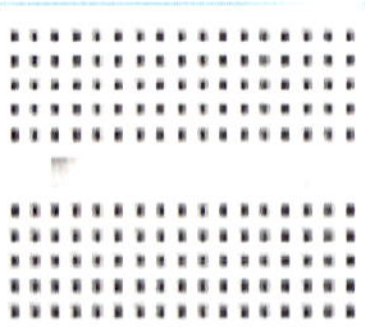	4	点火开关及倒车灯开关	
2	电工实验台	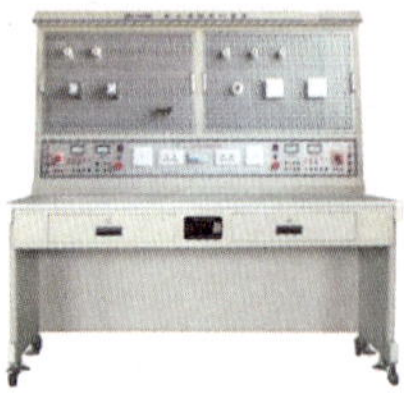	5	后组合灯	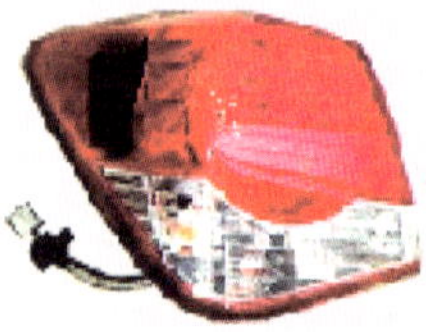
3	电路图	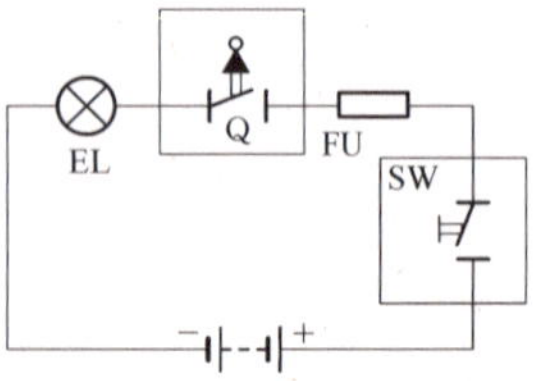	6	熔丝盒	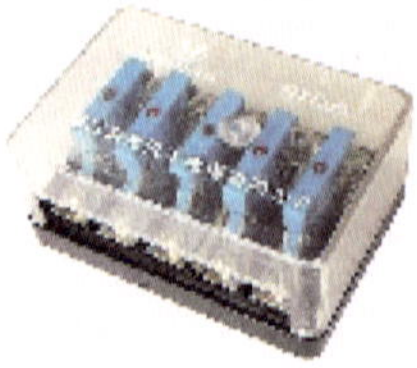

（续表）

序号	名称	所需器材	序号	名称	所需器材
7	蓄电池		8	套装工具	

四、拓展学习

汽车顶灯、门控电路制作

1) 器材准备

表1-1-4列出了制作汽车顶灯、门控电路所需器材。

2) 操作步骤与要求

(1) 根据给定的电路图，选择相应的元器件。

(2) 根据电路图，按电路走向合理分布元器件，并固定其位置。

(3) 按电流走向用导线依次将各元器件连接起来，连接好后复查一遍，确保无误后，通电测试。将顶灯开关置于门控挡(表1-1-4中的3和5)，同时压下门控开关1和门控开关2后，使顶灯熄灭：

- 单独释放门控开关1，顶灯点亮，压下门控开关1，顶灯熄灭，门控开关1能控制顶灯的亮和灭；
- 单独释放门控开关2顶灯点亮，压下门控开关2顶灯熄灭，门控开关2也能控制顶灯的亮和灭；
- 同时释放门控开关1和门控开关2后，顶灯处于点亮状态；
- 分别压下和释放门控开关1和门控开关2，顶灯还是点亮状态；
- 同时压下门控开关1和门控开关2，顶灯才能熄灭。在车上只要有一扇车门未关，顶灯便会一直亮着，直至所有车门全都关上，顶灯才会熄灭。

(4) 在整车上找出相应的元器件，并验证该电路的工作过程。

(5) 操作结束后，先切断电源，再撤去导线并整理好。

(6) 试分析该顶灯电路的控制过程，与前面学过的串联电路控制有什么不一样。

(7) 如果门控开关有4个，则电路要怎样连接？

表1-1-4 汽车顶灯、门控电路制作所需器材

序号	名称	所需器材	序号	名称	所需器材
1	电路实验板		2	电工实验台	

（续表）

序号	名 称	所需器材	序号	名 称	所需器材
3	电路图		6	熔丝盒	
4	顶灯总成		7	蓄电池	
5	门控开关		8	套装工具	

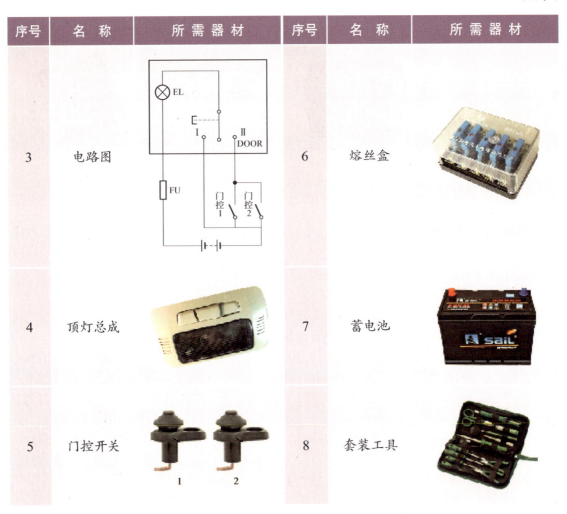

五、练习与检测

汽车手套箱灯电路制作

1）器材准备

电路实验板、电工实验台、大灯开关、手套箱接触开关（带灯泡）、0～15 V稳压可调直流电源或12 V蓄电池、熔丝及熔丝盒、连接导线、常用电工工具等。

2）练习要求

大灯开关调至停车灯挡，接触开关释放时，手套箱灯应点亮，接触开关合上时，灯应熄灭。

3）操作要求

（1）根据练习要求，运用已学过的知识和技能，请参照有关维修手册，设计并画出手套箱灯电路图。

（2）依据电路图，制定相关工艺和步骤，选择相应的元器件进行制作，然后通电试验。

（3）制作结束后，应先切断电源，再收起所有元器件、导线并整理好。

1. 在手套箱灯电路中,为何要增加大灯开关进行控制?
2. 该手套箱灯电路与前面学过的哪些电路相似?

任务2　并联直流电路制作

一、任务描述

汽车上许多用电设备,都是通过导线并接在蓄电池的正、负极上,在电源正常供电状态下,各用电设备均能单独控制和独立工作。本任务旨在通过不同并联电路的制作,掌握并联电路的特点和其连接方法。

二、任务准备

并联电路的组成

把两个以上的电阻性元件或用电设备的两端,连接在相同的两个点上的电路称为并联电路。即电路中所有的正极端子连成一个公共点,所有的负极端子连成另一个公共点,如图1-1-12(a)所示为两个灯泡的并联电路,其电路图如图1-1-12(b)所示。

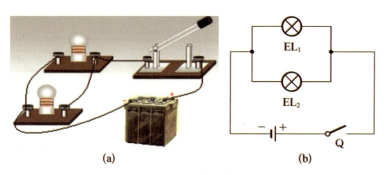

▲图1-1-12　简单并联电路

一个并联电路有两个以上的电流通路,则每个分路的电压相同。假如每个分路的负载电阻相同,则分路电流也将相同。假如每个分路的负载电阻不同,则分路电流也将不同。假如有一个分路损坏,其他分路不会受影响。

并联电路应用很广,如日常生活中各种照明灯具、家用电器都是并接在220 V的交流电源上。在汽车中几乎所有用电设备(如:喇叭、照明电器、起动机等)也都是并接在蓄电池的两端上,各用电设备均能单独控制、独立工作、互不影响。

要点提示

(1) 并联电路中通过各分路的电压相同。
(2) 并联电路中的总电流等于各个分路电流的总和。
(3) 并联电路中的总电阻小于单个电阻的最小值。

三、任务实施

1. 汽车制动灯电路制作

1) 器材准备

表1-1-5列出了制作汽车制动灯电路所需器材。

2) 操作步骤与要求

(1) 根据给定的电路图,选择相应的元器件。
(2) 根据电路图,在电路实验板上,按电路走向合理分布元器件,并固定好其位置。
(3) 按电流走向用导线依次将各元器件进行连接,连接好后复查一遍,确认无误后,通电测试。压下制动灯开关后灯应点亮,释放制动灯开关后灯应熄灭。
(4) 在整车上找出相对应的元器件,并验证该电路的工作过程。
(5) 操作结束后,先切断电源,再撤去导线并整理好。

表1-1-5 汽车制动灯电路制作所需器材

序号	名称	所需器材	序号	名称	所需器材
1	电路实验板	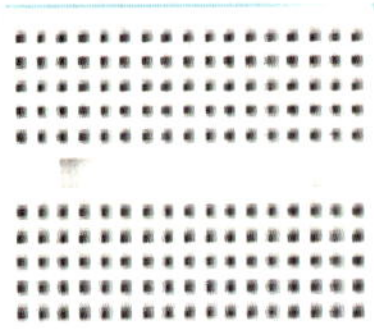	4	制动灯开关	
2	电工实验台	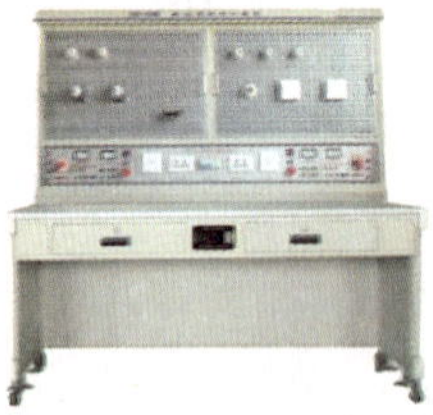	5	组合灯(后部)	
3	电路图	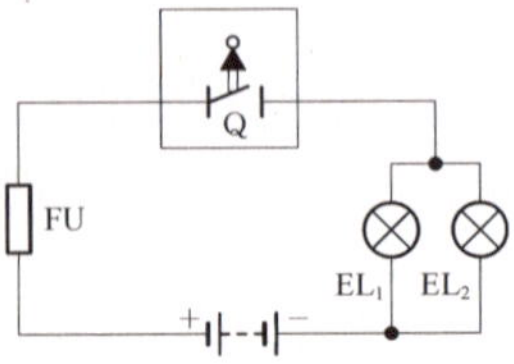	6	熔丝盒	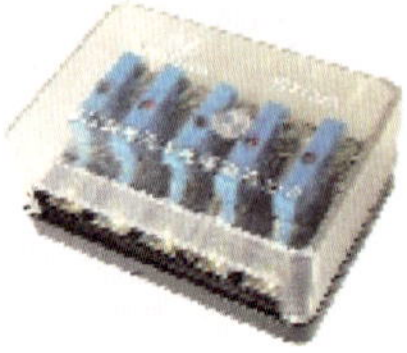

(续表)

序号	名称	所需器材	序号	名称	所需器材
7	蓄电池		8	套装工具	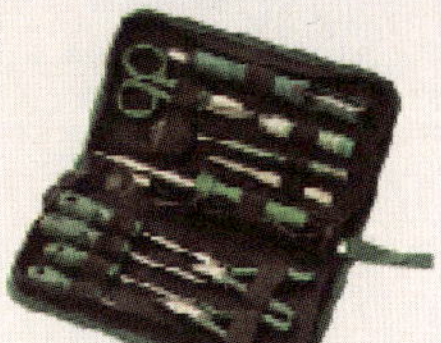

2. 汽车停车灯电路制作

1) 器材准备

表1-1-6列出了制作汽车停车灯电路所需器材。

2) 操作步骤与要求

(1) 根据给定的电路图,选择相应的元器件。

(2) 根据电路图,在电路实验板上,按电路走向合理分布元器件并固定其位置。

(3) 按电流走向用导线依次将各元器件进行连接,连接好后复查一遍,确认无误后,通电测试。开启灯光开关,前后停车灯应点亮,关闭灯光开关后灯应熄灭。

(4) 在整车上找出相对应的元器件,并验证该电路的工作过程。

(5) 操作结束后,先切断电源,再撤去导线并整理好。

表1-1-6 汽车停车灯电路制作所需器材

序号	名称	所需器材	序号	名称	所需器材
1	电路实验板	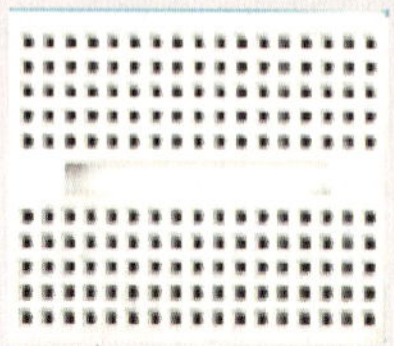	4	大灯开关	
2	电工实验台	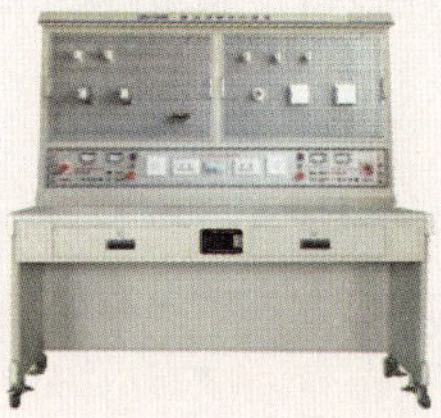	5	组合灯(后部)	
3	电路图	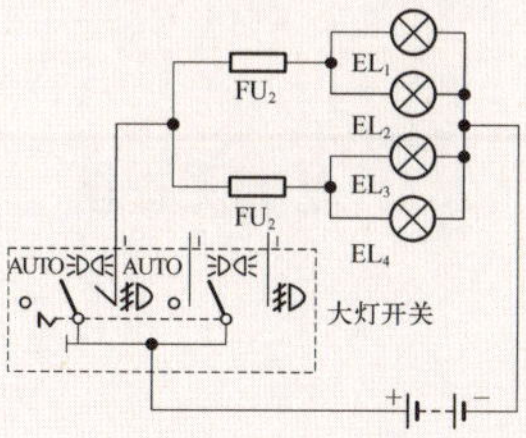	6	熔丝盒	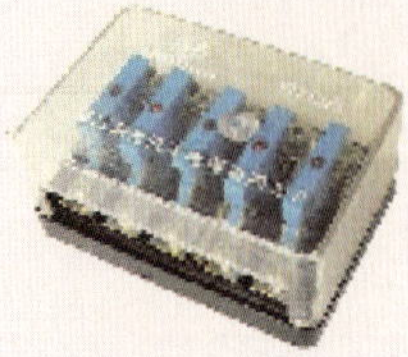

（续表）

序号	名称	所需器材	序号	名称	所需器材
7	组合灯（左前）		9	蓄电池	
8	组合灯（右前）		10	套装工具	

四、拓展学习

前后雾灯电路制作

1）器材准备

表1-1-7列出了制作汽车前后雾灯电路所需器材。

2）操作步骤与要求

（1）根据给定的电路图，选择相应的元器件。

（2）根据电路图，在电路实验板上，按电路走向合理分布元器件，并固定其位置。

（3）按电流走向用导线依次将各元器件进行连接，连接好后复查一遍，确认无误后，通电测试。先将灯光开关调至停车灯挡，随后拉出开关手柄向左旋转至前雾灯挡，前雾灯应点亮，开关手柄继续左转至后雾灯挡，此时前后雾灯都点亮，关闭开关后灯应熄灭。

（4）在整车上找出相对应的元器件，并验证该电路的工作过程。

（5）操作结束后，先切断电源，再撤去导线并整理好。

（6）试分析该前后雾灯电路的控制过程，与前面学过并联电路的控制有什么区别。

（7）如果后雾灯改为两个，则电路要怎样连接？

表1-1-7 汽车前、后雾灯电路制作所需器材

序号	名称	所需器材	序号	名称	所需器材
1	电路实验板	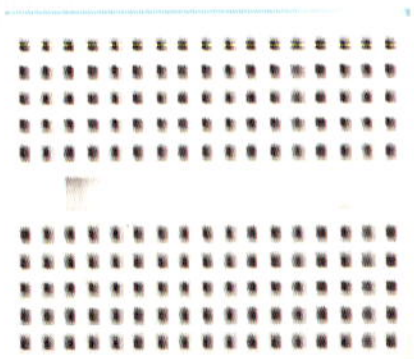	2	电工实验台	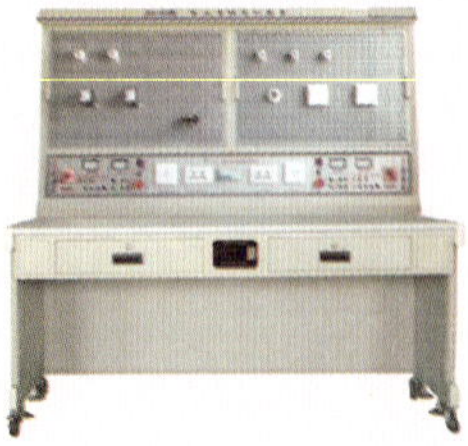

(续表)

序号	名称	所需器材	序号	名称	所需器材
3	电路图	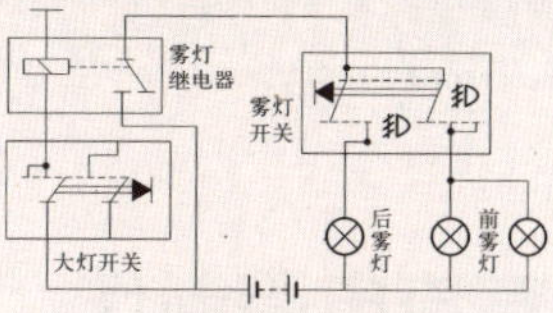	8	大灯开关	
4	组合灯（后部）		9	熔丝盒	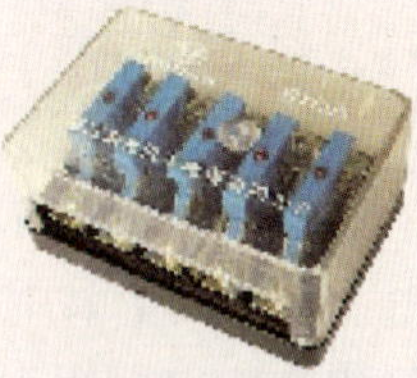
5	雾灯继电器		10	蓄电池	
6	雾灯（左前）		11	套装工具	
7	雾灯（右前）				

五、练习与检测

停车灯、牌照灯电路制作

1）器材准备

电路实验板、电工实验台、大灯开关、前后组合灯总成、牌照灯、熔丝及熔丝盒、0～15 V稳压可调直流电源或12 V蓄电池、连接导线、常用电工工具等。

2）练习要求

灯光开关开启后，前后停车灯、牌照灯应点亮，关闭开关后灯应熄灭。

3）操作要求

（1）根据练习要求，试运用已学过的知识和技能，参照有关维修手册，设计并画出停车灯、牌照灯电路图。

（2）依据电路图，制定相关工艺和步骤，选择相应的元器件进行制作，确保无误后通电试验。

（3）制作结束后，应先切断电源，再收起所有元器件、导线并整理好。

任务3　混联直流电路制作

一、任务描述

从整体上看汽车各用电器之间为并联关系，全车电路是由各种电路叠加而成的。但近年来由于汽车大量采用了电控技术，使得局部电路不再是单纯的串联电路或并联电路，而是串联电路和并联电路组合在一起的混联电路。在混联电路中有些元件为串联，有些元件为并联。本任务旨在通过不同混联电路的制作，掌握混联电路的特点和形式。

二、任务准备

混联电路的组成

组成混联电路的元件至少三个，在电路中有些元件为串联，有些元件为并联，然后组成混联电路，如图1-1-13所示。

在混联电路中，电源及控制开关如无特别需要，通常以串联的形式出现在电路中，而元件既有串联也有并联。在串联电路中流过元件的电流相等，而在并联电路中则不相等，并联电路中元件两端的电压相等，而在串联电路中则不等：

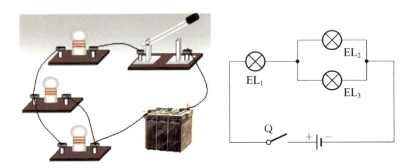

▲图1-1-13　简单混联电路

要点提示

（1）混联电路中串联部分的电流等于并联部分的各分电路的电流之和。

（2）混联电路中的总电阻是并联部分的电阻值和所串联电阻值的总和。

（3）并联分路的电压为电源电压减去加载在串联电路中负载两端的电压。

假如串联部分损坏,整个电路将断开(如图1-1-13中EL_1损坏,则EL_2、EL_3都不亮);

假如并联部分电路损坏,电流仍可流过串联电路和未损坏的并联分路(如图1-1-13中EL_2损坏,EL_1、EL_3仍能点亮)。

三、任务实施

1. 混联电路1的制作

1)器材准备

表1-1-8列出了制作混联电路1所需器材。

2)操作步骤与要求

(1)根据给定的电路图,选择相应的元器件。

(2)根据电路图,在电路实验板上,按电路走向合理分布元器件并固定其位置。

(3)按电流走向用导线依次将各元器件进行连接,连接好后复查一遍,确认无误后,通电测试。闭合开关后灯泡应点亮,断开开关后灯应熄灭。

(4)操作结束后,先切断电源,再撤去导线并将器材整理好。

(5)试分析该混联电路,与前面学过的电路有什么区别,3只灯的亮度有什么区别。

表1-1-8 混联电路1制作所需器材

序号	名称	所需器材	序号	名称	所需器材
1	电路实验板	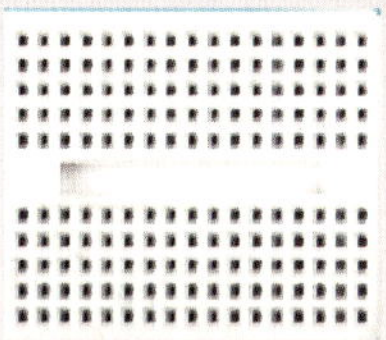	5	电路图	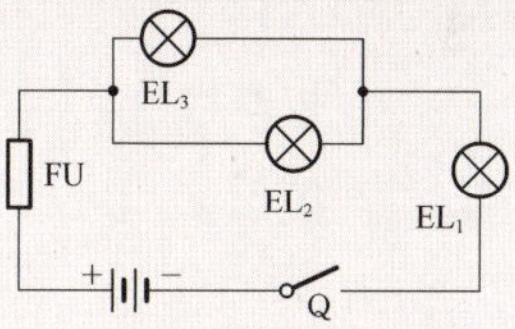
2	电工实验台	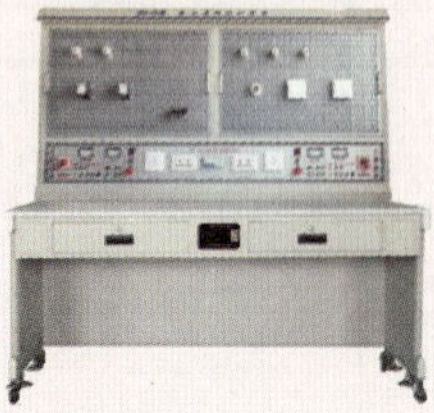	6	熔丝盒	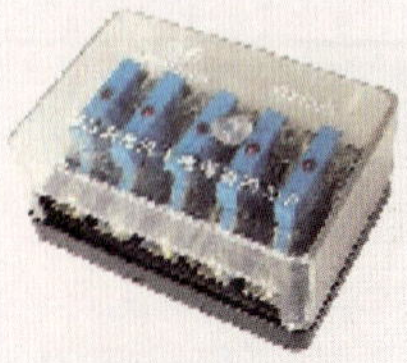
3	灯泡、灯座		7	蓄电池	
4	开关	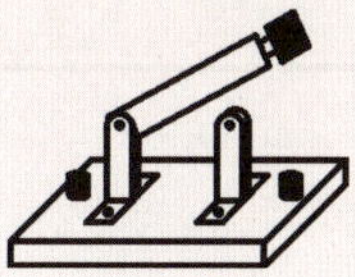	8	套装工具	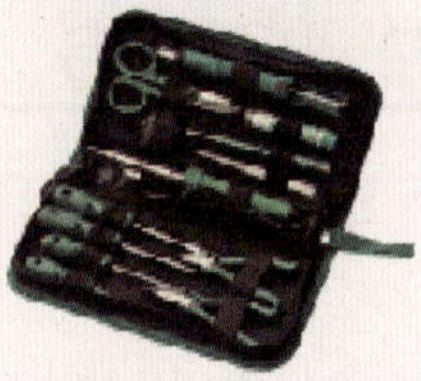

2. 混联电路2的制作

1）器材准备

表1-1-9列出了制作混联电路2所需器材。

2）操作步骤与要求

（1）根据给定的电路图，选择相应的元器件。

（2）根据电路图，在电路实验板上，按电路走向合理分布元器件并固定其位置。

（3）按电流走向用导线依次将各元器件进行连接，连接好后复查一遍，确认无误后，通电测试，闭合开关后灯泡应点亮，断开开关后应熄灭。

（4）操作结束后，先切断电源，再撤去导线并整理好。

（5）试分析该混联电路，与前面学过的电路有什么区别。

表1-1-9　混联电路2制作所需器材

序号	名称	所需器材	序号	名称	所需器材
1	电路实验板		5	灯泡、灯座	
2	电工实验台		6	开关	
3	电路图		7	蓄电池	
4	熔丝盒		8	套装工具	

四、拓展学习

串并联电路的制作

1）器材准备

表1-1-10列出了串并联与混联电路的制作所需器材。

2) 操作步骤与要求

（1）根据给定的电路图，选择相应的元器件。

（2）根据电路图，在电路实验板上，按电路走向合理分布元器件并固定其位置。

（3）按电流走向用导线依次将各元器件进行连接，连接好后复查一遍，确认无误后，通电测试。

- 只需 EL_1、EL_2、EL_3 中任意 1 个灯亮，应闭合哪些开关？
- 只需 EL_1、EL_2 灯亮，应闭合哪些开关？
- 只需 EL_1、EL_3 灯亮，应闭合哪些开关？
- EL_1、EL_2、EL_3 同时点亮，应闭合哪些开关？

（4）操作结束后，先切断电源，再撤去导线并整理好。

表 1-1-10 串并联电路制作所需器材

序号	名称	所需器材	序号	名称	所需器材
1	电路实验板	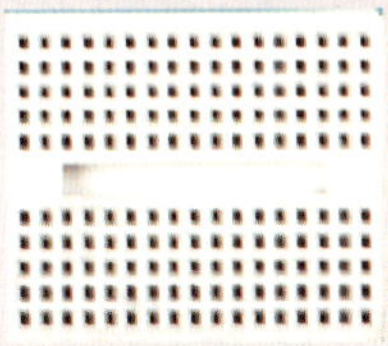	5	灯泡、灯座	
2	电工实验台	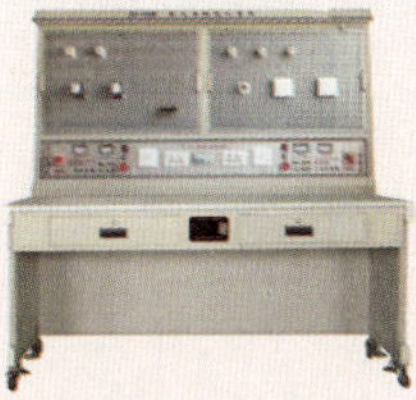	6	开关	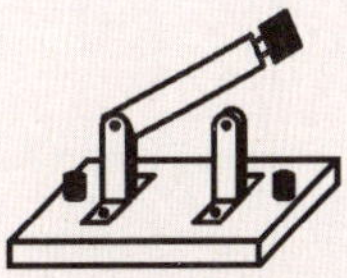
3	电路图	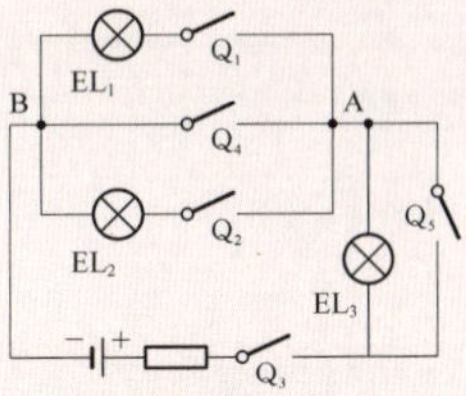	7	蓄电池	
4	熔丝盒	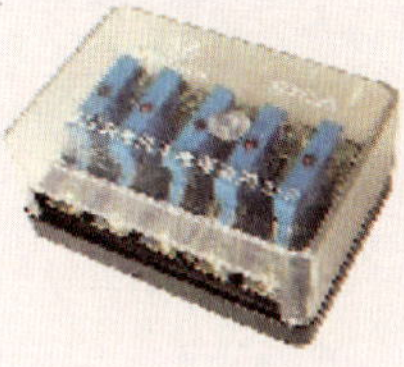	8	套装工具	

五、练习与检测

实物电路分析和绘制

1) 器材准备

电路实验板、电工实验台、实物电路图、12 V 灯泡及座、开关、熔丝及熔丝盒、0～15 V 稳压可调直流电源或12 V蓄电池、连接导线、常用电工工具、绘图用具等。

2) 操作步骤与要求

根据给出的3个实物电路连接电路,如图1-1-14所示。

(1) 试分析各个实物电路的组成形式,用图形符号分别绘出相应的电路图。

(2) 想一想这三种连接方法中,灯的亮度会有区别吗?为什么?通过制作如图1-1-14所示三种电路并进行验证。

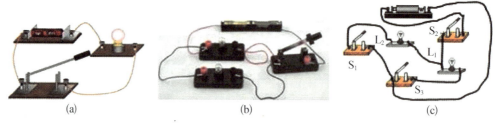

▲图1-1-14 实物电路分析与绘制

模块二 电路测量

学习目标

1. 能理解电路中的电流、电压、电位等电量参数的定义。
2. 能记住欧姆定律及各电量之间的关系。
3. 能记住汽车用导线的选用及标注方法。
4. 能运用电工仪器、仪表进行电路的测量。
5. 养成5S理念、勤奋、守信、沟通和合作的职业道德。

学习导入

随着汽车电控技术的大量应用，汽车电路发生故障的概率越来越高，常见的电路故障主要有电路的断路、短路、电气设备损坏等。作为汽车电气系统维修的基础，对你来说必须具备有关电路的基础知识和掌握相应的操作技能，能阅读电路图及分析电路中各装置的工作过程，会正确判断电路的连接方式和查找有关电路的走向，并能借助仪器、仪表进行测量和验证，才能进一步对电气装置进行分析和诊断。所以正确的线路故障诊断方法和步骤不但可以保护线路而且可以起到事半功倍的效果，为检修提供准确的判断和依据。

任务1 电压、电阻、电流的测量

一、任务描述

在汽车电路故障诊断检修过程中，经常需要用到仪器和仪表对电路进行测量，在测量过程中会遇到一些基本的电路定律、电路特点等电学知识。对于你来说，理解和掌握这些仪器仪表正确的使用方法及测量方法，是尤为必要的，为此需要学习这些有关的基本电学知识。

二、任务准备

1. 电路的基本物理量

电路的作用是将电能与其他形式的能量之间的相互转换。因此，需用一些物理量来表示电路的状态及各部分之间能量转换的相互关系。

1) 电流

(1) 电流的定义。

电流是指电在一个闭合电路中被控制和定向的电子流(亦称电荷的定向移动)。

自然界中存在两种不同的电荷,即正电和负电。一般情况下,物体是呈不带电状态,如果通过摩擦、或与带电的物体接触和静电感应等方法,就可以使物体带电。在导体中,电流是由各种不同的带电粒子在电场的作用下作定向及有规则的移动所形成的。

电流在实用中包含两个含义:一个含义是电流表示一种物理现象,即电荷有规则地运动就形成电流;另一个含义是电流的大小,用电流强度来表示,但电流强度平时人们多将其简称为电流,所以电流又可代表一个物理量。电流的大小(强度)——取决于在单位时间内通过导体横截面的电荷量的多少,用 I 表示。即电流=电量/时间,其数学表达式为:

$$I=Q/t$$

式中电流"I"的单位是安培(简称安),用"A"或"C/t"表示;

电量"Q"的单位是库仑,用"C"表示;

时间"t"的单位是秒,用"s"表示。

电流的单位除了安培(A)外,常用的电流单位还有毫安(mA)、微安(μA),它们之间的换算关系为:

$$1\ A=1\ 000\ mA \qquad 1\ mA=1\ 000\ \mu A$$

(2) 电流的形式。

电流有直流电和交流电两种形式(而交流电又可分为正弦交流电和非正弦交流电,本书只讨论正弦交流电)。大小和方向都不随时间变化而变化的电流,称为直流电流(DC),如图1-2-1中的(a)所示。大小和方向都随时间做周期性变化的电流,称为交流电流(AC),如图1-2-1中的(b)所示。

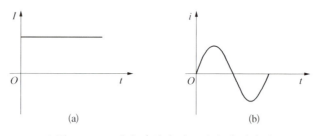

▲图1-2-1 (a) 直流电流 (b) 交流电流

电路中电流的大小,常用电流表进行测量,直流电采用直流电流表测量,交流电采用交流电流表测量,并且不论测量何种电流,电流表都必须串接在被测量的电路中。

(3) 电流的方向。

通常有两种描述电流的理论,即传统理论和电子理论(有些汽车制造厂商的资料中,针对电流流动的方向,用技术电流和物理电流来表示。一般在电路图中使用技术电流,即电流的方向是从正极到负极)。

传统理论认为:电流从电源正极端子经外部电路返回电源负极端子;电子理论认为电流

流动方向恰恰与传统理论相反,电流是从电源负极端子经外部电路返回电源正极端子,如图1-2-2所示。

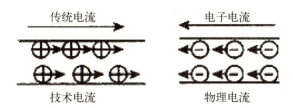

▲图1-2-2 传统电流和电子电流的流动方向

要点提示

在汽车工业的应用中,采用的是传统电流理论(技术电流),习惯上我们将正电荷运动的方向确定为电流的方向,即从电源的正极经外部电路返回电源的负极。

2) 电压与电位

(1) 电压的定义。

电压是指电路中某两点之间的电位差。

电压就是电位差,它实际上是电场力将单位正电荷 Q 从 A 点移动到 B 点,所做的功记为 W_{AB},则功 W_{AB} 与电量 Q 的比值就称为该两点之间的电压,即电压(U_{AB})=功/电量,其数学表达式为:

$$U_{AB}=W_{AB}/Q$$

式中电压"U_{AB}"的单位为伏特(简称伏),用"V"或"J/C"表示;

功"W_{AB}"的单位为焦耳(简称焦),用"J"表示;

电量"Q"的单位为库仑,用"C"表示。

电压的单位除了伏特(V)外,常用电压的单位还有千伏(kV)、毫伏(mV)和微伏(μV)等,它们之间的换算关系为:

$$1\ kV=1\ 000\ V \qquad 1\ V=1\ 000\ mV \qquad 1\ mV=1\ 000\ \mu V$$

电压和电流一样,不仅有大小,而且有方向。对于负载来说,我们规定电流流进端为电压的正端,电流流出端为电压的负端,电压的方向由正指向负。电压的方向在电路图中有两种表示方法:一种用箭头表示,另一种用"+"和"-"表示,如图1-2-3所示。

电路中电压的高低,常用电压表进行测量,直流电压采用直流电压表,交流电压采用交流电压表,测量电压时电压表必须与被测电路并联。

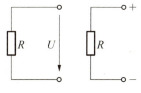

▲图1-2-3 电压方向表示方法

(2) 电位的定义。

电位是指电路中某点与参考点之间的电压。

在分析电路时,有时需要引入电位的概念。电位是指电路中某点与指定的零电位电压大小的差距,电位用带下标的字母 U 来表示某点的电位,如 U_A 表示 A 点的电位。电路中任意两点 A、B 间的电压就是该两点的电位之差,即

$$U_{AB}=U_A-U_B$$

要点提示

电位和电压的单位都为伏特(V),怎么来区分两者之间的不同呢? 我们可以用高度来比喻,比如说某幢楼有多少高,就是指它与地面的高度差。而某一层楼有3米高,就是指该层的高度。在汽车电路中,常以汽车车架(金属部分)为参考点,电位为零。

3) 电动势

电动势是指电源内部非静电力将正电荷从负极移到正极所做的功与该电荷电量的比值。电动势用符号 E 表示,其数学表达式为:

$$E=W_E/Q$$

电动势的单位与电压相同,也是伏特(V),其方向规定为在电源内部由负极指向正极。

对于一个电源来说,既有电动势又有端电压。电源的端电压总是低于电源内部的电动势,只有在电源开路时,电动势在数值上等于电源两端开路时的电压。

4) 电阻与电阻率

(1) 电阻。

电阻是指物体呈现阻碍电流流动或减缓流动的作用。

任何导体都有电阻,电阻是为了描述导体对电流阻碍作用大小而引入的物理量。导体对电流的阻碍作用大,我们说它的电阻大;导体对电流的阻碍作用小,我们说它的电阻小,所以电阻是用来描述导体对电流的阻碍作用的值。

决定电阻大小的因素有导体的长度、材料、横截面积以及温度。其中温度是外部因素,长度、材料、横截面积是导体本身的因素。例如,材料和横截面积一定时,导体越长,其电阻越大。材料和长度一定时,横截面积越大的导体电阻越小。

如果导体两端的电压是1 V,通过的电流是1 A,这段导体的电阻就是1欧姆。电阻用字母 R 表示,其单位除了欧姆(Ω)外,常用电阻的单位还有千欧(kΩ)和兆欧(MΩ)。它们之间的关系为:

$$1\ \text{M}\Omega=1\ 000\ \text{k}\Omega \qquad 1\ \text{k}\Omega=1\ 000\ \Omega$$

导体电阻的大小,常用欧姆表进行测量,测量前应切断电路上的电源,并使被测电阻的一端与电路断开。

(2) 电阻率。

电阻率是用来表示各种物质具有不同电阻的特性。

电阻率 ρ 与导体的材料性质有关,是表示某种物质所制成的导线,在常温下20℃的电阻与横截面积的乘积与长度的比值叫做这种物质的电阻率。其数学表达式为:$R=\rho \cdot L/S$

式中电阻"R"的单位为欧姆,用"Ω"表示;

导线长度"L"的单位为米,用"m"表示;

导线截面积"S"的单位为平方毫米,用"mm^2"表示;

电阻率"ρ"的单位为欧姆·平方毫米/米,用"$\Omega \cdot mm^2/m$"表示。

表1-2-1所列为几种常用导体材料的电阻率:

表1-2-1 常用导体材料的电阻率

材料名称	电阻率ρ(Ω·mm²/m 20℃)	用途
银	0.016 5	导线镀银
铜	0.017 5	导线、主要的导电材料
铝	0.028 3	导线
钨	0.055	白炽灯灯丝、电器的触点
康铜	0.44（58.8%铜+40%镍+1.2%锰）	标准电阻
镍铬铁合金	1.12	电炉丝
碳	10	电刷
硬橡胶	1×10^{22}	绝缘材料

(3) 电阻器。

从表1-2-1中可以看出银、铜、铝的电阻率比较小，考虑成本和导电性能，因此低压电路中的导线都用铜来制造，高压输电线路由于成本的原因，采用铝制导线。由于康铜具有较大的电阻率，且热稳定性好，常被用来制成电阻器。

电阻器基本可分为定值（实芯）电阻器和可变电阻器两大类。阻值不变的称为定值电阻器（简称电阻），如图1-2-4中(a)所示，阻值可变的称为电位器或可变电阻器（简称可变电阻），如图1-2-4(b)所示。

各种形式的电阻器在汽车电气系统中应用很广，往往在不需要满电流或电压的电路中，通过电阻器来限制电流或改变电压。还有很多传感器都是利用可变电阻器的原理制成的，最典型的如节气门位置传感器，通常在汽车电路中采用了如下三种基本类型的电阻器。

• 定值电阻器：

只有一个不可改变的额定值，如图1-2-4(a)所示，普遍使用于电子控制装置中，用于限流或改变电压。通常电阻器是被焊接在组件的电路板上，由于电阻器通电后会产生热量，为了使电路工作正常，电阻器必须具有适当的功率和额定值。其功率的大小，与电阻器的外形大小有关，额定值通常用不同颜色的色环表示。

(a) 定值电阻　　(b) 可变电阻

▲图1-2-4 电阻器

• 分级抽头电阻器：

用电阻线制成的线绕电阻器，如图1-2-5所示，这种电阻器通常又称为分压式电阻器。通过分级抽头，使得电阻器具有多个固定值，经多挡开关用导线分别接到电阻器的不同端子上，通过改变开关的位置，就可得到不同的固定值。从而实现降压或提高电压。这

▲图1-2-5 线绕抽头电阻器

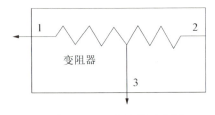

▲图1-2-6 变阻器示意图

种电阻器的阻值很精确,热稳定性好,常用于鼓风机的调速电路中。

● 可变电阻器

① 起调节电路电流或改变电路阻值的作用,其变化量和电阻值取决于可变电阻器的构造,可以是线性或非线性的(线性变阻器的电阻是均匀增大),如图1-2-6所示。可变电阻器共有三根引脚,其中两根是固定引脚(图中的1和2),一根为滑动引脚(图中的3)。转动调节装置能使滑动触点移动,从而使电阻值逐渐变大或变小,从而改变电流的大小,过去常用于汽车仪表夜间背景灯光亮度的调节。

② 起分压作用,电源的正负极分别与电阻器的两个固定引脚相连,另一个作为输出。转动调节装置使活动触点上的电压发生变化。常用作于油门踏板位置传感器、节气门位置传感器等,其外形和结构如图1-2-7所示。

③ 热敏电阻器也是一种可变电阻器,与上述可变电阻器的结构有所不同,不需要手动控制操作。其特点是对温度敏感,在不同的温度下呈现出不同的电阻值,具有随温度的变化而改变电阻值的特性。按照温度系数的不同,可分为正温度系数热敏电阻(PTC)和负温度系数热敏电阻(NTC)两种。正温度系数热敏电阻随温度的升高而电阻值增大,负温度系数热敏电阻随温度的升高而电阻值变小。在大多数汽车温度测量电路中,都采用负温度系数热敏电阻,如发动机冷却液温度传感器、进气温度传感器、环境空气温度传感器等,其外形和特性曲线如图1-2-8所示。

▲图1-2-7 装有可变电阻的车用传感器

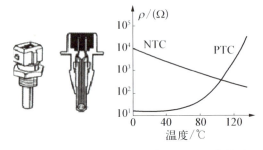

▲图1-2-8 PTC、NTC热敏电阻器及特性曲线

要点提示

在这里需指出的是:

(1)电阻和电阻率是两个不同的概念。电阻是反映物体对电流阻碍作用的属性,电阻率是反映物质对电流阻碍作用的属性。

(2)电阻率ρ不仅与导体的材料有关,还和导体的温度有关。在温度变化不大的范围内,几乎所有金属的电阻率都随温度作线性变化。

2. 欧姆定律

1) 部分电路欧姆定律

部分电路欧姆定律定义为：在不含电源的电路（如图1-2-9所示）中，流过电路的电流与加在电路两端的电压成正比，与电路的电阻成反比。

部分欧姆定律（适用于纯电阻电路）证实了电路中电流、电压、电阻三者之间的密切关系，实际应用非常广泛。其数学表达式为：

$$I=U/R$$

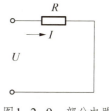

▲图1-2-9 部分电路

式中　I 是流经电路的电流，单位是安培（A）；
　　　U 是电路两端的电压，单位是伏特（V）；
　　　R 是电路的电阻，单位是欧姆（Ω）。

为便于记忆，欧姆定律也可用如下三角图形（如图1-2-10）来表示：

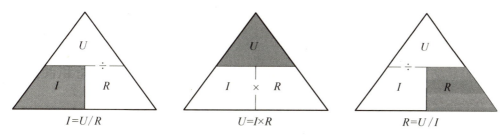

▲图1-2-10 部分电路欧姆定律三角形表示方法

当我们在汽车上应用欧姆定律时，可记住一个比较容易计算的方法，就是将它想象为一个电压不变的跷跷板，如图1-2-11所示。如果电流升高电阻便会下降；反之电流下降电阻则增大。

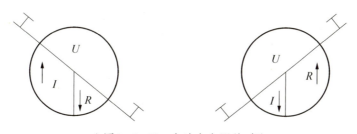

▲图1-2-11 电流与电阻的对比

若从另一角度解释欧姆定律，欧姆定律公式还可分别变形为 $U=I×R$ 或 $R=U/I$：

● 如果电阻不变而改变电压，则电流将随电压的增大而增大；或随电压的减小而减小。如果电压不变而改变电阻，电流与电阻的变化则相反，电阻变大时电流将减小；电阻变小时电流增大。

在上述欧姆定律的变形式中，不能据此认为电路中的电阻与它两端的电压成正比、与其中的电流成反比。因为电路中的电阻由导体本身的材质决定，与所加电压 U 和通过的电流 I 无关。

不过 $U=I×R$ 或 $R=U/I$ 为我们提供了一种测量和计算电阻的方法，如果用电压表和电流表分别测出电阻两端电压和通过其中的电流，便可由此计算电阻值。

2) 全电路欧姆定律

全电路是指含有电源的闭合电路,如图1-2-12所示。图中虚线框表示内电路,内电路由电源和内电阻组成。

电源以外的电路称为外电路,外电路主要有导线和负载组成,内电阻用r表示(内电阻可以单独画出,也可以不画,只在电源符号旁边注明r的数值即可),外电阻用R表示。

全电路欧姆定律定义为:在闭合电路中的电流强度与电源的电动势成正比,与整个电路的内外电阻之和成反比。

其数学表达式为:

$$I=E/(R+r)$$

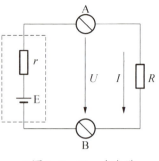
▲图1-2-12 全电路

式中 E是电源的电动势,单位为伏特(V);I是电路中的电流,单位是安培(A);
R是外电路电阻,单位是欧姆(Ω);r是内电路电阻,单位是欧姆(Ω)。

展开上式还可得到:

$$E=I(R+r)=U_外+U_内 \quad 或 \quad U_外=E-U_内$$

上式中$U_外$是外电路两端的电压,称为路端电压;$U_内$为电源内部的电压降。上式表明:电路闭合时,电源的端电压等于电源的电动势减去电源内部的电压降。

要点提示

从全电路欧姆定律我们知道:

(1) 在电源的电动势和内阻恒定时,外电阻R越大,电流强度I就越小。例如汽车上蓄电池的电动势和内阻基本是恒定的,当灯光设施或其他用电器由于接地不良,就会出现上述情况,使得灯光变暗或用电器不能正常工作,所以汽车上的电器设施必须有良好的接地。

(2) 当外电阻R越小,电流强度I越大。我们知道在并联电路中,总电阻总是小于电阻值最小的分路电阻,所以汽车上的用电器都是采用并联方式连接,每条电路都能独立工作。

(3) 在外电阻R断开时(相当于无穷大),电流强度$I=0$。当车辆不使用时必须及时关闭点火开关,减少放电电流。

(4) 在外电阻R小到趋于零时,电流强度$I=E/r$,这种情况我们称之为短路。短路时的电流除了会烧坏车上的用电设施和用电设备外,还可能引起火灾。为了防止短路,在汽车各个分支电路中根据额定电流的大小,须采用不同熔点的保险丝,确保不发生短路。

3. 电功与电功率

1) 电功

电功是指电流在一段时间内通过某一电路,电场力所做的功,简称电功。

电功用字母W表示,根据电压和电流的定义,其数学表达式为:

$$W=UQ=UIt$$

式中 W的单位是焦耳,用"J"表示;U的单位是伏特,用"V"表示;I的单位是安培,用

"A"表示；t的单位是秒，用"s"表示。

上式表明：电流在某段电路上所做的功，等于这段电路两端的电压、电路中的电流和通电时间的乘积。

也可以这么说：电流所做的功跟电压、电流和通电时间成正比。

2）电功率

电流在单位时间内所做的功，称为电功率（简称功率）。

电功率用字母 P 表示，其数学表达式为：

$$P = W/t = UI$$

式中 P 的单位是瓦特，用"W"表示；U 的单位是伏特，用"V"表示；I 的单位是安培，用"A"表示。

上式表明：电功率等于电压和电流的乘积。

通常用电设备的额定功率是指额定电压时的功率，如果电压发生改变，则消耗的功率也要随之改变。

电功率的常用单位还有千瓦（kW）、毫瓦（mW）等，它们之间的换算关系如下：

$$1\ kW = 1\ 000\ W \qquad 1\ W = 1\ 000\ mW$$

4. 数字式万用表

数字式万用表普遍用于电气诊断和检测，是一种具有高阻抗、多功能的测量仪器。能够测量多种主要电的参数、电子电路及晶体管元件，测量数值易读取，能准确、快速判断测试结果，其精度超过0.1%。适用于各种行业的电气诊断和检测，尤其适合汽车电气系统的各种测量。

目前越来越多的汽车电气系统带有固态控制单元，在这种控制电路中只能使用具有高阻抗的数字万用表，既可对汽车电路中某些敏感元件进行测试又可做到不损坏这些元件或改变它们的参数。数字式万用表除了如图1-2-13所列出的这些功能外，此外还有专供汽车检测的数字万用表，例如占空比、温度、转速及频率的测试仪器等。

数字式万用表有多种型号，检测功能略有不同，所以在使用前，应认真阅读使用说明书，熟悉面板上的各种开关、插孔及特定插口的作用。如图1-2-13所示为优利德58-a数字式万用表的外部结构，图右边框内是功能选择旋钮旁边标注的功能符号，供测量时进行选择。

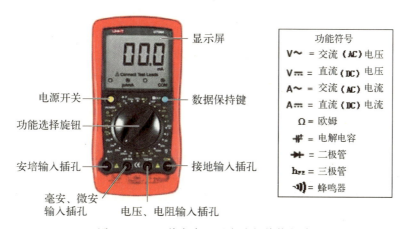

▲图1-2-13 数字式万用表外部结构与功能

三、任务实施

1. 串联电路中电压、电流、电阻的测量

1) 器材准备

表1-2-2列出了串联电路中电压、电流、电阻测量所需器材。

表1-2-2 串联电路中电压、电流、电阻测量所需器材

序号	名称	所需器材	序号	名称	所需器材
1	电路实验板	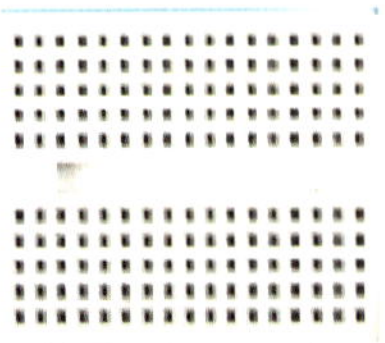	4	万用表	
2	电工实验台	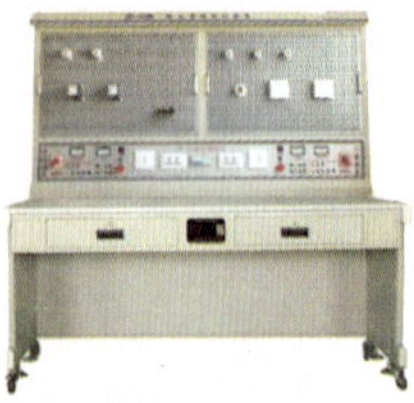	5	熔丝盒	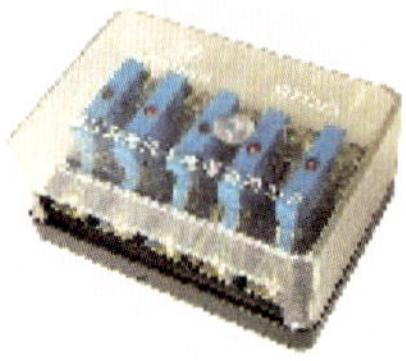
3	电路图	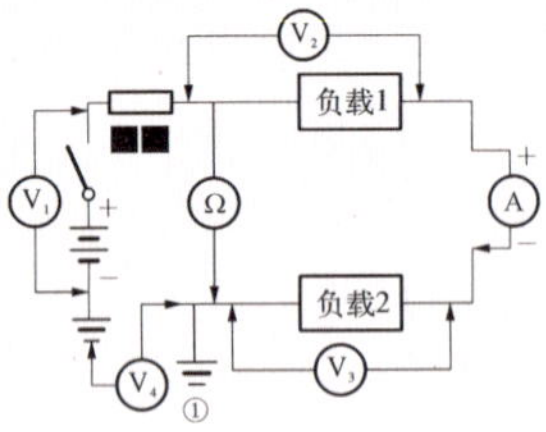			

2) 操作步骤与要求

(1) 电压的测量。

① 将电阻性元件按表1-2-2的电路图所示方式连接,然后合上电源开关。

② 万用表功能开关置于直流电压挡,选择有效量程(20 V)。

③ 将万用表如"V_1",跨接在电源的两端,从显示器上读取测量值(应为电源电压)。

④ 跨接在"V_4"处,显示电压为零;如取消接地①,则显示为电源电压。

⑤ 如跨接在"V_2"和"V_3"处,显示根据负载电阻大小按比例分配的电压,但"V_2"加上"V_3"的电压应等于电源电压。

⑥ 操作结束,切断电路的供电并关闭万用表的电源,恢复原状。

(2) 电流的测量。

① 万用表功能开关置于直流电流挡,选择有效量程(10 A)。

② 将万用表如"A",串接在负载1与负载2之间。

③ 合上电源开关。

④ 从显示器读取测量值（如将 V_2 和 V_3 处测得的电压分别除以该值，能得到负载1和负载2的电阻值）。

⑤ 操作结束，切断电路的供电并关闭万用表的电源，将器材恢复原状。

（3）电阻的测量。

① 断开电源开关。

② 万用表功能开关置于欧姆挡，选择有效量程（200 Ω～20 kΩ）。

③ 将万用表跨接在负载的两端，从显示器读取测量值。

④ 操作结束，关闭万用表的电源，将器材恢复原状。

点 拨

（1）当数字万用表测试直流电压时，能自动显示红表笔接触一端的极性；同样在测试直流电流时，也能自动显示红表笔接触一端的极性，如表笔接反，则测试数值前面会出现"−"号。

（2）测试过程中，如果显示器显示"1"，有两种可能：一个是电路存在开路；另一个是过量程。

（3）在串联电路中，电压是根据负载电阻的大小按比例分配，电阻越大所需的电压越高，而且电阻具有分压作用。

2. 并联电路中电压、电流、电阻的测量

1）器材准备

表1-2-3列出了并联电路中电压、电流、电阻测量所需器材。

表1-2-3　并联电路中电压、电流、电阻测量所需器材

序号	名称	所需器材	序号	名称	所需器材
1	电路实验板		4	万用表	
2	电工实验台		5	熔丝盒	
3	电路图				

2) 操作步骤与要求

（1）电压的测量。

① 将电阻性元件按表1-2-3中电路图所示方式连接,然后合上电源开关。

② 万用表功能开关置于直流电压挡,选择有效量程（20 V）。

③ 将万用表如"V_1",跨接在负载1的两端,从显示器上读取测量值（应为电源电压）;

④ 如"V_2"跨接在负载2处,显示为电源电压。

⑤ 操作结束,切断电路的供电并关闭万用表的电源,恢复原状。

（2）电流的测量。

① 万用表功能开关置于直流电流挡,选择有效量程（10 A）。

② 将万用表如"A",串接在负载1、2与负极之间。

③ 合上电源开关,从显示器上读取测量值。

④ 将万用表如"A_1",串接在负载1与"A"之间。

⑤ 合上电源开关,从显示器上读取测量值。

⑥ 将万用表如"A_2",串接在负载2与"A"之间。

⑦ 合上电源开关,从显示器上读取测量值（A_1的电流加上A_2的电流,等于在A处测得的电流）。

⑧ 操作结束,切断电路的供电并关闭万用表的电源,恢复原状。

（3）电阻的测量。

① 断开电源开关。

② 万用表功能开关置于欧姆挡,选择有效量程（200 Ω ～ 20 kΩ）。

③ 将万用表跨接在负载的头尾两端,从显示器读取测量值。

④ 操作结束,关闭万用表的电源,将器材恢复原状。

四、拓展学习

1. 混联电路中电压、电流、电阻的测量

1) 器材准备

表1-2-4列出了混联电路中电压、电流、电阻测量所需器材。

表1-2-4 混联电路中电压、电流、电阻测量所需器材

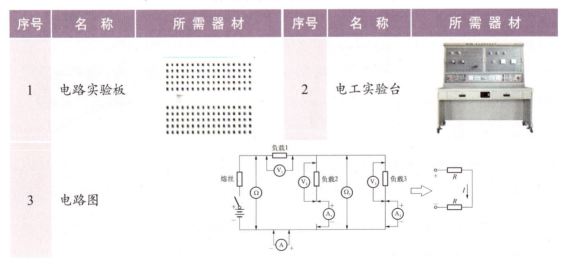

序号	名 称	所需器材	序号	名 称	所需器材
1	电路实验板		2	电工实验台	
3	电路图				

(续表)

序号	名 称	所需器材	序号	名 称	所需器材
4	万用表		5	熔丝盒	

2）操作步骤与要求

（1）将电阻性元件按表1-2-4中电路图所示方式连接。
（2）分别测试图中 V_1、V_2、V_3 处的电压。
（3）分别测试图中 A、A_1、A_2 处的电流。
（4）分别测试图中 Ω、$Ω_1$ 处的电阻。

2. 部分欧姆定律的实际运用

1）器材准备

表1-2-5列出了部分欧姆定律实际运用所需器材。

表1-2-5　部分欧姆定律实际运用所需器材

序号	名 称	所需器材	序号	名 称	所需器材
1	电路实验板	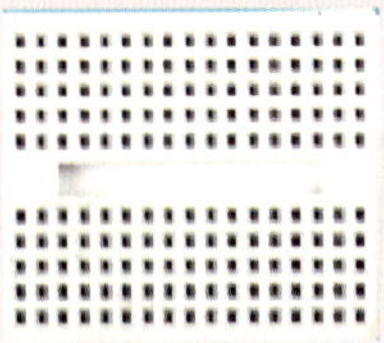	4	万用表	
2	电工实验台	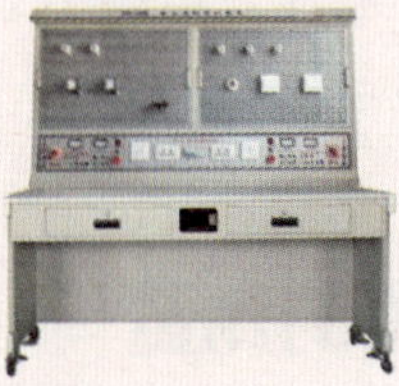	5	熔丝盒	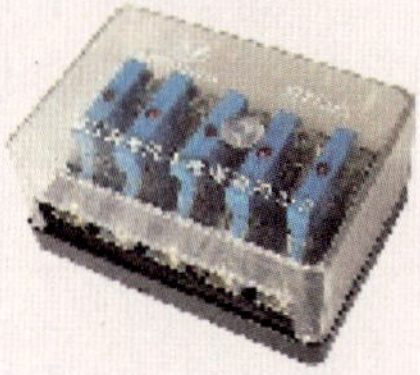
3	电路图	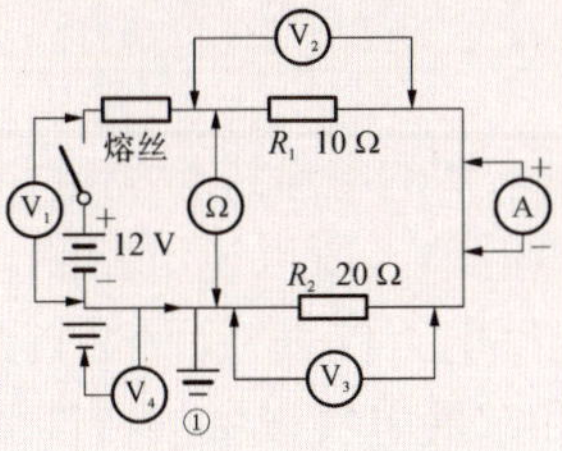			

2）操作步骤与要求

（1）电压的测量。

合上电源开关后，按图示要求分别测量和记录V_1、V_2、V_3处的电压；断开接地①，测量和记录V_4的电压。

运用部分欧姆定律计算V_2、V_3处的电压，并将计算结果与实际测量结果进行验证。

（2）电流的测量。

合上电源开关后，按图示要求测量和记录流经R_1、R_2的电流。

运用部分欧姆定律计算流经R_1、R_2的电流，并将计算结果与实际测量结果进行验证。

（3）电阻的测量。

断开电源开关，按图示要求测量和记录R_1、R_2串联后的电阻。

运用部分欧姆定律计算R_1、R_2串联后的电阻，并将计算结果与实际测量结果进行验证。

五、练习与检测

1. 电路的计算和测量1

1）器材准备

电工实验台、电路实验板、电路图（如图1-2-14所示）数字万用表、R_1为300 Ω、R_2为200 Ω、R_3为120 Ω，若干粗细不一的导线、常用电工工具、计算用具等。

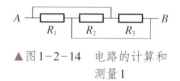

▲图1-2-14　电路的计算和测量1

2）练习要求

请你按图进行连接，运用已学过的知识和技能，计算R_{AB}的电阻值并画出等效电路；然后用万用表验证计算结果。

2. 电路的计算和测量2

1）器材准备

电工实验台、电路实验板、数字万用表、$R_1=R_2=R_3=R_4=100$ Ω、若干连接导线、常用电工工具、计算用具等。

2）练习要求

想一想，有4个100 Ω的电阻应如何连接，才能使总电阻分别为250 Ω、100 Ω、75 Ω、25 Ω，并画出相应的电路。

任务2　电路的测量

一、任务描述

所谓测量，就是借助于一定的仪器或手段对未知的电量进行测量，并将测量值和已知的标准值进行直接或间接的比较，从而确定被测电量的值。所以说电路测量是电工基础技术中不可缺少的一个重要部分，它的任务主要是借助某些电工仪表、检测工具及测试灯对电路进行测量，通过对测量所得的参数加以分析，以便了解和掌握电气设备的特性或运行情况。

二、任务准备

1. 电路测量方法

一般测量电路的方法有两种,即用指示仪表直接测量和用较量仪器进行比较测量。由于直接测量具有简便、迅速的优点,所以在汽车电路检修过程中,通常都是采用直接测量法,如图1-2-15所示。具体测量方法为,参照维修手册及电路图,根据电路的现状,确定检测点,然后着手进行测量。

▲图1-2-15 直接测量法

2. 汽车用导线与选用方法

任何电气设施之间的联系都是通过导线构成回路的,导线不论长短本身也有电阻,从电阻率公式 $R=\rho \cdot L/S$ 可以得出导线的电阻除了与导线材料、长度有关以外,还与导线的截面积有关,只不过相对负载的电阻而言,导线的电阻一般都小于1 Ω,通常忽略不计,只有在电路出故障后,才会对导线进行通断检测。导线作为传输电能的线材,根据用途的不同,有多种型号与规格及使用要求。

汽车上普遍使用低压普通铜质多股软芯导线,该类导线适用于12～24 V的汽车电系用线。

汽车低压导线选用的原则是:根据欧姆定律计算出电气系统中各负载的工作电流,然后参照导线安全载流量(见表1-2-6)来确定导线的截面积,在此基础上还应考虑导线通电后的温升(电流的热效应及线束内的热量)、周边环境温度的变化及线路的电压降。长时间工作的用电设备选用实际载流量60%的导线,短时间工作的用电设备可选用60%～100%之间的导线。

测量导线截面积所用的外径千分尺是一种精密量具,其测量精度可达0.01 mm,其结构如图1-2-16所示。

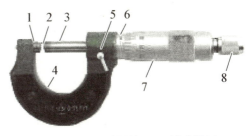

1—固定螺杆 2—测量端 3—活动螺杆 4—弓架 5—锁紧钮 6—固定套管 7—活动套管 8—棘轮

▲图1-2-16 外径千分尺的结构

外径千分尺上有两个刻度值,在固定套管的基准线下方,每隔0.50 mm刻有一条直线,基准线的上方,每隔1 mm刻有一条直线。活动套管的圆周上,每隔0.01 mm刻有一条直线,共有50条等分线。

活动套管每转动一圈,活动螺杆轴向移动(前进或后退)0.50 mm。活动套管每转过一条等分线,活动螺杆轴向移动(前进或后退)0.01 mm。

读数时,先读活动套管边缘在固定套管刻线最近的轴向刻度数(为0.50 mm的倍数),然后再读活动套管与固定套管上基准线对齐的那一条刻度线(为0.50 mm的等分线),将以上两部分读数相加,即为所测数值。

如图1-2-17(a)所示,读数为7.89 mm;如图

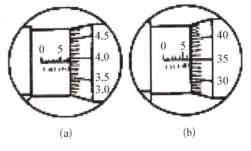

(a) 7.89 mm (b) 7.35 mm

▲图1-2-17 外径千分尺的读数

1-2-17(b)所示,读数为7.35 mm。

作为一名准备从事汽车电气检修工作的人来说,对电路的组成和导线的安全载流量应有清晰的认识,如不按规定检修,改装或检修后的电路容易发热,甚至自燃,导致事故的发生。

表1-2-6列出了各种多股铜芯低压导线截面积的安全载流量,表1-2-7列出了12 V汽车电路选用导线截面积的推荐值。

表1-2-6 多股铜芯低压导线标称截面积的安全载流量

标称截面积(mm^2)	0.35	0.5	0.8	1.0	1.5	2.5	4.0	6.0	10	16	25	35	50
允许载流量(A)				11	14	20	25	35	50	60	82	102	129

表1-2-7 汽车12 V电系线路导线截面积推荐值

标称截面积(mm^2)	用途
0.35	无源类传感器
0.5	组合仪表、指示灯、诊断线、无源类传感器、时钟、记忆供电
0.8	组合后灯、门控灯、有源类传感器、执行器
1.0	执行器、有源类传感器、继电器、开关电源、后尾灯、门控灯、雨刮器、接地
1.5	喇叭、方向灯、刹车灯、倒车灯、牌照灯、开关电源、接地
2.5~4	门窗电机、前照灯、停车灯、开关电源、接地
4~6	电源、开关电源、散热风扇、除霜、起动开关、接地
10~16	发电机、电源、接地
16~95	蓄电池、起动机

随着汽车用电设备的数量、功率不断增加,各系统电路日趋庞杂。为了便于识别和检修汽车电气设备,通常低压导线会选用不同颜色的绝缘层加以区分,并在电路图中对导线的线径、颜色以及所属的电气系统做出标注。导线线径一般用数字表示,数字的大小代表导线的横截面积,单位为mm^2,导线颜色通常用英文缩略字母或中文说明,如图1-2-18所示,并且各大车系对接地用线的颜色一般都有规定。

根据我国汽车用低压导线颜色的规定,低压导线的颜色有单色和双色两种,选用导线颜色时,应优先选用单色,采用双色线时,面积比例大的颜色为主色,面积比例小的颜色为辅色,辅色为两条轴向条纹状

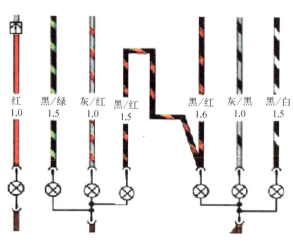

▲图1-2-18 导线颜色、截面积的标注

色呈对称分布。标注时主色在前,辅色在后。

例如:如图1-2-18中黑/绿1.5为双色导线,主色为黑色、辅色为绿色、截面积为1.5 mm²。又如图中灰/红1.0为双色导线,主色是灰色、辅色为红色、截面积为1.0 mm²。

表1-2-8列出了各大车系制造公司在汽车电路中常用的导线颜色及代码。

表1-2-8 主要汽车制造公司规定的电路导线颜色和代码

颜色 车型	全 称	通用	福特	大众	宝马	奔驰	丰田	本田	三菱	米切尔
黑 色	Black	BLK	BK	sw	BK	BK	B	BLK	B	BLK
棕 色	Brow	BRN	BR	br	BR	BN	BR	BRN	BR	BRN
红 色	Red	RED	R	ro	R	RD	R	RED	R	RED
黄 色	Yellow	YEL	Y	ge	GE	YE	Y	YEL	Y	YEL
绿 色	Green	GRN	GN	gn	GN	GN	G	GN	G	GRN
蓝 色	Black	BLU	BL	bl	BL	BU	L	BLU	L	BLU
紫 色	Violet	PPL	P	li	VI	VT	V	PUR	V	VIO
灰 色	Grey	GRY	GY	gr	GY	GY	GR	GRY	GR	GRY
白 色	White	WHT	W	ws	WS	WH	W	WHT	W	WHT
粉红色	Pink	PNK	PK	rs	PK	PK	P	PNK	P	PNK
橙 色	Orange	ORN	O	og	OR	OG	O	ORN	O	ORN
深 色	Dark(DK)									
浅 色	Light(LT)									

3. 电容器

在汽车电气系统中经常用到电容器,例如点火、充电电路、固态控制单元、安全气囊等电路中都使用了电容器。在安全气囊的电路里,正常情况下,由电容器、传感器、控制单元等组成的回路能储存电能。如果车辆电源在撞击时缺失,上述组成的回路能提供短时间的储备电源引爆安全气囊,从而确保人身的安全。

电容器是一种储能元件,具有储存和释放电荷的能力(充电和放电)。任何两块非常靠近的金属片,中间隔以绝缘材料(亦称介质)就形成了一个电容器。在两个电极间加上电压后,阳极板就会储存正电荷,阴极板则储存负电荷,其储存电荷能力的大小取决于极板的尺寸、间距和介质品种。

电容器常用的介质有空气、云母片、涤纶薄膜、陶瓷等,金属板(片)上引出线称为电极,其构造如图1-2-19所示。

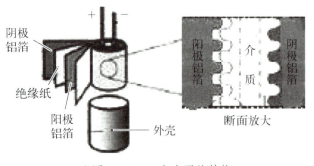

▲图1-2-19 电容器的结构

电容器的单位是法拉,用F表示,因为法拉这个单位太大,常用的为微法拉(μF)、纳法拉(nF)和皮法拉(pF)。它们之间的换算关系是:

$$1 法拉(F)=10^6 微法(\mu F)$$
$$1 微法(\mu F)=10^3 纳法(nF)=10^3 皮法(pF)$$

电容器的种类很多,常用电容器的外形及符号如图1-2-20所示。

电容器的参数主要有电容量、误差范围、耐压值等,通常这些参数都标注在电容器的外壳上。如某一电容器外壳上标注4.7 μF、±10%、25 V字样,说明该电容器的电容量为4.7 μF、允许误差为±10%、额定工作电压为25 V。

电容器接入电路时,电容器两极板间的电压与用电器两端的电压相等,当电路中的电流、电压发生变化时,会引起电容器的充、放电。

所以电容器被广泛应用于耦合、旁路、滤波、调谐、能量转换、控制等汽车电路中。

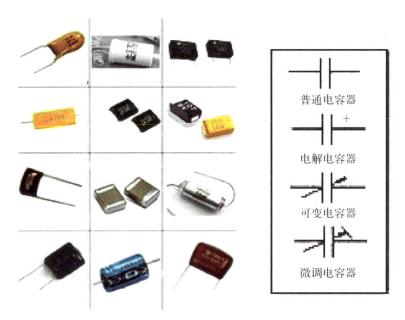

▲图1-2-20 常用电容器的外形及符号

三、任务实施

1. 直流电压的测量

1) 器材准备

整车或台架发动机实验台、数字万用表、T型插接线、若干常用电工工具等。

2) 操作步骤与要求

(1) 将数字万用表按图1-2-21所示的方式连接,或在整车上找出相对应的元器件。

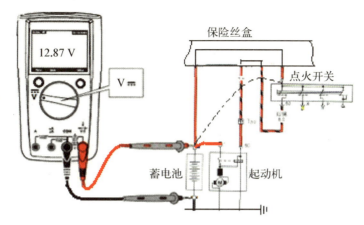

▲图1-2-21　用数字万用表测量直流电压

(2) 测量电压时,应在电路通电的情况下进行。
(3) 将黑表笔插入COM端孔内,红表笔插入V/Ω端孔内。
(4) 将功能开关置于直流电压挡,选择有效量程(20 V)。
(5) 将红黑表笔分别连接到直流电源端。
(6) 从显示器上读取测量值,确认二次测得的电压值基本相同(如显示为"1",则可能有两种情况：或是量程选择不当,此时应选择更高的量程；或是输入端电路中有断路故障)。
(7) 操作结束,切断电路的供电并关闭万用表的电源,将器材恢复原状。

2. 交流电压的测量

1) 器材准备

整车或台架发动机实验台、数字万用表、T型插接线、若干常用电工工具等。

2) 操作步骤与要求

(1) 将数字万用表按图1-2-22所示方式连接,或在整车上找出相对应的元器件。
(2) 将黑表笔插入COM端孔内,红表笔插入V/Ω端孔内。

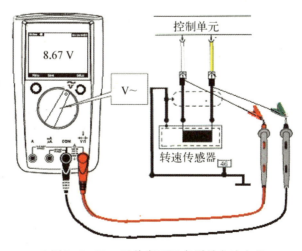

▲图1-2-22　用数字万用表测量交流电压

（3）将功能开关置于交流电压挡，选择有效量程。

（4）将红黑表笔分别连接到交流电源输出端，或将测试笔连接到被测转速传感器的外接T型线上，如图1-2-22所示，在起动发动机或发动机低速运转时，测量该传感器输出的交流电压。

（5）从显示器上读取测量值。

（6）操作结束，切断电路的供电并关闭万用表的电源，将器材恢复原状。

3. 电阻的测量

1）器材准备

电工实验台、数字万用表、不同阻值的电阻、若干常用电工工具等。

2）操作步骤与要求

（1）将黑表笔插入COM插孔，红表笔插入V/Ω插孔。

（2）将功能开关置于欧姆挡，选择有效量程后进行校表，检查接触电阻。

（3）将表笔连接在需要确定其电阻的引脚部位，如图1-2-23所示（如电阻是焊接在线路板上，应焊开一端）。

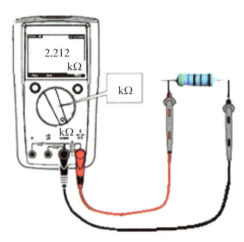

▲图1-2-23　用数字万用表测量电阻

（4）从显示器上读取测量值（减去校表时的接触电阻）。

（5）操作结束，关闭万用表的电源，将器材恢复原状。

> **要点提示**
>
> （1）测试电阻时，应在"零电势"状态下进行，即必须断开电路的电源。如电阻是焊接在线路板上，测量时应焊开电阻的某一端，然后再进行测量。
>
> （2）数字万用表在电阻挡时，表内会提供一个直流测试电压，测试时手指不要接触表笔金属部分，以免影响测量结果。
>
> （3）在电阻的测试过程中，万用表应放在有效量程（大于被测电阻即可，不能过大）的欧姆挡，这样测量的精度可以得到保证。

4. 电路通断的测试

1）器材准备

整车或台架发动机实验台、数字万用表、T型插接线、若干常用电工工具等。

2）操作步骤与要求

（1）将数字万用表按图1-2-24所示方式连接，或在整车上找出相似的元器件。

（2）确认已断开电路的供电电源，并脱开需测试电路的插接器，接上T型线。

（3）将黑表笔插入COM插孔，红表笔插入V/Ω插孔。

（4）选择最小欧姆量程（不要选择蜂鸣挡）。

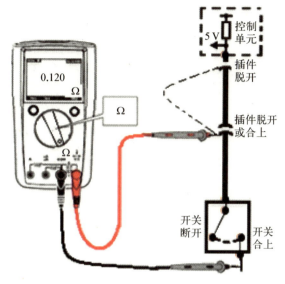

▲ 图 1-2-24　数字万用表测试电路的通断

（5）将表笔连接在 T 型线的另一端（由于人体电阻会影响测量结果，同时有些固态元件或电子电路只要通入少量电压就可能损坏这些电气组件，所以手不要接触表笔的端部）。

（6）根据显示器的测试数值（一般导线的电阻很小）进行分析和判断。

（7）操作结束，关闭万用表的电源，将器材恢复原状。

 要点提示

（1）测试电路时，应在"零电势"状态下进行，即必须断开电路的电源。如电路中装有电容器的必须放电，并需脱开测试电路的插接器。

（2）在电路导通测试过程中，由于不同型号万用表蜂鸣信号电阻值的不同（30 Ω～1.5 kΩ），导线、触点、开关等部件的电阻又很小，所以不应放在蜂鸣挡进行测试，实际测试应放在最小量程的欧姆挡，这样测量的精度可以得到保证。

（3）由于人体电阻会影响测量结果，同时有些固态元件或电子电路只要通入少量电压就可能损坏这些电气组件，所以手指不要接触表笔的端部。

5. 电容器的测试

1）器材准备

多种规格的电解电容器、数字万用表、电容表。

2）操作步骤与要求

（1）根据电容器外壳上标定的容量值选择相应的挡位。

（2）将电容器两插脚直接插入电容专用插口中。

（3）读取显示出来所测试的容量值。

（4）根据显示器的测试数值，与外壳上标注的有关参数进行比对，试作分析和判断。

（5）操作结束后将器材恢复原状。

要点提示

（1）万用表、电容表本身已对电容挡位设置了保护电路，故在测试过程中不用考虑极性及电容充放电等情况。

（2）一般数字万用表提供测试电容的量程有限，如超出量程，需用专用电容表进行测试。

四、拓展学习

1. 电压降测量

1) 器材准备

整车或台架发动机实验台、电工实验台、数字万用表、开关、各类灯泡、电阻性负载等、0～15 V稳压可调直流电源、T型插接线、若干常用电工工具。

2) 操作步骤与要求

（1）将数字万用表按图1-2-25所示方式连接，或在整车上找出相对应元器件。

（2）测量电压降时，应在电路通电的情况下进行。

（3）将黑表笔插入COM端孔内，红表笔插入V/Ω端孔内。

（4）将功能开关置于直流电压挡，选择有效量程。

（5）将红黑表笔分别连接到开关的两端，从显示器上读取测量值（如电压降超过1 V，则表明电路存在故障，因为导线和开关只会造成极少量的电压降）。

（6）操作结束，切断电路的供电并关闭万用表的电源，将器材恢复原状。

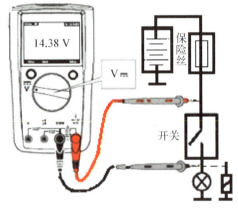

▲图1-2-25　用数字万用表测量电压降

2. 直流电流的测量

1) 器材准备

整车或台架发动机实验台、电工实验台、数字万用表、开关、各类灯泡、电阻性负载等、0～15 V稳压可调直流电源、T型插接线、若干常用电工工具。

2) 操作步骤与要求

（1）关闭或断开测试电路的电源。

（2）将黑表笔插入COM插孔，红表笔插入A或mA插孔。

（3）将功能开关置于直流mA或A挡，将测试笔串联接入到保险丝的两端或断开的线路上，如图（1-2-26）所示。

（4）接通电源读取显示的电流值。

（5）操作结束，切断电路的供电并关闭万用表的电源，将器材恢复原状。

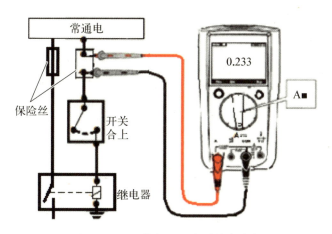

▲图1-2-26 数字万用表测量直流电流

  要点提示

(1) 测量电流时,必须先行断开电源,然后串联在电路里通电测量。

(2) 不能过量程测试电流,过量程的电流会使万用表及电路元件损坏,造成严重的后果。

(3) 如要测试蓄电池寄生电流,只能在车辆静止状态下,关闭所有门窗及盖子并取下点火开关钥匙,等待一定时间后才能进行。

3. 导线截面积的测量和计算

1) 器材准备

多种规格汽车用低压导线、外径千分尺(0～25 mm)、剥线钳或剪刀、多股铜芯低压导线标称截面积载流量表(见表1-2-6)、汽车12 V电系线路导线截面积推荐表(见表1-2-7)、线径测量填写表格(见表1-2-9)、计算器及干净的软布。

表1-2-9 低压导线线径测量记录表

直径(mm)	根数(n)	截面积(mm^2)
安全载流量(A)	用途	
计算截面积公式	$S=\pi nd^2/4=0.785\,4nd^2$	

2) 操作步骤

(1) 测量前清洁外径千分尺上的两个测量面。

(2) 校对外径千分尺,旋转棘轮,使两个测量面接触至棘轮发出3～5声"咔"的声音为止(如有误差,则应了解误差的修整方法。当出现正修整值时,所测导线的直径相应减去该值。当出现负修整值时,则应加上该值)。

（3）转动活动套管使活动螺杆测接近导线直径时，改用棘轮转动直至发出3～5声"咔"的声音为止，然后读出所测导线的直径。

（4）为了保证测量的精度，可选择该导线不同的部位重新测量一次（如有误差，再选择一次，直至测量数值相同），然后记录在导线测量填写表格中。

（5）根据测量值及导线的根数，计算导线的截面积，参照表1-2-6、表1-2-7查找出导线的安全载流量及导线的用途。

（6）操作结束后将器材恢复原状。

要点提示

（1）当外径千分尺上两个端面接近导线时，此时应改用棘轮，以防被测导线因挤压变形带来测量误差。

（2）选择在导线没有受损处测量，测量端面与导线的直径相互垂直。

（3）为了保证测量精度，应选择在不同的测量点或另选相邻导线重新测量。

五、练习与检测

1. 鼓风机调速电路的测量和计算

1) 器材准备

表1-2-10列出了鼓风机调速电路测量和计算所需器材。

表1-2-10　鼓风机调速电路测量和计算所需器材

序号	名称	所需器材	序号	名称	所需器材
1	电工实验台	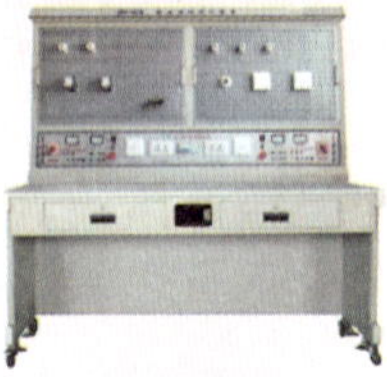	4	调速电阻	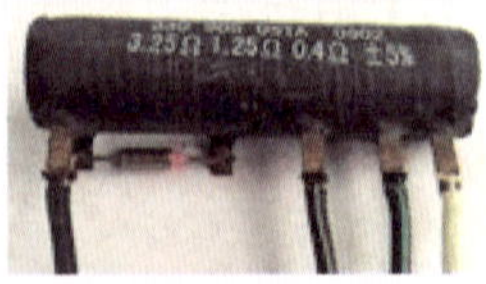
2	万用表		5	控制开关	
3	鼓风机		6	熔丝盒	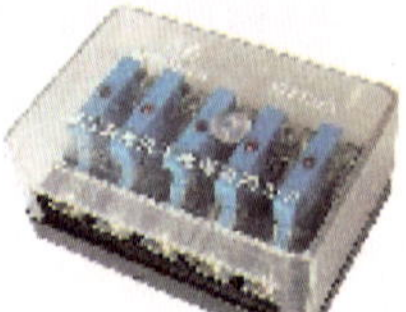

2）练习要求

（1）如图1-2-27所示为汽车空调鼓风机控制电路，请按图示方式进行连接。

（2）请运用已学过的知识和技能，在开关分别处于A、B、C挡位时，用万用表测试FE的电位。

（3）请运用已学过的知识和技能，在开关分别处于A、B、C挡位时，计算FE的电位。

（4）操作结束后将器材恢复原状。

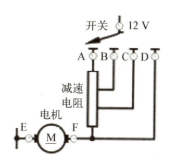

▲图1-2-27　鼓风机调速电路

2. 交流电流的测量

汽车上很少测试交流电流，只有在判别某些转速类传感器的好坏时，才有可能测试其交流电流。测量交流电流时，数字万用表必须串联在电路中。

1）器材准备

整车或台架ABS实验台、数字万用表、T型插接线、若干常用电工工具。

2）练习要求

（1）如图1-2-28所示为汽车ABS轮速传感器信号电路。

（2）请运用已学过的知识和技能，或参考有关的技术资料，用数字万用表测量该轮速传感器的交流电流。

（3）操作结束后将器材恢复原状。

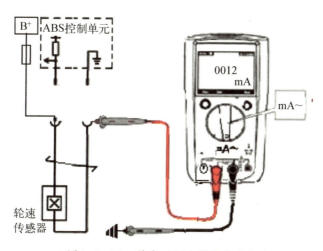

▲图1-2-28　数字万用表测量交流电流

模块三 磁与电磁的应用

学习目标

1. 能认识磁的基本特性。
2. 能记住磁与电磁之间的关系。
3. 能对继电器、电磁阀进行测试与检查。
4. 会分析、判断继电器、电磁阀的测试结果。
5. 养成5S理念、勤奋、守信、沟通和合作的职业道德。

学习导入

电与磁之间有着密切的联系,日常生活中几乎所有的电气设备包括汽车上的电气设备都与磁或电磁有关,只有灯、点烟器之类电器与磁无关。我们知道磁悬浮列车是一种现代高科技轨道交通工具,这种列车没有车轮,它是通过电磁效应使车体悬浮在轨道的导轨上面,实现列车与轨道之间无接触的悬浮和导向,然后再利用直线电机产生的电磁力牵引列车运行。那么列车所需要的电磁是如何产生的?为什么称它为磁悬浮?相信这些知识通过本模块的学习,在理解电与磁之间的关系后便迎刃而解了,同时也为以后的学习打下扎实的基础。

任务1 继电器的测试

一、任务描述

继电器在汽车上的应用非常广泛,通常与熔丝组合在电气盒内,在电气盒的内部集成了汽车上大部分的继电器。

继电器是利用电磁原理实现自动接通或断开电路,具有开与关的功能。当继电器由于某种原因不工作,可能会造成车辆无法起动,或者部分电器失效,影响车辆的正常使用。那么你知道这些继电器是如何工作的?为什么在现今的汽车上大量使用?出现问题时如何测试继电器?通过本模块的学习,能让你获取有关磁与电磁的基础知识和相应的测试技能。

二、任务准备

1. 磁的特性

当我们起动发动机时只要轻轻一扭点火开关,起动机就会带动发动机顺利起动,同样发动机旋转后就能带动发电机开始发电,上述之间的变化都与磁有关,可见磁和电能之间有着密切的联系。

1) 磁体

某些物体本身具有吸引铁、钢、钴等物质的性质,我们说这些物体具有磁性。具有磁性的物体叫磁体,磁体分为天然磁体(俗称吸铁石)和人造磁体两大类。由于人造磁体的磁性要比天然磁体的磁性强得多,所以在电气设备中应用的磁体基本都是人造磁体。

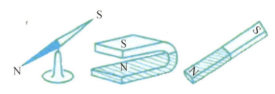

▲图1-3-1 常见的人造磁体

人造磁体根据用途的不同,又可分为永磁铁和电磁铁两种。永磁铁的磁性能够长期保存,常做成针形状、蹄形状和条形状等,如图1-3-1所示,这种类型的磁铁常用于电工仪表、电表和电信设备等方面。

电磁铁与永磁铁不同,电磁铁在通电时具有磁性,断电时即失去磁性,常常用于各类继电器、发动机、起重机等电气设备中,其形状如图1-3-2所示。

▲图1-3-2 常见人造电磁铁

点拨

磁铁除了能吸引铁和钢外,还能吸引镍、钴、铬等物质,上述这些物质亦可叫做铁磁性物质。

使原来不具磁性的物质得到磁性叫做磁化,使磁体失去磁性叫做去磁。

2) 磁极

把磁铁放入铁屑中,然后再取出,我们可以看到磁铁两端吸引铁屑最多,如图1-3-3所示。磁铁两端磁性最强的区域称为磁极,任何磁铁均有两个磁极,一个称为北极,常用N表示;另一个称为南极,常用S表示。

通过不同的实验我们还可以看到:

当两个磁极相同的磁铁相互靠近时,会发生排斥现象;

▲图1-3-3 磁极

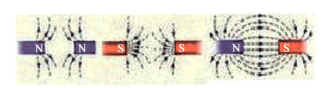 

▲图1-3-4 磁极的相互作用(磁力)　　▲图1-3-5 不存在独立的磁极

当两个磁极相反的磁铁相互靠近时,会相互吸引(俗称同性相斥异性相吸),如图1-3-4所示。这说明磁铁的磁极之间存在着相互作用的力,这个力称为磁力。

磁力还有强弱之分,距离远一些,推(斥)力或吸力小一些;距离近一些推(斥)力或吸力强一些。

实验还告诉我们:

无论怎样分割磁铁,分割后的任何一块磁铁仍具有南北两极,无法得到独立存在的单个磁极,如图1-3-5所示。

 点拨

指南针又称指北针,我国古代四大发明之一,是古代劳动人民在长期的实践中对物体磁性认识的结果。

磁体吸铁本领最强的两极叫做磁极,亦是磁体上磁性最强的部分。

物质得到磁性叫做磁化,使磁体失去磁性叫做去磁。

3) 磁场和磁力线

从上述磁极间实验的结果告诉我们:

磁体的周围存在着一种特殊物质,它能使磁极之间产生一种相互作用力(推力或吸力),通常把这种特殊物质称为磁场,它具有力和能量的特性,所以磁极间的相互作用是通过磁体周围的磁场实现的。

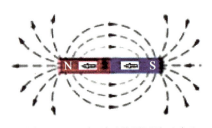

▲图1-3-6 条形磁铁周围的磁力线

磁场是由许多不可见的磁力线所组成的,例如条形磁铁周围磁力线的分布,如图1-3-6所示。在磁铁外部周围的磁力线是从N极出发回到S极,在磁铁的内部是从S极流向N极,且磁力线之间是互不相交的闭合曲线。同时我们也可以用磁力线的疏密来表示磁场的强度,磁场强度较大的地方磁力线较密,磁场强度较小的地方磁力线较疏,磁场强度均匀的地方磁力线疏密均匀且互相平行。

 点拨

磁力线又称磁感应线,是用以形象地描绘磁场强弱和方向的曲线。

磁场是一种特殊物质,磁体之间的相互作用是通过它们的磁场进行的。

2. 电流的磁场

1) 直线电流的磁场

我们在静止的磁针上方放一根与磁针平行的导线,然后予以通电,此时可以看到磁针发生了偏转,如图1-3-7所示。如果改变电流的方向,磁针偏转的角度也随之改变。这说明:通电导体周围存在着磁场,且磁场的方向与电流的方向有关。

我们已知磁场是由许多不可见的磁力线所组成,当电流流过导线时,导线周围就会产生磁力线,这些磁力线是环绕着电流的一些闭合曲线。这些环形磁力线没有磁极,即没有N极或S极,如图1-3-8(a)所示。而且从图中可以看出,靠近电流的地方磁力线分布比较密,表示磁场强度比较大,远离电流的地方磁力线分布比较疏,表示磁场强度比较小。如果顺着电流前进的方向看(由下往上看),将会发现所有的磁力线都沿着顺时针的方向。

为了便于记忆,磁力线方向和电流方向之间的关系,可用图1-3-8(b)所表示的右手螺旋定则一来表示:用右手握住导线,拇指伸直并指向电流的方向,则环绕导线的四指就是磁力线的方向。

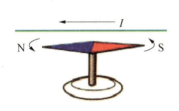

▲图1-3-7 电流的磁场

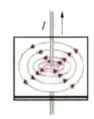 

(a) 磁力线的分布　　(b) 右手螺旋定则一

▲图1-3-8 直线电流的磁场

点　拨

通电的导体周围存在着磁场,磁场的方向与电流的方向有关。
任何磁体的磁性都是由于电流的存在所产生的。

2) 通电线圈的磁场

我们已经知道流过导线的电流会产生磁力线,这些磁力线以小圆环形式围绕在导线周围。如果把导线绕成螺线管形状,则所有单个的圆形磁场就被结合在一起,通电后形成一个具有N极、S极的结合磁场。其磁场类似于条形永磁体的磁场,磁力线分布情况如图1-3-9(a)所示。在螺线管内部的磁力线,大部分是和螺线管轴平行的,在螺线管的两端磁力线逐渐向外散开,每一根磁力线都是穿过螺线管内部的封闭曲线。

通电螺线管的极性也可用右手螺旋定则二,如图1-3-9(b)来说明:用右手握住螺线管,使环绕螺线管的四指指示电流的方向,则伸直的拇指

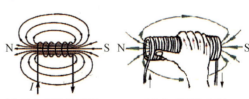

(a) 通电螺线管磁场　　(b) 右手螺旋定则二

▲图1-3-9 通电线圈的磁场

所指的一端为N极,亦为磁力线出发的一端。

理论和实验证明:螺线管内部是个匀强磁场,其磁场强度与通过导线的电流强度及线圈的匝数成正比,与螺线管的长度成反比。

3. 磁感应和电磁铁

1) 磁感应

在一根普通的大铁钉上,预先用绝缘电磁导线以一定的密度缠绕在铁钉上,然后用钉尖去接触大头针,由于铁钉没有磁性,所以不能吸引大头针,如图1-3-10中的(a)所示。接着我们把一块磁铁吸附在铁钉上,同样用钉尖去接触大头针,此时它就能够吸引大头针了,如图1-3-10中的(b)所示,这说明铁钉被磁铁磁化了。同样我们给缠绕在铁钉上的线圈通以电流,此时铁钉也能够吸引大头针,如图1-3-10中的(c)所示,这说明铁钉被线圈里的电流磁化了,上述这类现象叫做磁感应。

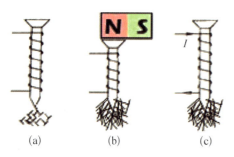

▲图1-3-10 磁感应现象

实验证明:所有铁磁物质都能够被磁场感应,铁磁物质被磁化后,又会产生附加磁场,大大地加强了原来的磁场强度。根据材料的不同,附加磁场能达到原磁场强度的几十倍至几千倍。

把铁磁物质放在通电线圈里磁化,断电后它们的磁性并不完全失去,而有不同程度的保留,这种被保留下来的磁性叫做剩磁。软铁保留磁性的本领最小,断电后几乎立即失去全部的磁性,所以常被用来制造电磁铁。钢和一些合金保留磁性的本领很大,所以常被用来制造永磁体。

2) 电磁铁

在螺线管里加一个铁芯,就制成了一个最简单的电磁铁,日常生活和工业技术上应用较广的电磁铁大多数为马蹄形和长条形。电磁铁在汽车上应用也很广泛,例如电源电路、控制电路中的继电器;供油、换挡电路中的电磁阀;起动机上的电磁开关等。

在汽车电路中,为了减小流经控制器件的电流,同时延长这些控制器件的寿命,往往在电路中设置了电磁式继电器(动合),如起动继电器、燃油泵继电器、风扇继电器和空调继电器等,可以说继电器也是一种利用小电流控制大电流电路通断的电磁开关。继电器通常与熔丝组合在电气盒内,内部集成了汽车上大部分的继电器。

电磁式继电器的内部结构如图1-3-11所示,它是由电磁线圈、衔铁、动合触点(常开)、动

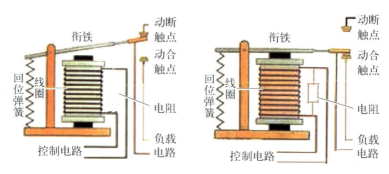

▲图1-3-11 电磁式继电器(动合)工作原理图

断触点(常闭)和抑制电阻组成。其工作原理如下：

当控制电路未接通时，动断触点(具有限位作用)闭合(左图)，动合触点断开，负载电路断开。

当控制电路接通后，线圈通电产生磁场吸下衔铁后，动合触点闭合(右图)，接通负载电路。当切断控制电路的电流后，磁场消失，在回位弹簧的作用下，带动衔铁使动合触点分离，从而切断负载电路。线圈断电瞬间，由于电感的作用，线圈内会产生反电动势，其峰值可高出额定电压的5倍以上，此时由于电阻并联在线圈的两端，该瞬时电压通过电阻构成回路，就不会加载在汽车电路中的电子元件上。

当前汽车上经常使用的继电器有电磁式继电器、干簧式继电器、双金属片继电器和电子混合式继电器等种类，而电磁式继电器是普遍应用最多的一种。为了防止接错，通常在继电器外壳上印有接线原理图并对端子进行统一的命名和标注，如图1-3-12所示。通过查找有关标准和维修资料，可知端子的用途和接线方式(采用并联二极管的继电器，要注意线圈两端的正负极性，不可接反。在汽车电路中多数采用电阻与线圈并联的继电器，很少采用二极管与线圈并联的继电器)。

根据控制电路的需要，继电器引出的端子也是不尽相同，而是依据实际控制电路需要而设置的，如燃油泵继电器有4个端子、点火主继电器有5个端子、大众车用空调继电器有8个端子等等。这些端子的排列位置及宽度大小不一，可防止误插入，确保电路正常工作。而且这些继电器都采用插接的方式与电路进行连接，方便检修与更换。

▲图1-3-12 带有结构图和端子编号继电器

要点提示

(1) 铁磁性物质在磁场中被磁化的现象叫做磁感应。
(2) 在螺线管里加一个软铁芯，就成了电磁铁。
(3) 继电器是用电磁铁做成，主要用来控制强电流的装置。

4. 磁场对电流的作用

1) 磁场对直线电流的作用

我们已知磁场对磁体有力的作用，那么磁场对电流有没有力的作用呢？早在200年前，法国物理学家安培通过实验，发现磁场对电流的确有力的作用，这个作用力叫做磁场力。如图1-3-13所示，图中在U型磁铁中悬挂一根直导体，并使直导体垂直于磁力线，导体两端连接电源，未通电时，导体是静止的，接通电源后，导体就会向外移动，若改变电流方向或使磁极对换，则导体向内移动。

为了纪念这位物理学家对电磁的研究及杰出的贡献，通常把磁场对电流的作用力称为安培力(F)。安培力F的

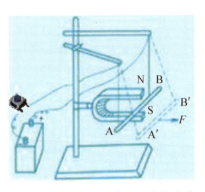

▲图1-3-13 磁场对通电直导体的作用

大小与磁场强度 B、电流强度 I、导体的有效长度 l 及导体与磁场方向间的夹角有关。

受力方向我们可以用左手定则确定：左手掌摊平，让拇指与四指垂直并在同一个平面内，让磁力线穿过手心，四指指向电流的方向，拇指所指的方向就是安培力的方向，如图 1-3-14 所示。

应当注意的是：如果通电导体和磁力线相平行时，作用在导体上的安培力等于零；如与磁力线成任意夹角时，安培力的大小与夹角有关；如与磁场方向垂直，安培力最大。

2）磁场对通电线圈的作用

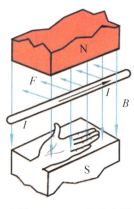

▲图 1-3-14　左手定则

只要有电流流过导线，电磁场就会存在。但是直导线所产生的磁场不能提供足够的电磁力，为此我们常常将导线缠绕成螺旋状，以增加磁场。只要有电流流过螺旋导线，就会在线圈周围产生磁场或磁力线。所以研究磁场对通电线圈的作用更有实际意义，因为在汽车电器中许多用电设备如刮水电机、起动机、仪表等都是利用这一原理制成的。

如图 1-3-15 所示，把一个通电的矩形线圈 abcd 放入磁场中，线圈 abcd 可看作四段导线。当线圈平面和磁力线平行时，bc 边和 ad 边与磁力线平行，不受磁场力的作用，只有 ab 边和 cd 边才是和磁力线垂直的，根据左手定则，它们各受到一个磁场力 F 的作用，这两个力的大小相等、方向相反，在这两个力的作用下，使线圈绕 OO' 轴作顺时针方向的转动。当线圈转到垂直磁力线的位置时，通电线圈在磁场力的作用下处于平衡状态则停止转动。

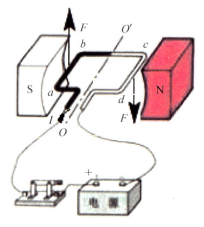

▲图 1-3-15　磁场对通电线圈的作用

直流电动机就是利用通电线圈在磁场中转动的原理制成的，为了能连续转动，在转轴上绕有多个线圈，在线圈的引入端处装有换向器，每当线圈越过平衡位置时，通过换向器自动接入相邻线圈，从而使线圈持续绕转轴转动。

要点提示

（1）直导线中电流所受磁场力的方向可以用左手定则来确定。
（2）如果导体与磁力线平行，作用力等于零。
（3）通电线圈在磁场里，要受到磁场力的力偶作用，使通电线圈绕轴转动。

5. 电磁感应

前面我们学过电流可以产生磁场，即电能生磁。那么磁场是否也能产生电流呢？实验证明磁也能生电，也可以通过磁场产生电流。利用磁场获得电流的现象叫做电磁感应现象，所获得的电流叫做感生电流，形成感生电流的电动势叫做感生电动势，产生电动势那部分导体相当于电源。电磁感应现象的发现，进一步推动了电磁理论的发展，在电工技术、电子技术及电磁测量等方面都有广泛的应用。

1)感生电流的获得

感生电流获得的方法可归纳为两大类,一类是直导体的电磁感应,另一类是磁体对线圈的电磁感应。如图1-3-16为直导体的电磁感应现象,图中N、S是磁铁的两个磁极,磁力线从N指向S,ABG是一个闭合回路,G是一个电流计。AB是闭合电路中的一段导线。

当导线AB和磁场相对静止时,或导线沿磁力线方向和磁场做相对运动时,电流计指针都不偏转,说明电路里没有感生电流。只有当导线在不平行于磁力线的方向和磁场做相对运动时,电流计才发生偏转,这说明电路中有了感生电流。

▲图1-3-16 直导体的电磁感应现象

据此我们可以得出一个结论:当闭合电路中的一段导线在磁场中作切割磁力线的运动时,电路里就有感生电流产生。

如图1-3-17为磁铁对线圈的电磁感应现象,图中空心线圈连接一只小灯组成闭合电路。

当空心线圈内放一块磁铁或将磁铁放在线圈的顶端静止不动时,我们看到小灯是不亮的,如图1-3-17中的(a),因为线圈中虽然有磁场,但穿过线圈的磁力线没有变化,所以小灯未点亮,说明电路里没有感生电流。

当磁铁快速向上或向下移动时,我们看到小灯点亮了,如图1-3-17中的(b)和(c),这说明线圈中有感生电流产生。

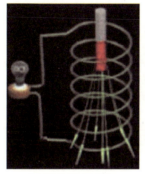
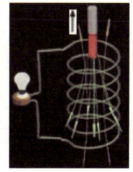
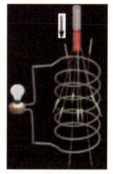

(a) 磁铁静止不动　　　　(b) 磁铁向下运动　　　　(c) 磁铁向上运动

▲图1-3-17 磁铁对线圈的电磁感应现象

如果我们用电流表来代替小灯,重复上述变化过程中电流表的指针会发生正反向的偏转。如果我们将磁铁保持不动,而快速移动闭合回路的线圈,我们看到小灯也会点亮。

如果我们不用磁铁,改用通电线圈A代替磁铁,在通电线圈的电路中串联了开关和变阻器,在线圈B中串联了电流表,如图1-3-18所示。

当我们接通和断开电路或改变变阻器的电阻时,电流表的指针均发生了偏转,说明线圈B中有感生电流产生。

当线圈A中的电流强度保持不变时,线圈B中没有感生电流。我们已经知道通电线圈里的电流强度发生变化时,其周围的磁场强度也会发生变化,因此线圈B的磁

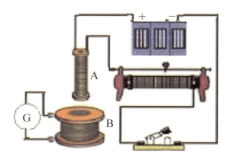

▲图1-3-18 电流变化时电磁感应现象

通量也要发生变化。

据此我们也可以得出一个结论：穿过闭合电路中的磁通量（磁力线条数）在变化（增或减）时，电路中就有感生电流产生。

从表面上来看，切割磁力线和增减磁通量好像并不一样，其实它们是同一种变化，只不过当我们对局部电路进行研究时常用前一种说法，对整个电路进行研究时常用后一种说法。

2）感生电流的方向

感生电流的方向决定于产生感生电流的条件，因为在改变切割磁力线方向或改变磁场方向时，电流计指针的偏转方向也随之改变，即感生电流的方向也要改变。同样穿过闭合电路的磁力线从增加到减少、从减少到增加、或改变方向时，电路中感生电流的方向都要改变。

电路中感生电流的方向，我们可以用右手定则来判定：右手掌摊平，让拇指和其余四指垂直并在同一个平面上，使掌心对着磁力线的方向，如果拇指指着导线运动的方向，四指就指着感生电流的方向。如图 1-3-19 所示。

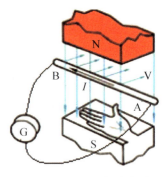

▲图 1-3-19　右手定则

 要点提示

（1）导体在磁场里切割磁力线时，导体内部就要产生感生电动势，如果导体是闭合电路的一部分，就有感生电流产生。

（2）通过线圈的磁通量发生变化时，线圈里就会产生感生电动势，如果电路是闭合的，电路中就有感生电流产生。

三、任务实施

1. 继电器电磁线圈的测试

1）器材准备

整车、通用类继电器、数字万用表、若干常用电工工具等。

2）操作步骤与要求

（1）关闭点火开关，打开保险丝盒，取出被测继电器。

（2）确定继电器端子号（外壳上标有接线原理图和端子号）。

（3）黑表笔插入 COM 端孔内，红表笔插入 V/Ω 端孔内。

（4）将功能开关置于电阻挡，选择有效量程。

（5）如图 1-3-20 所示，测试端子 85# 和 86# 端子间的电阻（可查阅维修资料或用同类继电器进

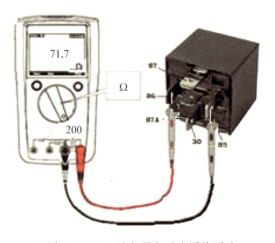

▲图 1-3-20　继电器电磁线圈的测试

行比对)。

(6) 测试30#和86#、30#和87#、30#和85#、85#和87#端子之间电阻,实测都应为∞。

(7) 操作结束,将所有设施设备恢复原状。

2. 通电测试继电器

1) 器材准备

整车、通用类继电器、数字万用表、带保险丝的跨接线、若干常用电工工具等。

2) 操作步骤与要求

(1) 关闭点火开关,打开保险丝盒,取出被测继电器。

(2) 继电器端子号的确定(外壳上标有接线原理图和端子号)。

(3) 黑表笔插入COM端孔内,红表笔插入V/Ω端孔内。

(4) 功能开关置于电阻挡,选择有效量程。

(5) 如图1-3-21所示,在85#端子和蓄电池正极之间连接一根带保险丝的跨接线,在86#端子与蓄电池负极之间连接一根跨接线。

(6) 万用表测试表笔分别连接端子30#和87#,测试触电闭合时的接触电阻(应<2Ω)。

(7) 操作结束,将所有设施设备恢复原状。

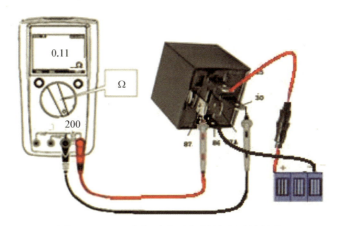

▲图1-3-21 通电测试继电器触点间接触电阻

四、拓展学习

1. 复合式继电器的测试

1) 器材准备

复合式继电器、数字万用表、跨接线、若干常用电工工具等。

2) 操作步骤与要求

(1) 确定继电器端子号(外壳上标有接线原理图和端子号)如图1-3-22所示。

(2) 将黑表笔插入COM端孔内,红表笔插入V/Ω端孔内。

▲图1-3-22 复合式继电器的测试

(3) 将功能开关置于电阻挡,选择有效量程。

(4) 测试端子1#和2#、1#和3#端子间的电阻。

(5) 分别测试4#、5#、6#、7#、8#各端子间的电阻及上述各端子与1#、2#、3#端子间的电阻,实测都应为∞。

(6) 操作结束,将所有设施设备恢复原状。

(7) 想一想该复合式继电器的测试内容与前面已学过的继电器测试内容有什么不同。

2. 通电测试复合式继电器

1) 器材准备

复合式继电器、数字万用表、电工实验台、0～15 V稳压可调直流电源或蓄电池、带保险丝的跨接线、若干常用电工工具等。

2) 操作步骤与要求

(1) 确定继电器端子号。

(2) 分别将黑表笔插入COM端孔内,红表笔插入V/Ω端孔内。

(3) 将功能开关置于电阻挡,选择有效量程。

(4) 在2#端子和电源正极之间连接一根带保险丝的跨接线,在1#端子与电源负极之间连接一根跨接线。

(5) 万用表测试表笔分两次连接端子5#和4#、8#和7#,同时测试该两组触点闭合时的接触电阻(应<2 Ω)。

(6) 在3#端子和电源正极之间连接一根带保险丝的跨接线,在1#端子与电源负极之间连接一根跨接线。

(7) 万用表测试表笔分别连接端子8#和6#,测试触电闭合时的接触电阻(应<2 Ω)。

(8) 操作结束,将所有设施设备恢复原状。

(9) 想一想该复合式继电器的8个端子名称,能否用前面已学过的继电器端子名称来命名。

五、练习与检测

1. 燃油泵继电器的测试

1) 器材准备

整车、燃油泵继电器(良好、线圈损坏、触点接触不良各一件)、数字万用表、带保险丝的跨接线、若干常用电工工具等。

2) 练习要求

燃油泵继电器如图1-3-23所示,就车用万用表测试该继电器的电磁线圈电阻,然后通电测试触点闭合时的接触电阻。

3) 操作要求

(1) 根据练习要求,请你运用已学过的知识和技能,确定继电器端子号。

(2) 测试该继电器的电磁线圈电阻并作判断。

(3) 通电测试触点闭合时的接触电阻并作判断。

▲图1-3-23 燃油泵继电器

如果继电器电磁线圈的电阻值,测试在正常范围内,能否说明该继电器性能良好,为什么?请举例说明。

2. 起动继电器的测试

1) 器材准备

整车、起动继电器(良好、线圈损坏、触点接触不良各一件)、数字万用表、带保险丝的跨接线、若干常用电工工具等。

2) 练习要求

起动继电器如图1-3-24所示,就车用万用表测试该继电器的电磁线圈电阻,然后通电测试触点闭合时的接触电阻。

3) 操作要求

(1) 根据练习要求,请运用已学过的知识和技能,确定继电器端子号。

(2) 测试该继电器的电磁线圈电阻并作判断。

(3) 通电测试触点闭合时的接触电阻并作判断。

▲图1-3-24 起动继电器

1. 前面我们学了4个端子继电器的测试方法,如果继电器的端子数为5个,请问如何测试该类继电器?

2. 在车上,继电器负载工作时间是不相同的,有些是短期通电,有些是连续通电。请问它们之间有区别吗?

任务2 电磁阀的测试

一、任务描述

电磁阀也属于电磁铁的一种,在汽车上应用相当广泛。如喷油电磁阀,其作用是根据发动机控制单元的控制信号向进气歧管内喷射燃油;还有活性碳罐电磁阀,其作用是将汽油箱内汽油蒸汽适时引入气缸内进行燃烧;同样当发动机运行时,凸轮轴进、排气便是执行电磁阀在ECU的指令下,改变凸轮轴的正时。假设上述这类电磁阀由于某种原因不工作,如何着手进行检查及测试?这些相关的基础知识和测试方法,需要通过你的学习和实践,掌握有关的测试技能。

二、任务准备

电磁阀常被用来控制某些部件的位置或调整某些液体或气体的流量,电磁阀的开启或关闭是通过线圈的通电或断电实现的。为了使电磁阀的控制精度和灵活性得到可靠的保证,目前汽车上多个控制系统都采用控制模块及配置不同的电路对电磁阀进行预期的控制,根据控制对象的不同,有的是采用线性控制方式(脉宽调制信号),有的是采用直动式进行控制。如发动机控制系统、自动变速器控制系统、ABS控制系统、悬架控制系统、车门控制系统等,在这些系统中既有线性控制也有直动控制,使得汽车的经济性、动力性、操控及行驶稳定性都得到了充分的保障。

1. 喷油电磁阀

喷油电磁阀又称燃油喷射器,是燃油供给系统中重要组成部件之一,通常安装在进气歧管上。在发动机ECU的控制下,适时向进气歧管内喷入适量的燃油并与空气形成良好的混合气。

喷油器内部结构如图1-3-25所示,它由电磁线圈、衔铁、阀针、阀座、喷孔等组成。

其工作原理如下:

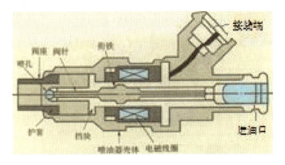

▲图1-3-25 喷油电磁阀的结构

当电磁线圈未通电时,球阀在控制腔内油压、阀针的弹簧压力作用下紧压在阀座上,阀门关闭;当电磁线圈通电时产生电磁力,使衔铁移动带动阀针,克服腔内油压,阀针弹簧压力升起,阀门开启,喷射出定量的雾化燃油。

2. 活性碳罐电磁阀

发动机停转后,燃油箱内的汽油蒸气与新鲜空气混合并贮存在活性碳罐中。发动机起动后,发动机ECU通过控制电路驱动安装在活性碳罐与进气歧管管路之间的电磁阀阀门打开,将活性碳罐内的汽油蒸气在进气管的真空作用下被带入气缸内参加燃烧,减少了对环境的污染。

活性碳罐电磁阀外形和内部结构如图1-3-26所示,它是由电磁线圈、静铁芯、动铁芯、弹

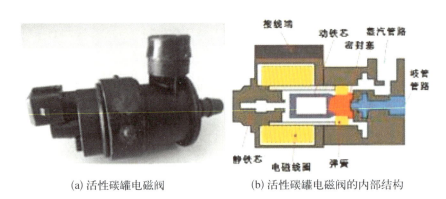

(a) 活性碳罐电磁阀　　(b) 活性碳罐电磁阀的内部结构

▲图1-3-26 活性碳罐电磁阀的结构

簧、密封塞、管路等组成。

其工作原理如下：

当电磁线圈未通电时，密封塞在弹簧的压力下，将电磁阀内的蒸气管路与进气管路之间的通道关闭；当电磁线圈通电时产生电磁力，使活动铁芯克服弹簧的张力带动密封塞向左移动，电磁阀内的蒸气管路与进气管路之间的通道打开，在真空的作用下，汽油蒸气通过进气歧管进入气缸内燃烧。

3. 凸轮轴进、排气位置执行电磁阀

发动机气门配气的正时，取决于凸轮轴的转角。在普通的发动机上，进、排气门开闭时间是固定不变的，所以不能满足发动机高转速和低转速两种工况的需求。而连续可变气门正时系统就能解决这一矛盾，通过电磁阀改变机油的压力，实现对气门开闭时间进行控制，使发动机在高低转速下都能获得理想的进、排气效率，发动机的扭矩和功率得到进一步的提高。

发动机连续可变气门正时系统又称VVT（variable valve timing），是一种电控液压运行装置，它是近些年来被逐渐应用于现代轿车上的众多连续可变气门正时技术中的一种。

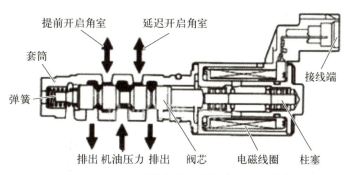

▲图1-3-27 凸轮轴位置执行电磁阀的结构

其内部结构如图1-3-27所示，它由电磁线圈、柱塞、阀芯、弹簧、套筒、油道等组成。其工作过程如下：

发动机ECU通过控制进、排气门凸轮轴位置执行电磁阀内电磁线圈的通电时间，调节阀内的柱塞位置，使发动机机油所产生的液力来驱动凸轮轴执行调节器，改变气门的升程，如图1-3-28所示，从而实现一定范围内的角度提前或延迟。

图1-3-28中：电磁阀通电后，柱塞位置随之改变，当可调机油压力处于蓝色的油道时，角度提前；为红色油道时，角度延迟；气门边缘的箭头所指为气门发生变化时的相对位置。

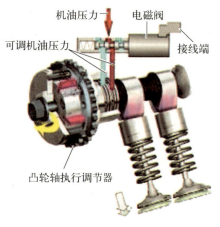

▲图1-3-28 可变气门工作原理简图

点拨

汽车上控制电磁阀的工作方式，既有线性控制（脉宽调制信号），也有直动控制。这两种控制方式最大的区别在于：线性控制在ECU控制的调节下，能精确调控阀门开启的程度；而直动控制即通电阀门全开，断电关闭。

三、任务实施

1. 就车测试喷油电磁阀的电阻

1) 器材准备

雪佛兰科鲁兹整车、数字万用表、跨接线、若干常用电工工具等。

2) 操作步骤与要求

(1) 关闭点火开关。

(2) 断开喷油器线束插头,用跨接线分别连接喷油器的两个端子。

(3) 黑表笔插入COM端孔内,红表笔插入V/Ω端孔内。

(4) 功能开关置于电阻挡,选择有效量程。

(5) 如图1-3-29所示,测试端子A、B之间电磁线圈的电阻值(一般高电阻型喷油器的电阻值在12～18Ω之间,或者亦可用同类喷油器的测试值进行比对)。

(6) 分别测试端子A、B与搭铁间的绝缘电阻,实测都应为∞。

(7) 操作结束,将所有设施设备恢复原状。

(8) 想一想如果喷油电磁阀的测试结果符合规定阻值,能否说明该喷油器性能良好。

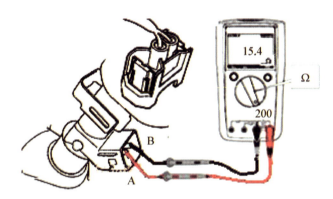

▲图1-3-29 喷油电磁阀电阻值的测量

2. 通电测试喷油电磁阀

1) 器材准备

喷油器、12V蓄电池、带保险丝的跨接线、若干常用电工工具等。

2) 操作步骤与要求

(1) 用两根跨接线分别连接喷油器的两个端子。

(2) 跨接线的另一端分别连接蓄电池的两个极柱(注意正极接端子A、负极接端子B)如图1-3-30所示。

(3) 此时电磁阀阀芯相应移动并伴有咔哒声,拿在手上有振动感(注意通电时间不要超过5s,再次试验应间隔30s)。

(4) 切断电源后阀芯应能迅速复位。

(5) 操作结束,将所有设施设备恢复原状。

(6) 想一想为什么不能长时间通电测试喷油器。

▲图1-3-30 通电测试喷油器

四、拓展学习

1. 就车测试活性碳罐电磁阀的电阻

1）器材准备

雪佛兰科鲁兹整车、活性碳罐电磁阀（如图1-3-26中的(a)、数字万用表、跨接线、若干常用电工工具等。

2）操作步骤与要求

（1）关闭点火开关。

（2）断开活性碳罐电磁阀的线束连接器，用跨接线分别连接电磁阀的两个端子。

（3）分别将黑表笔插入COM端孔内，红表笔插入V/Ω端孔内。

（4）将功能开关置于电阻挡，选择有效量程。

（5）测试端子1与2之间的电阻值是否为10～30 Ω（或参考维修手册）。

（6）分别测试端子1、2与搭铁间的绝缘电阻，实测都应为∞。

（7）操作结束，将所有设施设备恢复原状。

（8）想一想如果活性碳罐电磁阀的测试结果符合规定阻值，能否说明该电磁阀性能良好。

2. 通电测试活性碳罐电磁阀

1）器材准备

活性碳罐电磁阀、12 V蓄电池、带保险丝的跨接线、若干常用电工工具等。

▲图1-3-31　通电测试活性碳罐电磁阀

2）操作步骤与要求

（1）用跨接线分别连接活性碳罐电磁阀的两个端子。

（2）跨接线的另一端分别连接蓄电池的两个极柱（注意正极接端子2、负极接端子1）如图1-3-31所示。

（3）此时电磁阀阀芯相应移动并伴有咔哒声，拿在手上有振动感，并且两个管路相通。

（4）切断电源后阀芯应能迅速复位。

（5）操作结束，将所有设施设备恢复原状。

（6）想一想如果阻值、通电测试都符合参数要求，能否说明该电磁阀性能良好。

五、练习与检测

1. 通用车系凸轮轴位置执行电磁阀的测试

1）器材准备

雪佛兰科鲁兹整车、进气或排气凸轮轴位置执行电磁阀、数字万用表、跨接线、若干常用电工工具等。

2）练习要求

如图1-3-32所示，就车用万用表测试该凸轮轴位置执行电磁阀的电阻及绝缘电阻，并对

测试结果做出判断。

3）操作要求

（1）根据练习要求，请运用已学过的知识和技能，制定测试步骤和方法。

（2）测试该电磁阀的电阻及绝缘电阻并作判断。

◀图1-3-32　排气凸轮轴位置执行电磁阀

如果凸轮轴位置执行电磁阀的电阻值，测试在正常范围内，能否说明该电磁阀性能良好，为什么？请举例说明。

2. 丰田车系凸轮轴位置执行电磁阀的测试

1）器材准备

卡罗拉整车、进气或排气凸轮轴位置执行电磁阀、数字万用表、跨接线、若干常用电工工具等。

2）练习要求

如图1-3-33所示，就车用万用表测试该凸轮轴位置执行电磁阀的电阻及绝缘电阻，并对测试结果做出判断。

3）操作要求

（1）根据练习要求，请运用已学过的知识和技能，制定测试步骤和方法。

（2）测试该电磁阀的电阻及绝缘电阻并作判断。

▲图1-3-33　进排气凸轮轴位置执行电磁阀

项目二 汽车电气线路分析与测试

汽车电气线路是由汽车上所有的电器零部件构成，按照它们各自的功能以及相互之间的内在联系，通过不同功能的控制装置、开关、熔丝、线束、插接器等器件将这些电器设备连接起来，如图2-0-1所示，组成一个完整的汽车电路。

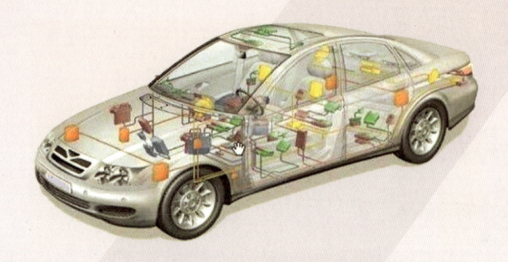

▲图2-0-1 汽车电气线路

导学

汽车电路常用电路图的形式来表示它们之间的关系，也是汽车行业的一种工程语言，它利用图形符号和文字符号表达汽车电路的构成、联通关系和工作原理。汽车生产商会提供这些车系的结构例图，说明电路图的特点，为分析和维修汽车电路提供可靠的保证。本项目学习的内容是"汽车基础电气设备检修"课程的内容之一，与课程的关系如图2-0-2所示。

▲图2-0-2 汽车电气设备检修各课程之间的关系

模块一　汽车电气线路分析

学习目标

1. 能识别汽车常用电路符号。
2. 能理解图中标注、代码及缩略语含义。
3. 能理解电路结构例图的特点表达方式。
4. 能识读常见系统的电路图。
5. 培养分析、思考、沟通和表达能力。

学习导入

现今汽车的维修已经从依靠经验加技能转向为依靠维修手册、专用设备加技能,哪怕是专修人员,维修过程中也需要参考和利用电路图,所以电路图是维修过程中最重要的参考资料。对于一个初学者来说,在识读电路图前,必须对电路图特殊的表达方式、图中的标志和含义等有所理解,通过有关电路例图的学习,由浅入深地掌握汽车电路图的识读。

任务1　汽车电路图的分类与例图的识读

一、任务描述

通过有关不同电路例图的学习,理解常见车系电气系统电路图的特点、表达方式及接线代码含义,进而掌握汽车电路图的识读方法和技巧。

二、任务准备

1. 汽车电路图的分类

汽车电路图主要用于表达各电气系统的工作原理及电器之间的连接关系,常见的表达方式主要有电气线路图、电路原理图和定位图。

1) 电气线路图

电气线路图是传统汽车电路表达方式,是按照汽车电器在汽车上的实际位置及导线间的连接所构成的线路图,如图2-1-1所示车辆前半部分的线路图。

在识读该类线路图时,应认清有关电器设备的名称和数量及每一个电器设备接线柱的数量和名称,了解各接线柱的实际作用以及它们在汽车上的具体安装位置。

对于线路图来说,由于各电器以实物轮廓图表示,与车上实际安装位置包括导线的分布、走向基本一致,能完整地表达整车的电器及线路连接。查找线路时,很容易找到导线中的分支、接点。

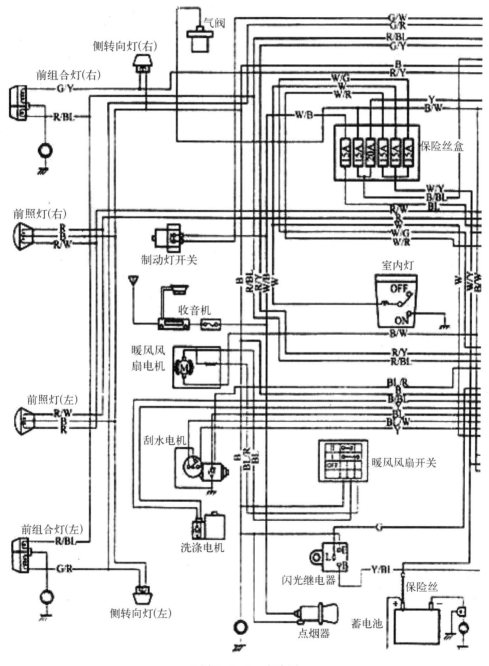

▲图2-1-1 线路图

由于电气线路图存在线条密集、纵横交错的缺点,导致读图和查找、分析故障时非常不方便,该类图只适合电器部件少、线路连接简单的车辆。随着汽车电路日趋复杂,该类图越来越不实用,目前汽车的电路很少以这种线路图的形式表现。

2）原理图

（1）整车电路原理图。

整车电路原理图是由多幅系统电路原理图组合而成,按照工作原理将每个系统合理地排列,使各系统电路处于相对独立（参见图2-2-3所示),其特点如表2-1-1所列：

表2-1-1 整车电路原理图的特点

1	负极"−"接地（俗称搭铁),电位最低,可用图中的最下面一条线表示；正极"+"电位最高,可用最上面的那条线表示
2	电流的方向基本都是由上而下,流通路径是电源正极"+"→线路保护器件→开关→用电器→搭铁→电源负极"−"
3	各电器间串、并联关系十分清楚
4	减少了导线的曲折与交叉,布局合理,图面简洁、清晰,图形符号考虑到元器件的外形与内部结构,便于联想和识读
5	各电器不再按车上的位置布局,而是依据工作原理,按系统在图中合理布局,使各系统处于相对独立的位置,从而易于对各电器设备进行单独的电路分析

（2）局部电路原理图。

局部电路原理图是将整车电路按功能的不同划分成多个模块,模块由多个小的系统组成,每个系统能独立表示一个或多个电器内部结构以及连接的关系,并用相关资料加以说明电路的工作原理,如图2-1-2所示。这种电路图中的电器少、幅面小,看起来简单明了,易读易分析,其缺点是只能了解局部的电路情况。

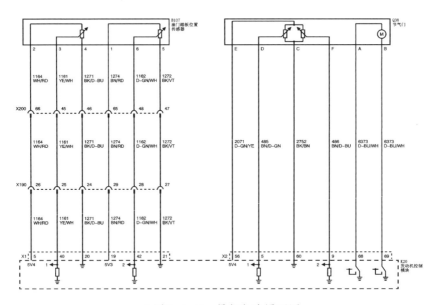

▲图2-1-2 局部电路原理图

3）定位图

定位图用于指示各电器、导线或线束在车上的具体位置，有绘制图和照片两种形式，按照用途可以分为以下几类：

（1）电器定位图。

显示各电器、控制器件、插接器、熔丝和继电器盒等在车上的具体位置，如图2-1-3所示，定位图可以帮助我们迅速准确地找到各电器元件在车上的安装位置。

（2）线束分布图。

线束分布图常用于汽车总装时的装配或维修过程中线束的更换，线束分布图主要按区域表明线束在车上具体的部位和线束内导线与各用电器的连接、接线柱的标记、线头、插接器的形状及位置等，如图2-1-4所示。它使人们在汽车上能够实际接触到汽车电路，这种图一般不去详细描绘线束内部的导线走向，只将露在外面不同颜色的线头或插接器用详细的编号或字母标记。

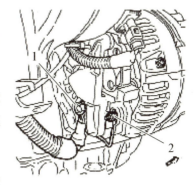

▲图2-1-3　发电机定位图

所以线束分布图是一种突出装配或更换的电路表现形式，供安装、维修人员按图上标明的序号连接到相应的插接器或电器上，完成全车或部分线路的装接或更换。

（3）插接器插脚排列图。

插接器是一个专供线束或元件连接的器件，由插头和插座两部分组成。汽车上插接器大大小小有近百个，对电路的构通起着重要的作用。插接器的插脚数量少至若干，多至几十个，所以必须通过插脚排列图来明确各插脚与座及有关器件的连接，如图2-1-5所示，从而方便寻找各条进入该插接器的导线。

▲图2-1-4　线束分布图

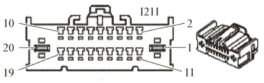

▲图2-1-5　代码X211插接器外形插脚排列图

（4）电源分布图。

电源电路一般是指蓄电池的正极，经过各个熔丝、控制开关和继电器到用电系统为止的电路。从图2-1-4的线束分布图中可以看出，现今车载电器有增无减，使得电源的分配关系也日益复杂。所以有必要把供电部分以电路图的形式来表示电源的分布（如图2-1-6所示），以方便查找、测试和维修。

（5）接地分布图。

接地回路一般指电器经导线与车架（身）或机体相连接的电路，通常称为接地或搭铁。由于有些接地部位因车辆的振动会引起松动，或沾染泥水引起生锈，这些都会造成接地不良引起电器不能正常工作。

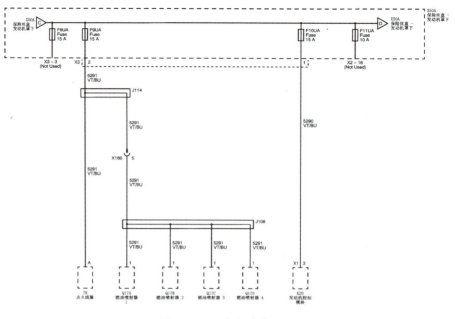

▲ 图2-1-6 电源分布图

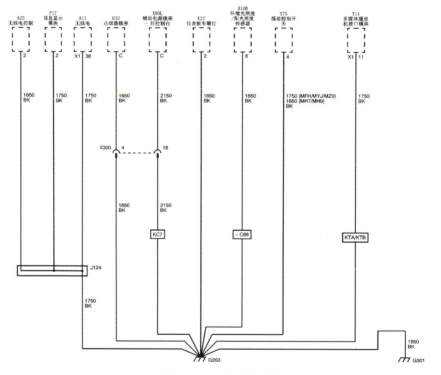

▲ 图2-1-7 接地分布图

为了保证众多的电器能可靠工作，现今车辆的接地，改变了过去分散接地的方式，采用了较集中接地的方式（如图2-1-7所示），即在车上设有多个公共接地点，一个接地点与多个电器组成接地回路。如果此种接地方式因接地不好的话，会引起多个电器不能正常工作，所以有必要编制接地分布图，以方便查找、测试和维修。

项目二 汽车电气线路分析与测试 69

点 拨

汽车电路图常见的表达方式除了上述几种电路图以外,还有熔丝排列图、熔丝/继电器盒内部线路图、控制模块端口排列图等,本任务主要学习的内容为原理图,需结合定位图进行分析。

目前,大多数汽车制造厂均采用了电路原理图结合定位图的表达方式,为便于将两类图联系起来,有些车型的电路图还附有表格,列明电路图的电器、导线等在哪一张定位图中。

三、任务实施

1. 大众车系电路图识读示例

如图2-1-8所示,图上部的灰色区域表示熔丝与继电器盒,其内部水平线依次为30、15、X、31,其中30号线与蓄电池直接连接,称为常火线;当点火开关处于"ON"或"ST"挡时,给小功率用电器供电的15号线;在点火开关处于"ON"挡时,中间继电器内触点闭合,电源通过X

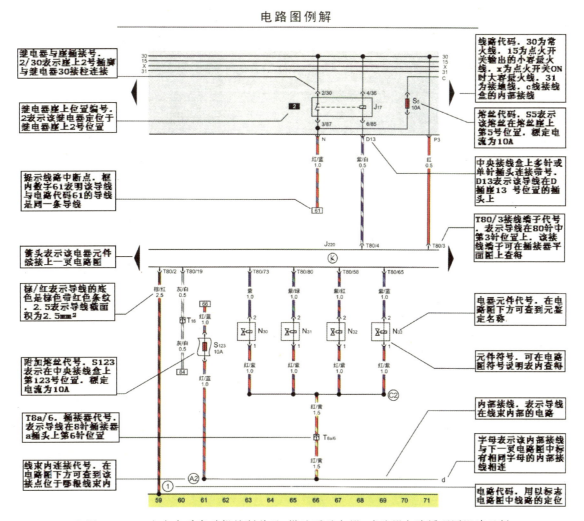

▲图2-1-8 大众车系发动机控制单元、燃油泵继电器、喷油器电路原理图识读示例

号线给大功率用电器供电；当点火开关处于"ST"挡时，中间继电器失电，触点断开，切断大功率用电器的供电。31号线为接地线，直接与车架连接。

在图中央各线路平行排列，每条线路都有一个编号（如有线路重叠在同一电路及代码上，可通过导线的颜色、截面积的大小予以区分）。

线路如在图中有中断，则在断口处标注与之连接的另一段线路所在的编号，并且所有的电器元件均处于电路图中间位置。图的最下方为接地线，黄色区域为电路的代码。

电路图中部分电器元件、接点等符号，见表2-1-2。

表2-1-2 大众汽车电路图元件符号

符 号	说 明	符 号	说 明	符 号	说 明
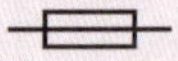	保险丝		插接器		多针插头连接
	不可拆导线接点		可拆式导线接点		元件内导线连接点
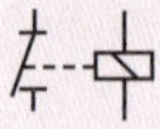	继电器		电磁阀	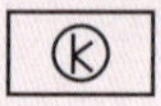	电子控制器
	线束内导线连接	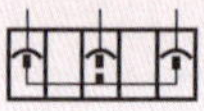	接线插座		显示仪表

2. 通用车系电路图识读示例

通用车系的电路图主要由电源分布图、系统电路图、接地分布图、部件定位图等组成，并将整个车系的电路按功能的不同划分成多个模块，模块由多个系统组成，每个系统独立表示一个或多个电器的工作原理，如图2-1-9为前雾灯系统电路图。

在电路图上方粗黑框内字母表示电源的通电状态及与熔丝之间的关系，框内字母根据用电器的通电状况会发生改变。用电器在中间，接地线在最下方，图中各种开关、继电器都是按原始状态显示，所谓原始状态指的是：车辆处于未使用状态下，各开关、继电器在自然状态下的位置，分析电路图时需按工作状态进行分析，不然很难理解电路的工作原理。

电路图中部分电器元件、接点等符号，见表2-1-3。

表2-1-3 通用汽车电路图元件符号

符 号	说 明	符 号	说 明	符 号	说 明
B+	蓄电池电压	IGN 0	点火开关关闭	IGN I	点火开关附件位置
IGN II	点火开关运行位置	IGN III	点火开关起动位置		下一页图标
	安全气囊图标		安全气囊系统线圈		选装件断裂点
	接地电路连接	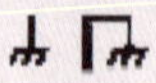	接地	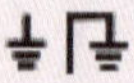	低电平参考电压
	保险丝		线束连接器		完整部件
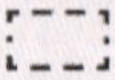	非完整部件	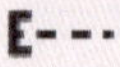 E---	推入式开关		单丝灯泡

识读示例，如图2-1-9所示。

项目二　汽车电气线路分析与测试

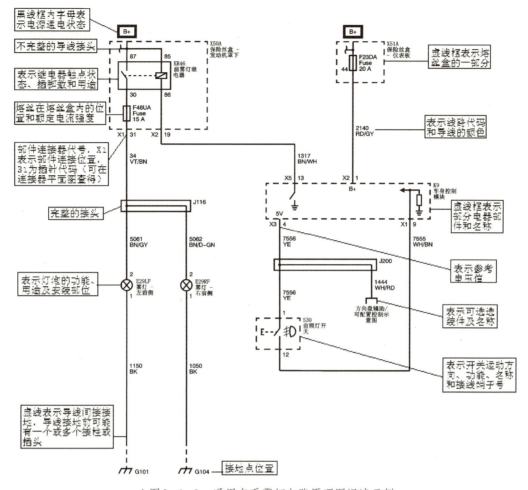

▲图2-1-9　通用车系雾灯电路原理图识读示例

四、拓展学习

1. 大众车系电源管理和发动机控制单元、点火线圈及火花塞电路例图识读

1）器材准备

车载电源管理控制单元、发动机控制单元、带功率输出级点火线圈及火花塞电路例图，如图2-1-10所示。

2）例图识读要求

（1）参考表2-1-2，大众车系电路图识读示例，分析上述例图的组成，理解电路图中部分电器元件、接点等符号的含义。

（2）在图2-1-10中12个空格内，分别填上例图的识读结果。

2. 通用车系喇叭电路例图识读

1）器材准备

喇叭电路例图，如图2-1-11所示。

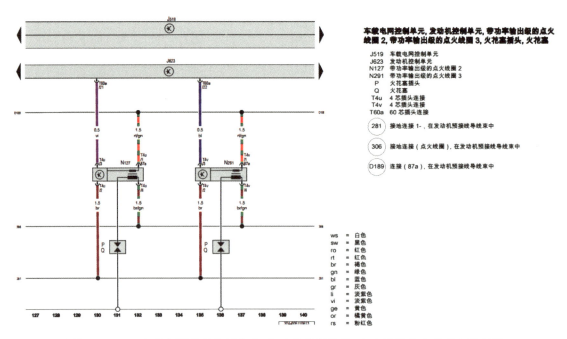

▲ 图2-1-10 车载电源管理控制单元、发动机控制单元、点火线圈及火花塞电路例图

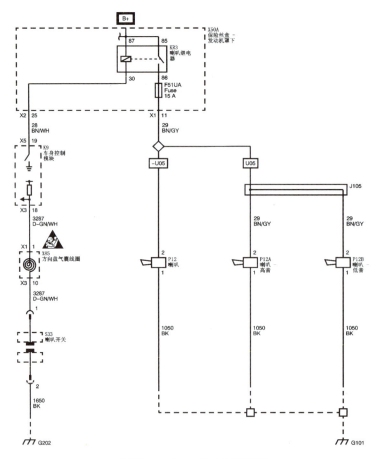

▲ 图2-1-11 喇叭电路例图

2）例图识读要求

（1）参考表2-1-3、通用车系电路图识读示例，分析上述例图的组成，理解电路图中部分电器元件、接点等符号的含义。

（2）在图2-1-11中15个空格内，分别填上例图的识读结果。

五、练习与检测

1. 大众车系鼓风机、电源管理控制单元、鼓风机及降速电阻电路例图识读

1）器材准备

鼓风机开关、车载电源管理控制单元、带有过热熔丝的鼓风机降速电阻、新鲜空气鼓风机，如图2-1-12所示。

2）例图识读要求

（1）参考表2-1-2，分析如下例图的组成，理解电路图中部分电器元件、接点等符号的含义。

（2）在图2-1-12中15个空格内，分别填上例图的识读结果。

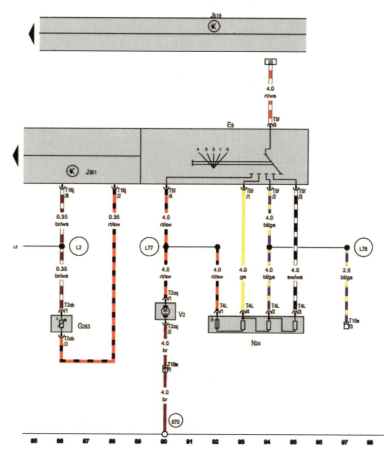

E9—鼓风机开关　J519—车载电源管理控制单元　N24—带过热熔丝的鼓风机串联电阻　T2cq—2针插接器　T4L—4针插接器　T5f—5针插接器　T10e—10针插接器　V2—新鲜空气鼓风机　(670)—接地点2　(L77)—连接点，在新鲜空气鼓风机线束中　(L78)—连接点1，在新鲜空气鼓风机线束中

▲图2-1-12　鼓风机开关、车载电源管理控制单元、带过热熔丝鼓风机降速电阻、鼓风机电路例图

2. 通用车系点火开关锁例图识读

1）器材准备

点火开关锁电路例图,如图2-1-13所示。

2）例图识读要求

（1）参考表2-1-3、通用车系电路图识读示例,分析如图2-1-13的组成,理解电路图中部分电器元件、接点等符号的含义。

（2）在图2-1-13中11个空格内,分别填上例图的识读结果。

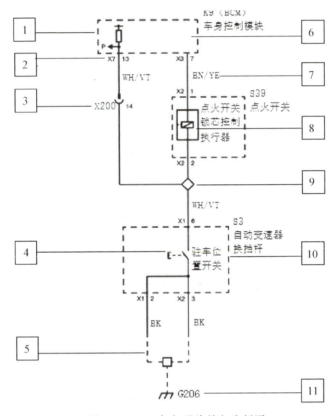

▲图2-1-13 点火开关锁电路例图

任务2 汽车电路图的识读

一、任务描述

当你在维修某一个电气系统的时候,需要通过电路图了解该系统的组成、工作原理、电流的走向等问题后,才能对故障进行分析、诊断和维修。前面我们只学了有关电路例图（单幅）的识读,那如何系统地查阅和识读电路图（多幅）呢？这就需要你进一步学习有关汽车电路图的知识,在原有知识的基础上掌握汽车电路图的识读方法和技巧。

二、任务准备

1. 汽车电路的接线规律

汽车线路一般都采用单线制、车上所有用电设备并联、负极搭铁、导线用不同颜色和编号加以区分,并以熔丝/继电器盒、点火开关为保护和控制中心,将全车电路分成几条主干线,即蓄电池电源线、附件电源线、点火开关电源线和接地线。表2-1-4所列的是汽车电路一般接线规律:

表2-1-4 汽车电路一般接线规律

名　称	特　点
蓄电池电源线(又称B线或30号线)	从蓄电池正极引出或从起动机电源接线柱上引出,直通熔丝盒
点火、仪表、指示灯电源线(又称IG线或15号线)	当点火开关处于"ON"和"ST"挡时,才能接通点火系统、仪表系统、指示信号系统、电子控制系统等重要电路
附件电源线(又称Acc线)	在点火开关上单独设置该挡予以供电,用于发动机不工作时需要接入的电器,如收音机、点烟器等,但当发动机运行时也能接通供电
起动控制电源线(又称ST线或50号线)	当点火开关处于"ST"(起动)挡时,才能接通磁力开关内的吸引线圈和保持线圈,使起动机运转
接地线(又称搭铁线或31号线)	汽车电路中,以元件和机体(车架)金属部分作为一根公共导线的接线方法称为单线制,将机体与电器相连接的部位称为搭铁或接地

2. 汽车电路图的组成和特点

识读汽车电路图是理解汽车维修和控制系统原理的基本途径,要想成为汽车维修能手,就必须能够看懂汽车电路图。虽然不同国家、不同品牌的汽车电路设计各有自己的特点和风格,电路图的图形符号和标注方法有差异,但是汽车电气系统的组成和工作原理是相通的。因此,识读汽车电路图并非毫无章法、全无规律,而是存在一些通用技巧和经验可遵循。

通常无论何种汽车电路图,往往都含有对电路图中所用符号的说明和汽车电路图识读示例。阅读这些说明和识读示例,我们就可以对电路图中的各种元件、连接标志、控制关系和缩略语有一个基本的了解。

1) 汽车整车电路的组成

汽车整车电路亦称全车线路,它将全车所有的电器、电子设备和控制装置等按照它们各自的工作特性以及相互间的内在联系,通过不同直径和颜色的导线连接起来,成为一个完整的控制系统。不同型号的汽车采用的电器设备数量不同、型号不一,安装的位置和控制的方式也有差别,将其组成归纳起来如表2-1-5所列:

表2-1-5 汽车整车电路组成

序号	电路名称	电路组成
1	电源电路	包括充电电路,是由蓄电池、发电机、电压调节器及充电指示装置等组成,电能分配(配电)或电源管理及电路保护器件也可归入这一电路内
2	起动电路	由起动机、起动继电器、起动开关及起动保护电路(自动变速器内部模式开关、手动变速器的离合器踏板位置传感器电路)等组成,低温条件下起动预热装置及其控制电路也可列入这一电路内
3	点火电路	这是汽油发动机特有的电路,早期由点火线圈、分电器、火花塞及点火开关组成,目前为电子点火,由控制单元控制,属于发动机电子控制系统
4	照明、信号装置电路	由车外照明、信号装置(前照灯、雾灯、小灯、牌照灯、转向灯、制动灯、倒车灯等)和车内照明、信号指示装置(顶灯、仪表灯、手套箱灯、行李箱灯、转向指示灯)及有关控制开关、继电器等组成的电路,有些车辆则是采用了BCM(车身控制单元)
5	仪表信息系统电路	这是由仪表及仪表所用传感器、各种报警指示灯及控制装置等组成的电路
6	辅助装置电路	这是为提高车辆安全性、舒适性等而设置的各种电器装置组成的电路,一般由风窗刮水器及清洗装置、风窗除霜(防雾)装置、空调装置、车窗电动举升装置、电控门锁、电动座椅调节装置和电动遥控后视镜音响装置等总成。同时辅助电器装置的种类随车型不同而有所差异,汽车车型越高级,辅助电器功能和装置越完善
7	电子控制系统电路	主要由发动机控制系统(包括燃油供给、点火、排放等控制)、自动变速器及行驶控制系统、制动防抱死系统、安全气囊系统等电路组成

2) 汽车电路图的特点

由于不同国家法规、行业标准的差异,各汽车制造公司的电路原理图风格各异,具体差别主要集中在电路图符号表达、全车电路模块化处理,电路器件走线布局、图注方式及电路状态表达方式等方面,下面介绍几种典型风格的汽车电路图。

(1) 模块化电路图。

采用局部电路原理图的汽车公司比较多,例如通用、本田、丰田、福特、宝马等。但各公司的具体电路的表达方式和图形符号各有不同,读图时需要参照相关电路图和图形符号列表进行,如图2-1-14所示。

(2) 横坐标式电路图。

如图2-1-15所示,该模式电路图在最下端通过编号坐标来标注图中各线路的位置,各线路纵向平行排列,每条线路对应下框线上的一个编号。

图中一般不允许横向交叉、跨度较大的走线,横向连接的走线采用"断口标注方式"表示,即线路断口处标注为与之相连的另一段线路所在图中的位置编号,这样绘制电路图的方法主要以德国大众车系为主。

项目二 汽车电气线路分析与测试

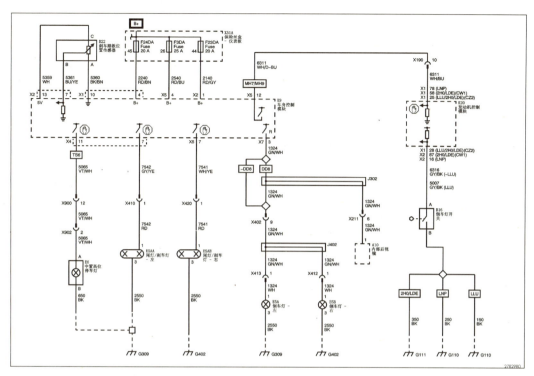

▲图2-1-14 局部电路原理图

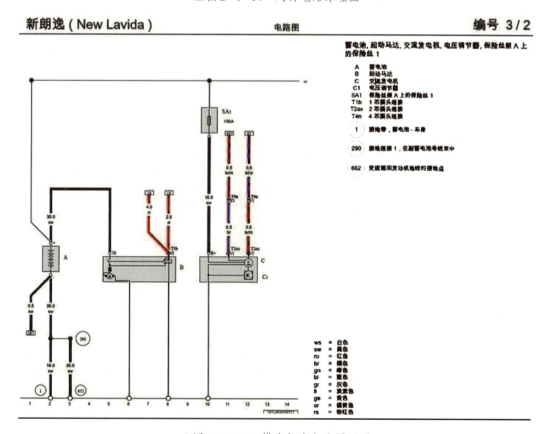

▲图2-1-15 横坐标式电路原理图

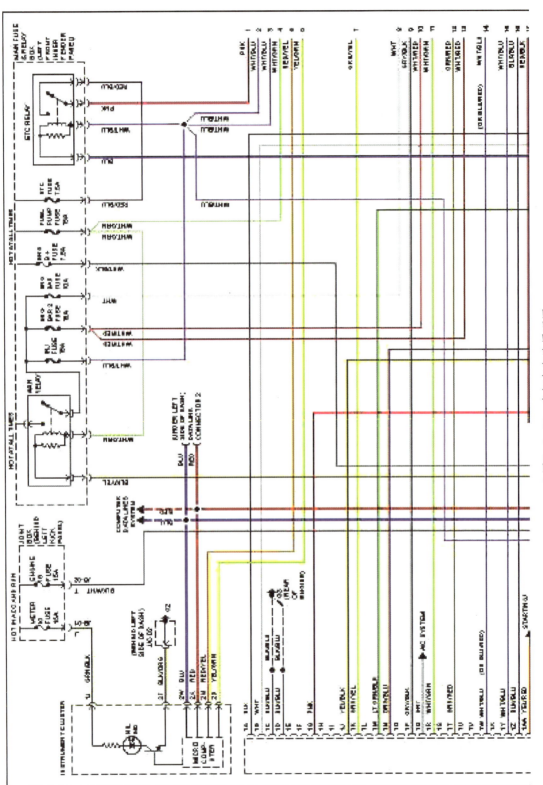

▲图 2-1-16 米切尔电路原理图

3) 米切尔电路图

米切尔电路图的特点与原厂维修手册中的电路图不同,它是按照统一的格式重新绘制,所有车型的电路图风格一致,如图2-1-16所示,省去了中间插接器等环节,直接将导线与元件连接,便于识读。但是要将该种形式的电路图应用于实际维修,还需要借助定位图和有关的修理说明。

3. 汽车电路图的识读

1) 电路图的识读方法

(1) 判断该电气系统的控制方式。

若该电气系统属于电子控制系统,则要把系统的线路分成三部分,即电控单元与电源的连接电路、信号输入电路和执行器工作电路。若该用电器电路中使用了继电器,则要区分主电路及控制电路,无论主电路还是控制电路,往往都不止一个。

(2) 从用电器入手识读。

在电路中,从其他部分处入手,不利于掌握各用电器的工作原理,如从用电器入手,很容易把与之相关的控制器件查找出来。然后再运用回路原则,找出用电器与电源正负极构成的回路。

2) 其他识读技巧

(1) 电路按其作用来分,可分为电源电路、接地电路、信号电路和控制电路。

(2) 直接连接在一起的导线(也可经由熔丝、铰接点连接)必定具有一个共同的功能,或为电源线、接地线、信号线、控制线等。如果没经用电器而连在一起的导线,其中若有一根接电源或接地,则该组导线都是电源线或接地线。在电源正极或熔丝与控制装置之间的电路是电源电路;在控制装置与用电器之间的电路为工作电源电路,在用电器(或外壳)与接地点之间的线路为接地电路。

(3) 在分析各条电路(电源电路、信号电路、控制电路、接地电路等)的作用时,经常会用到排除法判断电路,即对不易判断功能的电路,通过排除其不可能的功能来确定其实际功能。如分析某一具有三根导线的传感器电路时,已经分析出其电源电路、接地电路,则剩余的电路必然为信号电路。

(4) 注意各元器件的串、并联关系,特别要注意几个元器件共用电源线、共用接地线和共用控制线的情况。

三、任务实施

1. 朗逸车起动系统(手动变速器)电路图识读

1) 器材准备

朗逸车2.0L起动系统电路图,如图2-1-17、图2-1-18、图2-1-19所示。

2) 识读要求

(1) 在电路图上指认系统的组成。

(2) 在电路图上读出系统的工作回路。

3) 识读步骤和要领

从电路图和附注可知,该起动机根据变速器(图中分别用*、**标注手动和自动)的不同,有两种完全不同的起动方式。

装置手动变速器的车辆,是采用常规的点火开关直接控制起动机的起动,其组成和起动方式较为简单(装置自动变速器的车辆,其控制方法较为复杂,只有选挡杆处于"P"或"N"时,挡位开关才能接通起动系统)。

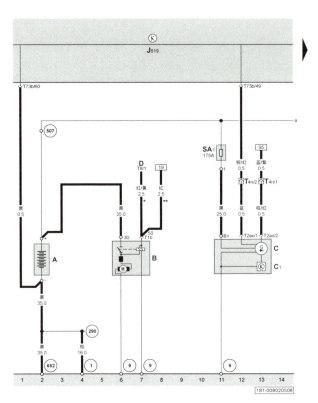

▲图2-1-17 朗逸车2.0L起动系统电路图(一)

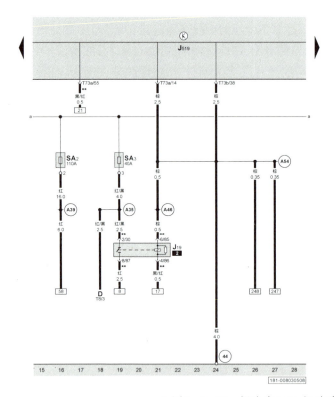

▲图2-1-18 朗逸车2.0L起动系统电路图(二)

项目二　汽车电气线路分析与测试

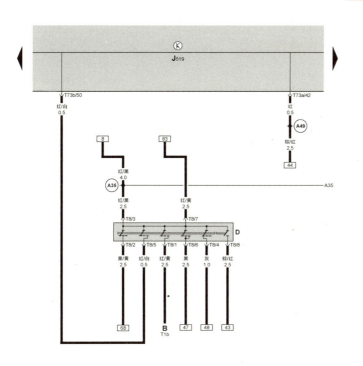

▲图2-1-19　朗逸车2.0L起动系统电路图(三)

（1）起动系统组成。

采用手动变速器的起动系统，主要由蓄电池、起动机、点火开关、保险丝等组成。

采用自动变速器的起动系统，主要由蓄电池、起动机、起动继电器、点火开关、车载网络控制单元、自动变速器控制单元、换挡选择开关、选挡杆位置显示屏、保险丝等组成。

（2）起动系统工作回路（点火开关直接控制起动）。

起动机电磁开关工作回路：

蓄电池（+）→（507）接点→SA_3保险丝→点火开关T8/3接柱→T8/1接柱（ST挡）→起动机电磁开关T1b50接柱┌→保持线圈→（9#）接地点→（652）接地点→蓄电池（-）。
　　　　　　　　　　　　　吸引线　└→圈→起动机磁场线圈→转子线圈→起动机外壳→（9#）接地点→（652）接地点→蓄电池（-）。

起动机工作回路：

蓄电池（+）→起动机30#接柱→电磁开关内主触点（闭合）→起动机→（9#）接地点→（652）接地点→蓄电池（-）。

 点　拨

目前大多数小型乘用车都采用起动继电器来控制起动机电磁开关的闭合和断开，并在起动控制电路和起动机主回路中都设置了保险丝。

2. 别克英朗车转向信号灯（右侧）电路图识读

1) 器材准备

别克英朗转向信号灯（右侧）电路图，如图2-1-20、图2-1-21所示。

2) 识读要求

（1）在电路图上指认右侧转向信号灯的组成。

（2）在电路图上读出右侧转向信号灯的工作回路。

3) 识读步骤和方法

（1）右侧转向信号灯系统组成。

主要由蓄电池（图中用B+表示）、车身控制单元、组合仪表、串行数据线、转向信号/多功能开关、保险丝、灯泡等组成。

从上述电路图中可知，在该系统中闪光器不独立存在，其余的组成、功能未变，但其电路工作过程与以往有所不同。

在点火开关置于ON（打开）或START（启动）位置时，当转向信号/多功能开关置于右转位置时，通过右转向信号开关信号电路向车身控制模块提供搭铁。随后，车身控制模块通过内部相应的电源电压电路向右前、后转向信号灯提供脉冲电压（闪光频率为1.5±0.5 Hz）。同时车身控制模块在接收到转向信号请求时，将串行数据信息发送至组合仪表，请求转向信号指示灯同步点亮和熄灭。

在点火开关置于OFF（关闭）位置时，车身控制模块内部相应的电源电压电路断开，即使转向信号/多功能开关置于左转位置时，转向信号灯也不会开启。

（2）右侧转向信号灯工作回路（不含危险报警工作回路）。

当转向信号/多功能开关置于右转位置时的信号电路：

车身控制单元X3插接器24号端子→转向信号/多功能开关7号接柱→3号接柱（开关合上）→G202接地点。

右侧转向信号灯工作回路，B+→F31、F32熔丝分两路：

一路经熔丝盒X2插接器67号端子→车身控制单元X5插接器3号端子→车身控制单元X4插接器3号端子→X420插接器5号端子→右侧后转向灯→G402接地点；

另一路经熔丝盒X2插接器68号端子→车身控制单元X5插接器4号端子→车身控制单元X4插接器4号端子X100插接器19号端子→右侧前转向灯、右侧中继灯→G104接地点。

车身控制模块在接收到转向信号请求时，将串行数据→串行数据线→发动机控制单元→组合仪表→右侧转向信号指示灯同步点亮和熄灭。

四、拓展学习

1. 别克英朗车危险警告灯电路图的识读

1) 器材准备

别克英朗车危险警告灯电路图（见图2-1-20和图2-1-21）。

2) 识读要求

（1）在电路图上指认危险警告灯的组成。

（2）在电路图上读出危险警告灯的工作回路。

项目二 汽车电气线路分析与测试 83

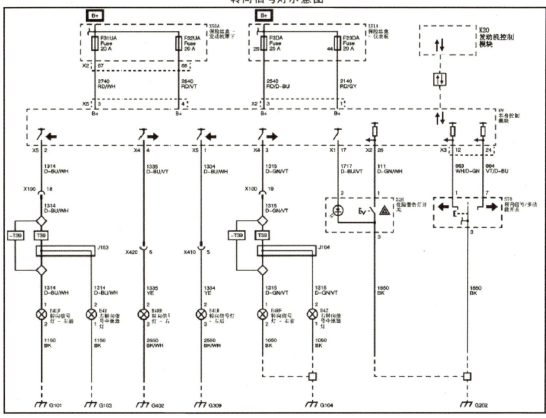

▲图2-1-20 别克英朗转向信号灯（右侧）电路图（一）

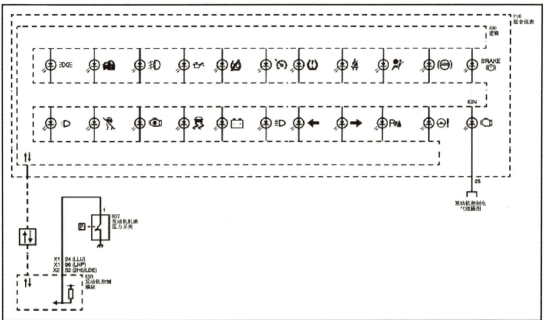

▲图2-1-21 通用别克英朗转向信号灯（右侧）电路图（二）

84 汽车基础电气设备检修

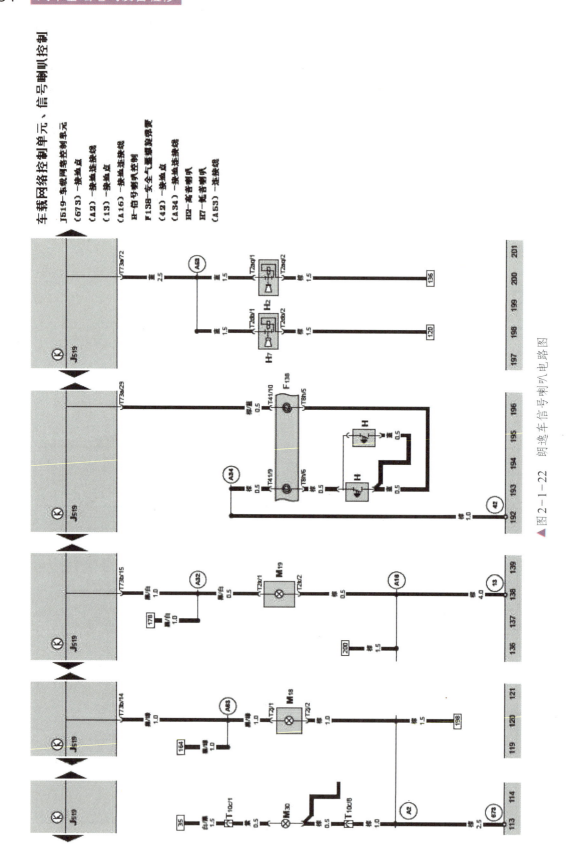

▲图2-1-22 朗逸车信号喇叭电路图

2. 朗逸车信号喇叭电路图的识读

1) 器材准备

朗逸车信号喇叭电路图,如图2-1-22所示。

2) 识读要求

(1) 在电路图上指认信号喇叭的组成。

(2) 在电路图上读出信号喇叭的工作回路。

五、练习与检测

1. 别克英朗车后雾灯电路图的识读

1) 器材准备

通用别克英朗车后雾灯电路图,如图2-1-23所示。

2) 识读要求

(1) 在电路图上指认后雾灯的组成。

(2) 在电路图上读出后雾灯的工作回路。

2. 别克英朗车转向信号灯(左侧)电路图的识读

1) 器材准备

通用别克英朗转向信号灯电路图(见图2-1-14和图2-1-15)。

2) 识读要求

(1) 在电路图上指认左侧转向信号灯的组成。

(2) 在电路图上读出左侧转向信号灯的工作回路。

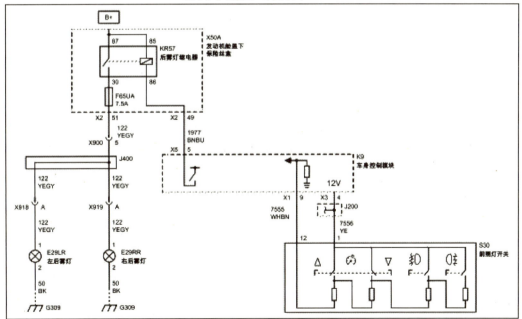

▲图2-1-23 别克英朗车后雾灯电路图

模块二 汽车电路/系统测试

学习目标

1. 能查阅有关技术资料。
2. 能按维修手册有关说明进行检查。
3. 能按程序进行检查和测试。
4. 能判断电路/系统的测试结果。
5. 培养分析、思考、沟通和表达能力。

学习导入

有一辆车的客户反映仪表上EPC灯报警,故障数据为二次空气喷射系统检测到流量不正确。根据维修手册和相关电路图,对该系统进行了检查,检查结果为管路、空气泵、电路都正常,但组合阀内有积碳,影响了阀的正常工作,更换后路试正常。作为汽车电气系统的维修人员,除了需要你具备和掌握有关电路的基础、基本操作技能外,还应能熟练查阅和找到有关维修说明的章节,按照有关工艺要求和技术规范进行检测,才能对故障进行分析和诊断,从而解决问题的所在。

任务1 汽车专业技术资料的查阅

一、任务描述

当你需要知道汽车上某部分电器安装情况和相关线路时,需要参考与该车型有关的技术资料,然后根据技术资料,找到其在车辆上的安装位置及与电路的相互连接关系。但问题是:目前汽车上有那么多的电气设备和线路,怎样才能快速、准确找到需要检查或测试的那部分电器和线路呢?有没有一种方法能帮助我们迅速找到?

前面我们已经学习了有关电路的基本组成、电路图的识读等有关基础知识,但这些知识还不能解决上述应用上的问题,还需要你进一步学习有关车辆维修手册的使用和查阅方法,阅读并能看懂专业技术资料。

二、任务准备

1. 汽车维修手册的作用

汽车维修手册是汽车制造企业为汽车产品的销售和售后服务专门编制的一份技术文件,维修手册的内容涵盖了整车(同类不同配置的车辆)有关零部件名称、安装位置、安全措施、专用工具、机械修理、电气检修和整车电路图等有关的工艺要求和技术标准。对于维修企业来说,按照手册中有关工艺要求及技术标准,是组织和实施车辆维修和检测的依据。

因此,汽车维修手册在汽车维修和检测的过程中,既有指导作用也具有约束作用,所有的测试或检查均按照手册内有关的说明和要求进行,然后执行标准的修理或更换流程。

2. 汽车维修手册介绍

不同品牌汽车维修手册编制有所不同,具有各自的特点。上海大众车系某些车型的维修手册的特点:是将车辆划分为发动机、底盘、变速器、车辆电子装置、车身、空调等若干系统,单独编制成修理手册,在这些手册中详尽地说明了该类车型系统检修的流程、工艺要求和技术标准。而全车的电气部分,则按照电气功能的不同,分系统独立进行编制和装订。

例如,大众朗逸汽车电路图手册有21个部分,包含了原理图、线束图、插接器端口图和模块位置图等信息,其电路手册目录如图2-2-1所示。在维修过程中需要将两者结合起来,然后展开维修工作。

再如,上海通用汽车系维修手册共有17个部分,按照系统功能的不同进行编制,手册中的维修技术资料随车型的不同而有所变化。上海通用汽车系维修手册的特点:是将机械修理和

Lavida 朗逸电路图	目录	Lavida 朗逸电路图	目录
1. 基本配置电路图	1/1	12. 六档自动变速器标识字母09G电路图	12/1
2. 舒适/便利功能系统电路图	2/1	13. 多功能方向盘电路图	13/1
3. 座椅加热电路图	3/1	14. 保险丝示意图、保险丝配置、S、SA、SC电路图	14/1
4. 单碟CD收音机电路图	4/1	15. 冷却风扇电路图	15/1
5. 虚拟6碟收音机电路图	5/1	16. 安全气囊电路图	16/1
6. Climatronic自动空调电路图	6/1	17. Mark 70 ABS电路图	17/1
7. 手动空调电路图	7/1	18. 驻车辅助(PDC)电路图	18/1
8. 2.0L-Motronic 88 kW发动机标识字母CZN电路图	8/1	19. 天窗电路图	19/1
9. 1.6L-Motronic 77kW发动机标识字母CZN电路图	9/1	20. 自动防眩目内部后视镜电路图	20/1
10. CAN总线网络连接-驱动和诊断电路图	10/1	21. 导航系统和蓝牙手机系统电路图	21/1
11. CAN总线网络连接-舒适/便利功能、LIN总线网络连接和诊断电路图	11/1		

▲图2-2-1 大众朗逸汽车电路图手册目录

总目录

序言 1
 危险、警告和告诫 3
第 1 章 一般信息 1-1
 1.1 一般信息 1-3
 1.2 空气／风噪声 1-19
 1.3 保养和润滑 1-23
 1.4 吱吱声和咔嗒声 1-25
 1.5 振动诊断和校正 1-29
 1.6 漏水 1-69
第 2 章 车身金属构件和装饰件 2-1
 2.1 外饰 2-3
 2.2 地板覆盖物和车顶内衬 2-27
 2.3 仪表板和控制台装饰件 2-33
 2.4 内饰和板件 2-63
第 3 章 车身修理 3-1
 3.1 螺栓固定的车身外板和隔板 3-3
 3.2 保险杠和蒙皮 3-55
 3.3 碰撞修理 3-79
 3.4 车架和车身底部 3-155
 3.5 油漆和涂层 3-169
 3.6 塑料面板信息及维修 3-177
第 4 章 车身系统 4-1
 4.1 固定和活动车窗 4-5
 4.2 喇叭 4-59
 4.3 照明 4-69
 4.4 视镜 4-175
 4.5 车辆进入系统 4-191
 4.6 刮水器和洗涤器 4-259
第 5 章 制动器 5-1
 5.1 防抱死制动系统 5-5
 5.2 盘式制动器 5-43
 5.3 鼓式制动器 5-89
 5.4 液压制动器 5-105
 5.5 驻车制动器 5-177
第 6 章 诊断概述 6-1
 6.1 编程和设置 6-3
 6.2 车辆诊断信息 6-15
第 7 章 传动系统／车桥 7-1
 7.1 车轮驱动轴 7-3
第 8 章 驾驶员信息和娱乐系统 8-1
 8.1 移动电话、娱乐系统和导航系统 8-3
 8.2 显示屏和量表 8-85
 8.3 辅助和可配置用户控制系统 8-119
第 9 章 发动机 9-1
 9.1 巡航控制 9-9
 9.2 发动机控制和燃油系统 - 1.6 升 (LDE, LLU) 或 1.8 升 (2H0) 9-23
 9.3 发动机冷却系统 9-295
 9.4 发动机电气系统 9-365
 9.5 发动机废气 9-425
 9.6 发动机机械系统 - 1.6 升 (LDE, LLU) 或 1.8 升 (2H0) 9-451
第 10 章 HVAC 10-1
 10.1 暖风、通风与空调系统 10-3
 10.2 暖风、通风与空调系统 - 自动 10-51
 10.3 暖风、通风与空调系统 - 手动 10-109
第 11 章 电源和信号分布 11-1
 11.1 数据通信 11-5
 11.2 电源插座 11-69
 11.3 接线系统和电源管理 11-77
第 12 章 车顶 12-1
 12.1 天窗 12-3
第 13 章 安全和防护 13-1
 13.1 安全防盗系统 13-3
 13.2 物体检测 13-33
 13.3 遥控功能 13-49
 13.4 安全带 13-93
 13.5 辅助充气式约束系统 13-111
 13.6 防盗系统 13-175
第 14 章 座椅 14-1
 14.1 电动座椅 14-3
 14.2 座椅金属构件、装饰件和蒙皮 14-13
 14.3 座椅的加热和冷却 14-47
第 15 章 转向系统 15-1
 15.1 动力转向 15-3
 15.2 方向盘和转向柱 15-33
第 16 章 悬架系统 16-1
 16.1 前悬架 16-3
 16.2 后悬架 16-31
 16.3 悬架系统一般诊断 16-69
 16.4 轮胎和车轮 16-77
 16.5 车轮定位 16-87
第 17 章 变速器 17-1
 17.1 自动变速器 - 6T30 17-7
 17.2 离合器 17-383
 17.3 手动变速器 - D16 17-411
 17.4 手动变速器 - M32 17-539
 17.5 换档锁定控制系统 17-591

▲图 2-2-2　通用车系汽车维修手册目录

电气检修整合在一起编制,在每个章节内含有修理指南、诊断信息和程序、说明与操作、系统电路示意图、专用工具和设备等内容。其中专门安排了一个章节,对车辆的接线、电源分配、数据通信作了解释和说明,其手册总目录如图2-2-2所示。

三、任务实施

1. 朗逸车牌照灯电路查阅

1) 器材准备

朗逸车2.0 L整车电路图手册、朗逸车电气系统修理手册。

2) 查阅要求

(1) 在电气系统修理手册内找到有关牌照灯的说明和定位图。

(2) 在整车电路图手册内找到与牌照灯电路有关的部件。

(3) 分析牌照灯的工作过程。

3) 查找步骤与方法

(1) 在电器修理手册上找到有关牌照灯的说明和定位图。

在电器修理手册中关于外部灯光、灯泡和开关的章节中找到有关牌照灯,阅读有关牌照灯的说明和查看实物定位图(车上安装的位置),如图2-2-3所示。

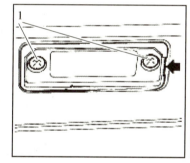

▲图2-2-3 牌照灯拆卸和安装说明

(2) 找到有关牌照灯的电气部件。

从基本配置电路图中寻找牌照灯电路及相关的部件,先找出牌照灯在电路图上的位置,根据牌照灯上电路编码,找到保护牌照灯电路熔丝与车灯开关,再找出保护车灯开关电路的熔丝和供电的熔丝及电源(蓄电池),依样找出有关牌照灯的接地电路和接地点。

(3) 识读牌照灯电路。

朗逸车牌照灯电路如图2-2-4、图2-2-5、图2-2-6所示。

蓄电池(+)→(507)接点→SA_2熔丝110 A(蓄电池盖上熔丝座上)→(A44)接点→SC_{32}熔丝15A(仪表板左侧熔丝座上)→E_1车灯开关T17/15接柱→T17/16接柱→(A43)接点→SC_3熔丝5A(仪表板左侧熔丝座上)→T2ag/1→牌照灯X→T2ag/2→(A71)接点→(50)接地点(行李箱左侧车轮罩上方)→(652)接地点→蓄电池(-)。

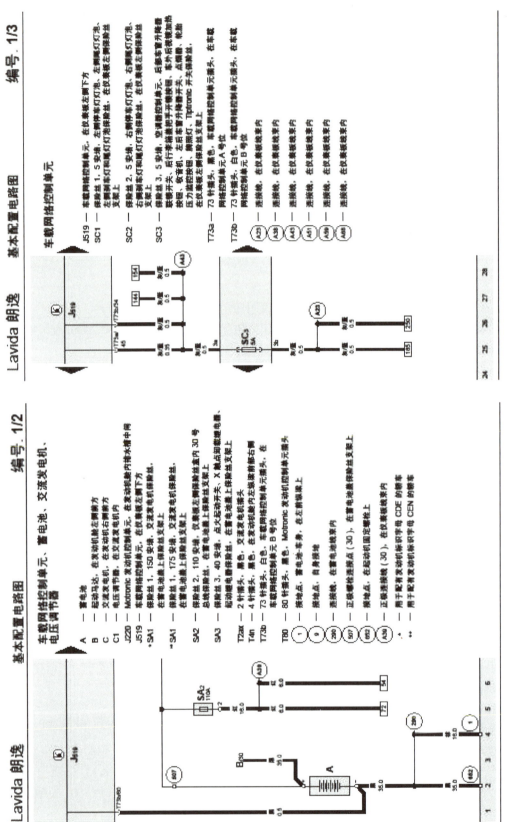

▲图 2-2-4 牌照灯电路图（一）

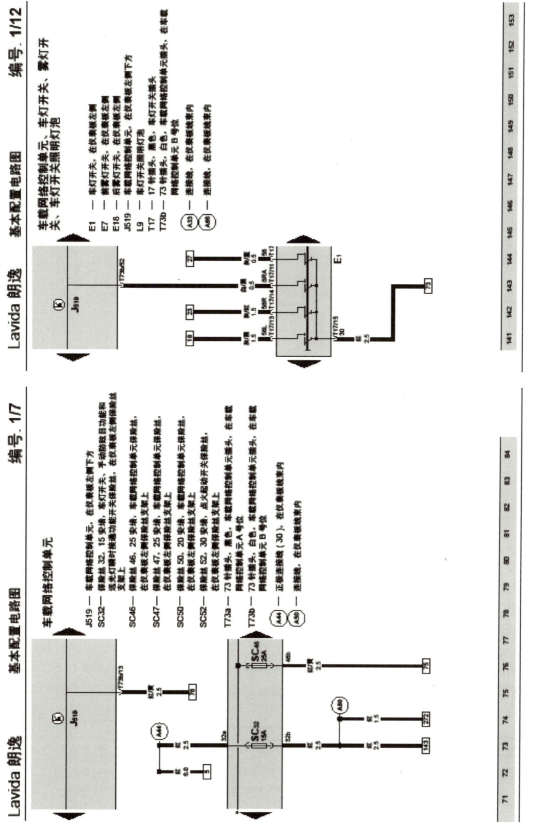

▲图 2-2-5 牌照灯电路图（二）

汽车基础电气设备检修

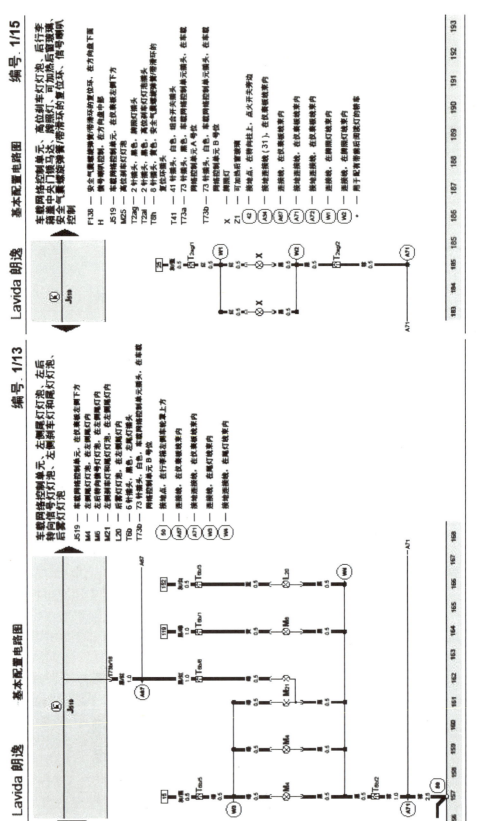

▲图 2-2-6 牌照灯电路图（三）

2. 雪佛兰科鲁兹车左转向信号灯电路查阅

1) 器材准备

雪佛兰科鲁兹维修手册。

2) 查阅要求

(1) 在电气系统修理手册内找到有关左侧转向信号灯的说明和定位图。

(2) 在系统电路图手册内找到与左侧转向信号灯电路有关的部件。

(3) 分析左转向灯的工作过程。

3) 查找步骤与方法

(1) 在修理手册上寻找到有关转向信号灯的说明和定位图。

在维修手册车身系统、照明章节中寻找有关转向信号灯的说明与操作及维修指南,阅读有关转向/信号灯的说明和查看实物定位图(车上安装的位置),如图2-2-7所示。

前侧转向灯　　后组合灯　　前组合灯

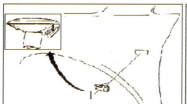

▲图2-2-7　转向灯拆卸和安装说明

(2) 找到有关左侧转向信号灯的电气部件。

从车外灯示意图(转向信号)电路图中可知:主要由电源B+、车身控制单元、组合仪表、串行数据线、多个熔丝(F31UA、F32A、F3DA、SF23DA)、继电器/熔丝盒(X50A、X51A)、转向信号/多功能开关、灯泡等部件组成。

(3) 识读左转向灯电路。

雪佛兰科鲁兹转向信号灯电路,参考图2-1-14和图2-1-15(这两车转向信号灯电路相同)。

车身控制单元X3插接器12号端子→转向信号/多功能开关1号接柱→3号接柱(开关合上)→G202接地点。

左转向信号灯工作回路:

B+→F31、F32熔丝分两路:

一路经熔丝盒X2插接器67号端子→车身控制单元X5插接器3号端子→车身控制单元X4插接器1号端子→X410插接器5号端子→左后转向灯→G309接地点;

另一路经熔丝盒X2插接器68号端子→车身控制单元X5插接器4号端子→车身控制单元X5插接器2号端子X100插接器18号端子→左前转向灯、左侧中继灯→G101接地点。

车身控制模块在接收到转向信号请求时,将串行数据→串行数据线→发动机控制单元→组合仪表→右转向信号指示灯同步点亮和熄灭。

四、拓展学习

1. 朗逸车远光大灯熔丝、容量、安装位置的查阅

1）器材准备

朗逸车2.0 L整车电路图手册、朗逸车电气系统修理手册。

2）查阅要求

（1）在电气系统修理手册内找到有关远光大灯的说明和定位图。

（2）在整车电路图手册内找到远光大灯熔丝、容量及安装位置。

2. 雪佛兰科鲁兹车冷却液温度表、冷却液温度传感器电路的查阅

1）器材准备

雪佛兰科鲁兹维修手册。

2）查阅要求

（1）在维修手册内找到有关冷却液温度表及冷却液温度传感器电路的示意图。

（2）在系统电路图手册内找到与冷却液温度表、冷却液温度传感器有关的说明。

五、练习与检测

1. 雪佛兰科鲁兹车尾灯定位图、接地点位置等查阅

1）器材准备

雪佛兰科鲁兹维修手册。

2）查阅要求

（1）在维修手册内找到有关尾灯的说明和定位图。

（2）在维修手册内找到尾灯的搭铁视图、部件连接器端视图、直列式线束连接器端视图。

2. 雪佛兰科鲁兹车中部顶灯/阅读灯电路查阅

1）器材准备

雪佛兰科鲁兹维修手册。

2）查阅要求

（1）在维修手册内找到有关中部顶灯/阅读灯的说明和定位图。

（2）在维修手册内找到与中部顶灯/阅读灯电路有关的部件。

任务2 汽车电路/系统的测试

一、任务描述

当你准备检查或测试汽车上某部分电器或相关线路时，除了前面我们已经学习的有关电路的基本组成、电路的测量、电路图的识读、维修手册的使用和查阅等有关基础知识外，还需要掌握

一定的专业技能和经验,根据手册内有关说明和要求,快速、准确找到对应的用电器和线路,按照一定的程序实施检查或测试,在原有的基础上掌握有关汽车电路/系统测量的技能和技巧。

二、任务准备

1. 电路/系统测试前的准备工作

我们知道由于电子控制装置的快速发展,车辆上各个系统较以往有了很大的变化。随之而来的问题是大大增加了线束量,使得电源的分配关系日趋复杂、故障发生概率增大,给检查和维修带来困难。因此在对有关电路实施系统的检查和测试前,有必要对电源的分配和电路的供电模式有所理解后,方能实施电路/系统的测试。

尽管汽车的电源分配、供电日趋复杂,但许多车系专门把电源分配部分独立出来,成为一个重要的组成,简称为配电系统。配电系统一般表现为蓄电池(B+)到各类继电器主触点和部分熔丝的供电电路,还有通过各种熔丝进入各系统的控制装置供电电路。

汽车上电器与电源之间有直接连接和间接连接两种形式:

直接与电源连接的电器常用导线或经过熔丝与电源连接;间接连接的则通过各种开关、继电器、电子控制装置等与电源连接。由此我们可以得到电源给各个系统供电有如下两个特点:

(1) 蓄电池直接供电,通常有熔丝和用电器直接组成电路。
(2) 经各种开关供电,除了熔丝和用电器外,还有各种控制开关(手动控制、电磁控制和电子控制等)。

2. 电路/系统测试简介

前面我们在电工基础技术应用的课程中,已经学了简单电路的测量,也掌握了电阻、电压、电流的测量方法和技能。但是我们在对车上有关电气设施、设备实施电路/系统进行测试前,我们还必须知道测试对象、范围和要求(故障现象),必须知道所测部件、导线在车辆上的具体安装部位,所测部件、导线与别的有关线路之间的连接关系。一般在维修手册中会列出不同电气和电路的检查与测试方法,但是有些车系的维修手册没有列出。这时你必须根据对整个系统的理解及对所测部位的判断,制定一个检查和测试流程,实施对电路/系统的检查和测试。

通常维修手册就是为方便检查或测试车辆而配备的,根据维修手册中的定位图,可以很快找到有关用电器、熔丝、连接器、继电器等有关电器零部件的安装位置;电路图则可以告诉我们这些相关零部件之间的连接关系、线路配线、在连接器中的针脚号;而电路/系统说明或检验会给出规定的程序进行各个层次的检查或测试;维修指南则告诉我们有关部件的正确拆卸和安装程序。

在电路/系统检查和测试时,常用的检查或测试工具除了万用表以外,有时还会使用测试灯进行检查和测试,因为测试灯测试的结果有时要比万用表来得可靠,更能说明电路的通断情况。

三、任务实施

1. 朗逸车牌照灯电路的测试

1) 器材准备

朗逸整车、整车电路图手册、电气系统修理手册、数字万用表、LED测试灯、T形线、常用工具等。

2）测试要求

（1）在电气系统修理手册内找到有关牌照灯的说明和定位图（参看本项目模块二"任务实施"中的第1点和图2-2-3、2-2-4）。

（2）在整车电路图手册内找到与牌照灯电路有关的部件（同上）。

（3）制定一个电路/系统检查和测试流程。

（4）在实车上测试牌照灯电路。

3）牌照灯电路/系统测试步骤和要领

牌照灯电路/系统测试分析：

由于牌照灯电路前后跨距较长，如果电路不存在短路的情况下，采用试灯或万用表电压挡进行检查和测试；如果电路中存在短路的情况，只能用万用表电阻挡进行检查和测试。

（1）在电气系统修理手册内找到有关牌照灯说明、定位图和牌照灯电路有关部件（同上）。

（2）点火开关置于"OFF"位置，用试灯测试SC_{32}熔丝，试灯应点亮（如不亮，则后续的检查和测试需采用电阻挡进行）。

（3）测试车灯开关上T17/15接柱，试灯应点亮；车灯开关开至驻车挡，测试T17/16接柱，试灯应点亮（如不亮，则应更换车灯开关）。

（4）测试SC_3熔丝，试灯应点亮（如不亮，则后续的检查和测试需采用电阻挡进行）。

（5）脱开T2ag接插器，测试T2ag中1号脚，试灯应点亮（如不亮，则关闭车灯开关，采用电阻挡测量SC_3熔丝至T2ag/1之间导线的通断，正常电阻值应<1 Ω）。

（6）测试结果如果都正常，则关闭车灯开关，对接地回路采用电阻挡进行测试，正常电阻值都应<1 Ω。

2. 别克威朗车照明系统（近光大灯）电路/系统的测试

1）器材准备

威朗整车、维修手册、数字万用表、测试灯、T型线、常用工具等。

2）测试要求

（1）找出维修手册上有关近光大灯故障测试章节和大灯/日间行车灯（DRL）示意图。

（2）阅读有关近光大灯电路/系统说明。

（3）依照电路/系统测试要求，在实车上测试近光大灯电路。

3）近光大灯测试步骤和要领

（1）在手册目录上找出有关照明（4.3）的章节，找出有关示意图和布线图（4.3.2），找到大灯/日间行车灯示意图（4.3.2.1），分析近光大灯的电路走向。

（2）阅读有关近光大灯电路/系统说明和测试流程。

（3）点火开关置于"OFF"位置，断开相应的大灯上的线束连接器。

（4）在手册目录上找出接线系统和电源管理章节（11.3），找出部件定位图（11.3.3），找到部件连接器端视图（11.3.3.11）中有关连接器X110或X120针脚排列表。

（5）万用表电阻挡测试大灯接地电路线束连接器端子3和接地之间的电阻是否小于5 Ω（如果大于规定值，则测试搭铁电路是否开路/电阻过大）。

（6）在大灯控制电路线束连接器端子4和接地之间连接一个测试灯或万用表（设置为直流20 V电压挡）。

（7）开启近光大灯开关，测试灯应点亮或万用表显示 12 V 电压值。拨动变光开关，测试灯应熄灭或万用表无电压显示。

或可用故障诊断仪指令相应的大灯远光点亮和熄灭以进行测试，当切换不同的指令状态时，测试灯应点亮和熄灭。

四、拓展学习

1. 朗逸车充电系统测试

1) 器材准备

朗逸整车、整车电路图手册、电气系统修理手册、数字万用表、常用工具等。

2) 测试要求

（1）在电气系统修理手册内找到有关发电机的说明和定位图。
（2）在整车电路图手册内找到与发电机电路有关的部件。
（3）在实车上测试发动机转速在怠速和中速情况下蓄电池端的充电电压。

2. 雪佛兰科鲁兹车蓄电池负极电缆接地电阻的测试

1) 器材准备

雪佛兰科鲁兹整车、维修手册、数字万用表、测试灯、常用工具等。

2) 测试要求

（1）找出维修手册上有关蓄电池章节和示意图。
（2）阅读有关蓄电池负极接地电缆的说明。
（3）在实车上按照规定的测试步骤进行测试。

五、练习与检测

朗逸车蓄电池负极电缆接地电阻的测试

1) 器材准备

朗逸整车、整车电路图手册、电气系统修理手册、数字万用表、常用工具等。

2) 测试要求

（1）在电气系统修理手册内找到有关蓄电池的说明和定位图。
（2）在整车电路图手册内找到与蓄电池负极电缆有关的部件。
（3）在实车上按照制定的测试步骤进行测试。

项目三 汽车电源系统检修

汽车电源系统通常由蓄电池、发电机、电压调节器等组成,它们各司其职,使电源电压处于稳定的状态,供车上的电器设备使用。随着汽车上的电器设备越来越多,传统的电源系统已经不能满足整车用电的需求,由此出现了计算机控制的电源管理系统,主要用于监测和控制充电系统,改善蓄电池充电状态,延长蓄电池寿命,并对其他用电设备进行统一管理,其组成如图3-0-1所示。

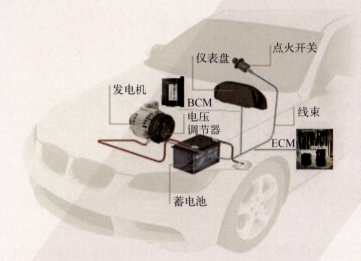

▲图3-0-1 汽车电源系统组成

导学

汽车上各种电气设备的运行要依靠电源系统的支持,随着人们对车辆配置越来越高的要求,比如信息娱乐设备、电动座椅、天窗、电动车门、无钥匙进入系统等。这些设备的增加对电源系统提出了更高的要求,我们必须要了解电源系统的结构和特点,能区分不同型号的蓄电池及发电机,能对电源设备进行检测和更换,能对电源系统的常见故障进行检修,如图3-0-2所示。

▲图3-0-2 应掌握的维修技能

模块一　蓄电池的维护与更换

学习目标

1. 能记住蓄电池的结构。
2. 能识别蓄电池的型号。
3. 能完成蓄电池的更换。
4. 能完成蓄电池的维护。
5. 培养分析、思考、沟通和表达能力。

学习导入

当今汽车上的用电设备越来越多,比如车内外的照明灯具、电动座椅、电动天窗、车载音响、影音娱乐信息设备等为驾乘人员极大地提升了驾驶乐趣和乘坐舒适性。你知道这些电气设备的电源来自哪里?电源的结构是如何的?如果电源出现问题我们该如何排除吗?

任务1　蓄电池的更换

一、任务描述

汽车上的蓄电池就好比是手机里的电池板、遥控器里的电池,是车辆运行所必需的电源,试想一下如果你的手机没电了,你一定会找充电器进行充电,或更换电量充足的电池板,以确保你手中的手机能正常使用。汽车也是一样,蓄电池一旦出现问题的话,车子就要"罢工"了。那么你知道汽车上的蓄电池在什么情况下需要更换?如何进行更换呢?这些知识需要通过你的学习和实践,进而掌握与此有关的技能。

二、任务准备

1. 蓄电池的结构和组成

蓄电池是在装有稀硫酸的容器内插入正负极板而构成的化学电源,由6个单格组成,每个单格电池电压为2 V,单格之间互不相通,而是通过铅锑合金制成的联条,将它们串联起来。

蓄电池主要由外壳、极板、隔板、电解液、联条、极桩和加液孔等组成,如图3-1-1所示。

1) 极板

蓄电池极板分正极板与负极板两种,如图3-1-2所示。正极板的活性物质是为二氧化铅(PbO_2),呈深棕色,负极板活性物质是海绵状纯铅(Pb),呈青灰色,蓄电池的充、放电过程就是靠极板上的活性物质与电解液起电化学反应来实现的。在每个单格电池中,正极板夹在负极板之间,所以正极板比负极板要少一片。

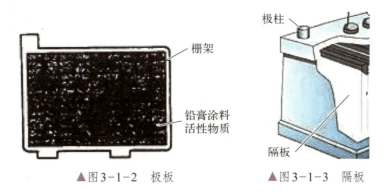

▲图3-1-1 蓄电池的结构

2) 隔板

为了减少蓄电池的内阻和体积,正、负极板应尽量靠近但彼此又不能因接触而短路,所以采用多孔性绝缘板插在相邻的正、负极板间,将正、负极板隔开,同时,带微孔的隔板又能使电解液透过,以便使它与极板上的活性物质发生化学反应。

隔板的形状是一面带槽,一面光滑,如图3-1-3所示。组装时,隔板上带沟槽的一面应竖直朝着正极板,以保证电化学反应中正极板对电解液的需求,且便于正极板上脱落的活性物质顺利地掉入壳底。

▲图3-1-2 极板　　▲图3-1-3 隔板

3) 电解液

蓄电池的电解液是用高纯度的硫酸和蒸馏水按规定比例配制而成的,电解液液面一般高于极板顶部10～15 mm。

电解液的相对密度(以下简称密度)不仅会影响蓄电池的性能,而且与蓄电池的充、放电状态直接相关。电解液的密度一般为1.24～1.30 g/cm³(全充电状态),在气温高的地区或季节,应采用较低密度的电解液;在气温低的地区或季节,则采用较高密度的电解液。

4) 外壳

普通蓄电池外壳由电池槽和盖组成。外壳作为容器是用来盛放电解液、极板组和隔板的,如图3-1-4所示。电池槽一般分为6个互不相通的单格,每个单格的顶部都有一个加液孔,用于加注电解液或检测电解液密度。在加液孔盖上设有通气孔,以便排出化学反应所放出的气体,防止外壳膨胀或发生事故。

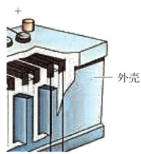

▲图3-1-4 外壳

5) 联条

联条由铅锑合金制成,其作用是将单格电池串联起来,提高蓄电池总成的端电压。

6) 接线柱

蓄电池首、尾两极板组的横板上焊有接线柱,接线柱分圆锥式、L形和侧置式三种。为了便于区分,在正接线柱上或旁边标有"+"记号,负接线柱上或旁边标有"-"记号。

2. 蓄电池的规格型号

根据《国家标准(GTB/T5008.2—2005)起动用铅酸蓄电池标准产品品种、规格》和《(JBT2599—2012)铅酸蓄电池名称、型号编制及命名办法》,蓄电池的规格型号的解读如图3-1-5所示。

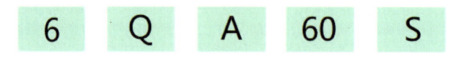

▲图3-1-5 蓄电池规格型号

第一部分是阿拉伯数字,表示该电池总成由几个单格电池组成,其额定电压为这个数字的2倍。

第二部分表示电池用途,汽车用的蓄电池是用起动型的"起"字的汉语拼音"Qi"的第一个大写字母"Q"表示;摩托车用蓄电池代号以"M"表示;内燃机用蓄电池代号以"N"表示。

第三部分表示结构特征代号,见表3-1-1所示。如干荷式电蓄电池,以"A"表示;湿荷式蓄电池用"H"表示;免维护式蓄电池用"W"表示,无字母标识的为普通蓄电池。

表3-1-1 蓄电池结构特征代号

序 号	1	2	3	4	5
结构特征	干荷电	湿荷电	免维护	少维护	胶纸电解液
代 号	A	H	W	S	J

第四部分指的是20 h放电率时的额定容量(单位为安培·小时),用阿拉伯数字表示。

第五部分代表特殊性能,用字母表示。如"G"表示高起动率;"S"表示塑料槽;"D"表示低温起动性好。

型号举例:

1) 6-Q-90表示是由6个单格电池串联组成,额定电压为12 V,额定容量为90 A·h的起动型普通蓄电池。

2) 6-QW-54表示是由6个单格电池串联组成,额定电压为12 V,额定容量为54 A·h的起动型免维护蓄电池。

3. 免维护蓄电池

免维护蓄电池,也叫MF蓄电池,其含义是在合理的使用期限内不需添加蒸馏水,如

图3-1-6所示。

1) 免维护蓄电池的结构:

(1) 免维护蓄电池的栅架材料成分与一般蓄电池稍有不同,它含有钙、镉或锶,不含锑,能减少析气量和自放电。

(2) 每块极板用信封形式的隔套套住,减少了因活性物质剥落而引起极板间的短路。

(3) 通气孔采用新型的安全通气装置,如图3-1-7所示,可避免蓄电池内的酸气与外部的火花直接接触发生爆炸。通气塞中还装入催化钯,可帮助排出的氢氧离子结合生成水,再回收到电池中去。蓄电池有一个允许内部出现膨胀和收缩的膨胀室。由于水蒸气不能从内部排出,因而无需定期给蓄电池添加蒸馏水。使用这种通气装置,电解液不会渗出到蓄电池的外表面,因而能减少其表面被腐蚀和通过表面放电的可能性。

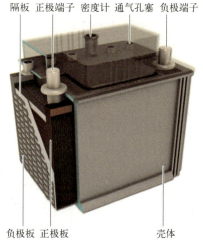

▲图3-1-6 免维护蓄电池结构

(4) 免维护蓄电池在内部常装有指示电量状况的相对密度计。如果相对密度计顶部的圆点呈绿色,说明蓄电池电量充足;如果圆点模糊或呈黑色,说明蓄电池电量不足,需及时充电;如果圆点呈白色,说明蓄电池亏电程度严重,需更换。

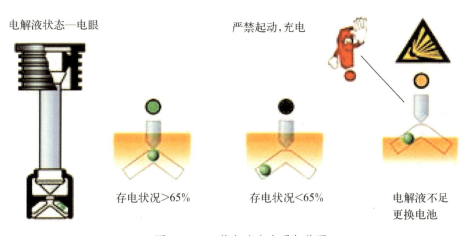

▲图3-1-7 蓄电池安全通气装置

2) 免维护蓄电池的优点

免维护蓄电池由于在结构和材料方面进行了改进,它与普通蓄电池相比具有如下优点:

(1) 使用过程中不需要加注蒸馏水。

(2) 自放电少,可储存3年以上。

(3) 耐过充电性能好,在相同充电电压和温度下,其过充电电流要小得多。而普通蓄电池充足电时,始终保持1.1 A电流。因此这种电池减少了电和水的消耗。

(4) 使用寿命长。一般可用4年左右,寿命是普通蓄电池的两倍多。

(5) 具有较高的冷起动放电率。

> **要点提示**
>
> 蓄电池主要由外壳、极板、隔板、电解液、联条、极柱和加液孔等组成。
> 免维护蓄电池与普通蓄电池相比较,主要在结构和材料方面作了改进。

4. 更换蓄电池的注意事项

蓄电池具有一定的危险性,通常在蓄电池的面板上都有一个警告提示,如图3-1-8所示,提示如何正确使用和处置蓄电池,其符号含义见表3-1-2。

▲图3-1-8 蓄电池面板上的警告提示

表3-1-2 蓄电池面板警告提示符号含义

序号	符号	含义
1		远离儿童标记:更换或检查蓄电池时,应避免儿童靠近
2		酸性液体标记:蓄电池的电解液对金属、棉制品、石材、土壤等有较强的腐蚀作用,更换时应避免电解液的泄漏
3		详细说明标记:更换前应查看有关蓄电池的使用说明或遵守维修手册中有关操作规程
4		循环使用标记:该标记表明蓄电池通过充电可以重复使用
5		易燃物品标记:避免阳光直射和其他热源的辐射、烘烤,维护电路或电气设备时,避免发生火花和短路
6		防护标记:蓄电池安装、使用、维护及检修时,须戴好防护眼镜和手套
7		易爆标记:蓄电池使用、充电过程中会产生氢气,禁止与明火接触以防爆炸
8		废物处理标记:废旧蓄电池不得丢弃在生活垃圾箱,应由具有相关资质的收集站回收

三、任务实施

雪佛兰科鲁兹车蓄电池的更换

1. 器材准备

表3-1-3列出了更换蓄电池所需器材。

表3-1-3　更换蓄电池所需器材

序号	名称	所需器材	序号	名称	所需器材
1	科鲁兹整车		4	工具套装	
2	蓄电池		5	护目镜	
3	维修手册		6	防护手套	

2. 蓄电池的拆卸

1) 拆卸步骤一

（1）打开收音机并记录预设电台后关闭点火开关，确保所有车灯和附件关闭。

（2）松开蓄电池负极电缆螺母（图3-1-9中的2），拆下蓄电池负极电缆（图3-1-9中的1）。

2) 拆卸步骤二

（1）解开蓄电池保险丝盒盖上的固定凸舌（图3-1-10中的1）。

（2）使用合适的螺丝刀，通过通孔挑开卡夹（图3-1-10中的4）。

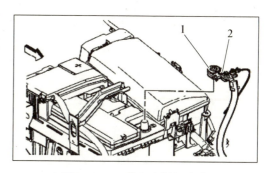

▲图3-1-9　蓄电池拆卸步骤一

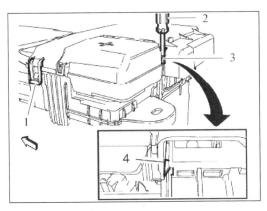

▲图3-1-10 蓄电池拆卸步骤二

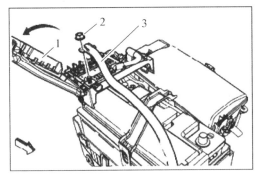

▲图3-1-11 蓄电池拆卸步骤三

3) 拆卸步骤三

(1) 打开蓄电池上保险丝盒盖(图3-1-11中的1)。

(2) 拆下蓄电池正极电缆至起动机螺母(图3-1-11中的2)。

(3) 从蓄电池上拆下连接到起动机的蓄电池正极电缆(图3-1-11中的3)。

4) 拆卸步骤四

(1) 松开蓄电池上的蓄电池正极电缆螺母(图3-1-12中的1)。

(2) 拆下蓄电池正极电缆(图3-1-12中的2)。

(3) 松开2个固定凸舌(图3-1-12中的3),并拆下蓄电池正极电缆盖。

5) 拆卸步骤五

(1) 拆下蓄电池压板紧固件螺母(图3-1-13中的2)。

(2) 将蓄电池压板紧固件从蓄电池托架上拆下(图3-1-13中的1和3)。

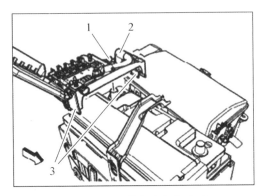

▲图3-1-12 蓄电池拆卸步骤四

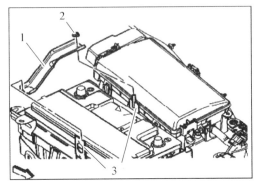

▲图3-1-13 蓄电池拆卸步骤五

6) 拆卸步骤六

(1) 将蓄电池电流传感器从蓄电池托架上松开(图3-1-14中的3)。

(2) 断开预热塞控制器线束插头(图3-1-14中的4)。

(3) 将预热塞控制器托架从蓄电池托架上拆下(图3-1-14中的2)。

▲ 图3-1-14 蓄电池拆卸步骤六

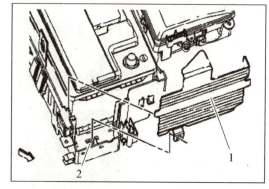
▲ 图3-1-15 蓄电池拆卸步骤七

7) 拆卸步骤七

(1) 脱开固定凸舌并拆下蓄电池托架(图3-1-15中的2和1)。

(2) 取出蓄电池。

3. 蓄电池的安装

(1) 安放蓄电池,并安装蓄电池托架(见拆卸步骤七,反之则为安装步骤)。

(2) 安装预热塞控制器托架、连接预热塞控制器线束插头,将蓄电池电流传感器夹到蓄电池托架上(见拆卸步骤六,反之则为安装步骤)。

(3) 安装蓄电池压板紧固件并紧固至9 N·m(见拆卸步骤五,反之则为安装步骤)。

(4) 安装蓄电池正极电缆并紧固至9 N·m,安装蓄电池正极电缆盖,扣上2个固定凸舌(见拆卸步骤四,反之则为安装步骤)。

(5) 安装连接到起动机的正极电缆并紧固至9 N·m(见拆卸步骤三,反之则为安装步骤)。

(6) 闭合蓄电池保险丝盒并锁定凸舌(见拆卸步骤二,反之则为安装步骤)。

(7) 将蓄电池负极电缆安装至蓄电池并紧固至9 N·m(见拆卸步骤一,反之则为安装步骤)。

(8) 插入点火钥匙将点火开关转至打开位置。

(9) 易失性存储器编程(将所有车窗移到最高位置并且按住开关2 s,将滑动天窗于静止状态的情况下运行,逆时针转动方向盘直至其停止,再顺时针转动方向盘直至其停止)。

(10) 设置客户所有的收音机预设电台并将收音机时间设置为当前时间。

四、拓展学习

1. 朗逸车蓄电池的更换

1) 器材准备

表3-1-4是更换蓄电池所需器材。

表3-1-4 更换蓄电池所需器材

序号	名称	所需器材	序号	名称	所需器材
1	朗逸整车		4	套装工具	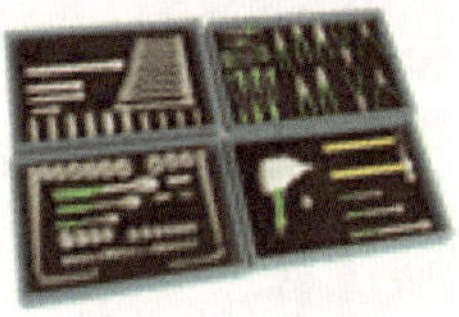
2	蓄电池		5	护目镜	
3	维修手册		6	防护手套	

2）操作步骤与要求

（1）参见蓄电池标注及维修手册。
（2）按维修手册操作要求更换蓄电池。

2. 威驰车蓄电池的更换

1）器材准备

表3-1-5是蓄电池更换所需器材。

表3-1-5 更换蓄电池所需器材

序号	名称	所需器材	序号	名称	所需器材
1	威驰整车		3	维修手册	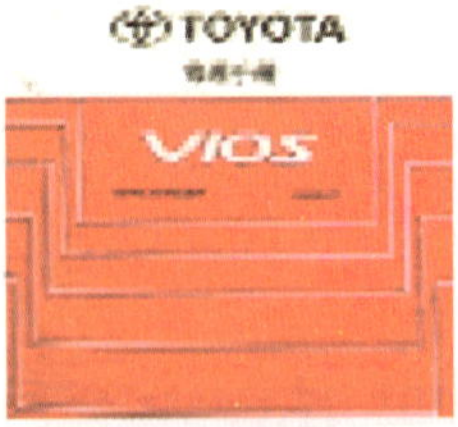
2	蓄电池		4	套装工具	

（续表）

序号	名称	所需器材	序号	名称	所需器材
5	护目镜		6	防护手套	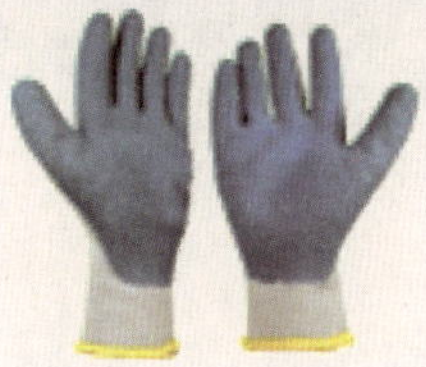

2）操作步骤与要求

（1）参见蓄电池标注及维修手册。

（2）按维修手册操作要求更换蓄电池。

五、练习与检测

别克威朗车蓄电池的更换

1）器材准备

表3-1-6是蓄电池更换所需器材。

表3-1-6　蓄电池更换所需器材

序号	名称	所需器材	序号	名称	所需器材
1	威朗整车		4	套装工具	
2	蓄电池		5	护目镜	
3	维修手册		6	防护手套	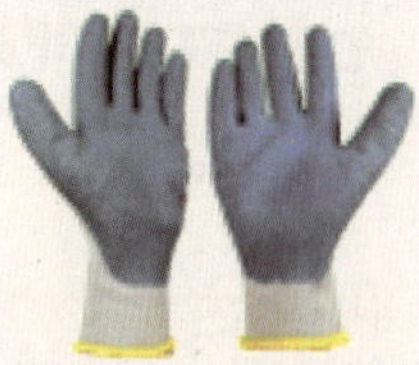

2）操作步骤与要求

（1）参见蓄电池标注及维修手册。

（2）按维修手册操作要求更换蓄电池。

1. 如果车辆上的蓄电池安装不可靠会产生哪些不良后果?
2. 更换蓄电池时必须遵守哪些注意事项?

任务2 蓄电池的检测与维护

一、任务描述

相信大家以前都玩过四驱车,还记得你当时为了赢得"赛道"上的胜利,对你的四驱车进行的种种改装吗?我想你一定拥有"威力"十足的充电电池,为你的赛车提供源源不断的电力,当电量耗尽时,你又会马上使用专用的充电设备,将电量迅速充满,让你的赛车能够在"赛道"上继续飞驰。同学们,你知道这源源不断的动力是如何产生的吗?

二、任务准备

1. 蓄电池的工作原理

当蓄电池将化学能转化为电能而向外供电时,称为放电过程;当蓄电池通过充电机将电能转化为化学能储存起来时,称为充电过程。

1) 蓄电池的放电过程

当蓄电池充足电时,正极板上的活性物质是二氧化铅PbO_2,负极板上的活性物质是纯铅Pb。由于负极板是两种不同的导体,与电解液起化学反应后,使正极板带正电,负极板带负电,在两极板间产生了约2 V的电位差。当蓄电池接上负载放电时,在电位差的作用下,电流由正极通过负载流向负极,与此同时,两极板上的活性物质与电解液发生化学反应,两极板由原来的二氧化铅和海绵状铅逐渐变成硫酸铅,电解液中的硫酸成分逐渐减少,电解液密度下降。放电过程中化学方程式为:

$$PbO_2 + Pb + 2H_2SO_4 \longrightarrow 2PbSO_4 + 2H_2O$$

2) 蓄电池的充电过程

充电过程是放电过程的逆反应,其化学方程式为:

$$PbO_2 + Pb + 2H_2SO_4 \longleftarrow 2PbSO_4 + 2H_2O$$

在充电过程中,极板上的活性物质和电解液完全恢复到放电前的状态,即正负极板上的硫酸铅绝大部分变为二氧化铅与海绵状铅,充电结束。此时若继续充电,就要引起水的分解,正负极板上均冒出剧烈的气泡,正极冒出氧气,负极冒出氢气。充电电流越大,则产生的气泡越多,因此在充电末期时充电电流不易过大,以便延长蓄电池的使用寿命。

3) 充、放电过程的电化学反应方程式

由上述放电与充电过程可知,蓄电池的电化学变化是可逆的,其电化学反应可用一个方程

式表示,即:

$$PbO_2 + Pb + 2H_2SO_4 \xrightleftharpoons[充电]{放电} 2PbSO_4 + 2H_2O$$

(1) 上述公式只是蓄电池充、放电过程中的电化学反应平衡方程,以分子为单位,说明物质的变化,绝对不能理解为极板上和电解液中的全部物质都参加了反应。实际上极板上的活性物质仅有20%～30%参与反应。所以近年来,国内外厂家都尽可能地装用薄极板,以提高活性物质的利用率。

(2) 蓄电池的电化学反应虽然可逆,但它并不是永久性的电源。实际上,它受制造和使用等诸多因素的影响,一般蓄电池的寿命仅为2年。因此,必须加强对蓄电池的使用管理,做好例行检测、维护及充、放电技术操作等工作,延长其使用寿命。

(3) 从上述电化学反应方程式可以看出,蓄电池在充、放电过程中,电解液的相对密度将上升或下降。所以通过测量电解液的密度,即可判断蓄电池的充、放电程度。

2. 蓄电池的检测

1) 静止电动势测试

可根据静止电动势值,算出相对密度,推断出存电量。切断所有用电设备,用数字式万用表测量蓄电池开路电动势,若12 V标称电压的蓄电池测出低于12 V,说明蓄电池过量放电;12.2～12.5 V说明部分放电;高于12.5 V,说明蓄电池电量充足。对于刚充过电的蓄电池,则应先消除表面充电现象,点亮雾灯或大光灯30 s后,再关闭所有用电设备后进行测量。

2) 密度测试

干式荷电少维护蓄电池均设有测量相对密度的加液口,可用吸式密度计测得电解液相对密度。免维护蓄电池多数不能用这种密度计测量,但有的也可取下盖后进行检测。很多免维护蓄电池设有内装式密度计,内部装有一颗能反光的绿色塑料小球,随其浮升的高度变化,从玻璃观察孔中可以看到代表不同状态的颜色(如图3-1-16所示),即能判断出蓄电池的荷电情况。

(1) 当绿球上升到笼子顶部,并与玻璃棒的下端接触,此时能看见绿色(电解液相对密度为1.22 g/cm³以上时),这时可进一步对蓄电池作负载试验。

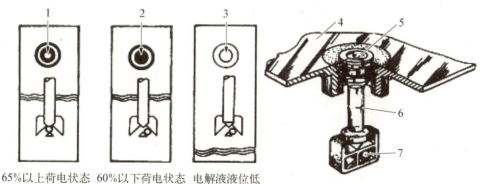

1—绿点　2—模糊的　3—透明的　4—蓄电池顶部　5—观察镜　6—无色的塑料杆　7—绿色的球

▲图3-1-16　内装密度指示器蓄电池的荷电情况

（2）当看不见绿色小点（变为模糊或成黑色）时，表明小球已经降到了笼子的底部，说明蓄电池存电不足（电解液相对密度比较低），故试验前必须先充电。直到出现绿色亮点，再作负载试验。

（3）若通过玻璃观察孔看到显示透明无色时，说明必须更换蓄电池，不再对其进行充电或作其他测试，同时应检查车辆充电系统充电电压是否过高。

3）负荷测试

铅蓄电池性能的最佳测试方法是负荷测试。测试时为保证得到正确结果，要求蓄电池的电量至少在75%以上，若电解液相对密度不到1.22 g/cm³，路端电压达不到12.4 V则应先充足电，再作测试。

（1）用12 V高率放电计测试。

旧式蓄电池高率放电计，只能测取单格电池电压，如图3-1-17所示。由于连接电池之间的联条，均采用穿孔或跨接方法，旧式放电计已无法测取单格电池的放电电压，故目前都采用12 V高率放电计进行测试。12 V高率放电计有可变电流式和不可变电流式两种，目前应用较多的是不可变式，如图3-1-18所示。测试时，用力将放电计上的触针刺入正负极，保持15 s，若蓄电池的端电压保持在9～11 V之间，说明该蓄电池性能良好，但电量不足；若大于11 V，说明电量充足；若小于9 V，则须充电。

若采用可变负荷高率放电计，可用3倍Q值作为测试电流。对于12 V蓄电池，用180 A作为额定电流值进行测试。由于此种测试放电量太大，不适合在日常维修中使用，故不推荐使用，仅作介绍。

▲图3-1-17　旧式蓄电池高率放电计

▲图3-1-18　12 V高率放电计

（2）就车起动测试。

在起动系统正常情况下，也可用起动机作为试验负荷，进行就车起动测试，步骤如下：

① 取出燃油、点火系统的熔丝。
② 数字万用表选择电压挡，两表笔与蓄电池的正负极相连。
③ 接通起动机，同时读取所测电压数值。
④ 正常情况下电压数值应不低于9.5 V。

4）3 min测试

3 min测试，常用来确定已放完电的蓄电池能继续使用还是应报废。通常对蓄电池（12 V蓄电池）以不超过40 A的电流连续充电3 min，在3 min充电结束后，用数字式电压表测量蓄电池端电压,如端电压超过15.5 V,说明蓄电池有故障,应予以报废;若不超过15.5 V,则可按补充充电的方法进行充电。

5) 漏电测试

漏电测试常用来判明当所有电路切断时,是否还有某些电器元件或部件在消耗蓄电池电能,因为漏电会造成蓄电池电量长期亏损,影响其使用寿命。漏电测试方法有以下几种:

(1) 电压表或电流表测试。

汽车上有些电子器件即使所有开关切断时也在消耗电能,但其电流值很小,如数字钟、电子调谐式收放机、发动机控制模块、防盗控制模块、车身控制模块等。

为了检查这些电子器件在点火开关断开时的消耗电能情况,可用电压表或电流表进行测试。测试时,先拆下蓄电池搭铁线后,将电压的正表棒接搭铁线,负表棒接蓄电池"−"极接柱,数字式电压表显示值应略小于蓄电池静止电动势(0.3～0.5 V),则电路正常。也可用电流表串接在搭铁线与蓄电池"−"极之间,查看电流的读数,用以分析漏电状况。

(2) 用欧姆表测试。

从蓄电池上拆下搭铁线,将欧姆表测试棒分别连接搭铁线与蓄电池正极引线,其电阻值应不少于100 Ω。否则,蓄电池漏电将更快。

3. 蓄电池的充电

在蓄电池使用一段时间后,必须按要求对蓄电池进行充电,以保证蓄电池有充足的容量。蓄电池充电设备种类较多,最常用的是硅整流充电机,因其结构简单、使用方便、可靠而得到广泛的运用。蓄电池的充电方式有多种,常见的有定电流充电、定电压充电和脉冲充电。

1) 定电流充电

在充电过程中,充电电流基本保持恒定的充电方法,称为定电流充电。从充电电流公式 $I=(U-E)/R$ 可知,在充电过程中,充电过程中随蓄电池电动势的提高,必须逐步提高充电电压 U,以保持充电电流的恒定值。一般充电电流的大小必须为蓄电池容量的1/10;当每单格蓄电池电池的端电压升高到2.4 V时,将开始出现较多的气体,此时应将充电电流减少一半,直到蓄电池完全充足电。

采用定电流充电时,它有较大的适应性,充电电流可随意选择,也能把不同端电压的蓄电池串联在一起充电。一般在充电时尽可能使待充蓄电池的容量相同,否则应以容量最小的蓄电池充电电流为依据,当小容量的蓄电池充足电后,随即摘除,其他较大容量的蓄电池则继续充电,直至充足电。

采用定电流充电方法,有利于延长蓄电池的使用寿命,故适用于新蓄电池的充电、旧蓄电池的补充充电、去硫化充电等。但是采用此种方法充电,充电时间较长,并且需要经常调节充电电流,同时充电效率也较低。

2) 定电压充电

在充电过程中,将充电电压保持不变的充电方法,称为定电压充电法。用定电压充电法充电,其充电电压选择必须合适,充电电压过高,使充电开始时充电电流过大,而造成过充电现象;充电电压过低充电电流过小,则会使蓄电池不能充足电。一般充电电压是蓄电池电压的1.25倍。从充电电流公式 $I=(U-E)/R$ 可知,充电电流与电源电压和电动势之差成正比,而与充电电路的电阻成反比,所以在充电的初期充电电流较大,随着电动势的增高,充电电流逐渐减小，当充电电压和电动势相等时，充电电流接近为零，汽车上发电机对蓄电池的充电就是采用此种方式。

3）脉冲充电

上述定电流充电方式，对新蓄电池来说，要完成初充电需 60～70 h，补充充电也要 11～15 h 左右。因充电的时间太长，给使用和维护带来很多不便。如果单纯用加大充电电流的方法来缩短充电时间也是行不通的，因为这样不仅使蓄电池充电达不到额定容量，反而会使蓄电池温升快，产生大量气体，造成极板上活性物质的脱落而影响其使用寿命。近年来我国快速充电技术发展也很快，已研制成功并生产了可控硅快速充电机。使新蓄电池初充电时间一般不超过 5 h，旧蓄电池补充充电时间在 0.5～1.5 h，大大缩短了充电时间，提高了效率。

脉冲充电就是一种快速充电法，其整个充电过程由脉冲充电控制电路自动进行控制，先用较大的电流（相当于蓄电池额定容量 0.8～1 倍）的电流充电，使蓄电池在较短的时间内充到额定容量的 50%～60%。即当蓄电池单格电压上升到 2.4 V 开始冒气泡时，控制电路发生作用，先停止大电流充电（约 25～40 ms），接着再放电，使蓄电池反向通过一个较大的脉冲电流（脉冲深度为充电电流的 1.5～3 倍，脉冲宽度为 150～1 000 μs），以消除极板孔隙中形成的气泡，接着再停止放电（约 25 ms），以后的充电过程在脉冲充电自动控制电路控制下一直按"正脉冲充电—停充—负脉冲瞬时放电—停充—再正脉冲充电"的循环过程进行下去，直至充足电。

脉冲快速充电法，充电时间短，提高了充电效率。消耗电能为常规充电的 80%～85%。去"硫化"效果显著。但出气率高对活性物质的冲击力大，易使活性物质脱落，会影响到蓄电池的技术性能和使用寿命。

4. 充电种类

1）初充电

新启用的蓄电池（不包括干式荷电蓄电池）或修复后的蓄电池（更换极板），在使用之前的首次充电叫初充电。初充电对起动型蓄电池的使用性能影响极大，初充电没有充好，会使极板活性物质不能完全转化，造成蓄电池永久性的容量不足，影响蓄电池的技术性能和使用寿命。目前汽车维修厂家对蓄电池只作更换而不做修理，所以本书对初充电的操作方法不作介绍。

2）补充充电

蓄电池在使用过程中，如因电源系统故障或用电设备耗电过大等原因，致使蓄电池的容量下降，此时应及时进行充电，这种充电方法称为补充充电。

通常蓄电池在使用过程中，如果出现下述迹象时，需及时进行补充充电。

- 发动机怠速或停转后，灯光比平时暗淡，表示电力不足时。
- 冬季放电超过 25% 时，夏季放电超过 50% 时。
- 电解液相对密度下降到 1.200 g/cm³ 以下时。
- 起动机运转无力（并非起动机、发动机机械故障）。
- 存放的蓄电池不用已近一个月。

蓄电池补充充电的具体操作步骤如下：

（1）将蓄电池从汽车上拆下，清除蓄电池外部的脏污和极柱及导线接头上的氧化物，用

12 V高率放电计测试蓄电池的放电情况。

（2）检查加液孔盖上的通气小孔是否畅通及电解液液面高度,过低则应添加蒸馏水至高出极板上缘10～15 mm(如是免维护蓄电池则无需检查和添加)。

（3）连接充电线,按定电流充电法进行充电。第一阶段的充电电流为额定容量的1/10,充之端电压约为14.4 V左右。第二阶段的充电电流为额定容量的1/20,充之端电压为16.2 V左右,此时电解液密度达到规定值,并且在2～3 h内基本不变,蓄电池内产生大量气泡,电解液呈"沸腾"状态,表示蓄电池电已充足,整个补充充电时间约为11～15 h。

（4）将加液口盖拧紧,用12 V高率放电计检查蓄电池的端电压,应能达到11 V以上。

（5）蓄电池充足电后,即可投入使用。

3) 去硫化充电

蓄电池发生硫化故障后,内电阻将显著增大,充电时温度升高也较快。蓄电池硫化严重的只能报废,硫化程度较轻时,可以用去硫化充电方法加以消除。

去硫化充电的具体操作步骤如下：

（1）先将已硫化的蓄电池按20 h放电率放完电。

（2）倒出蓄电池体内原有电解液,用蒸馏水反复冲洗数次,然后再加入足够的蒸馏水。

（3）采用脉冲快速充电法或按额定容量的1/30进行充电,并随时测量电解液相对密度,如升到1.15 g/cm^{3}时停充,倒出电解液再加入蒸馏水继续充电,直到相对密度不再增加为止。

（4）以20 h放电率进行放电,当端电压下降到10.5 V时,再以补充充电的电流值进行充电,再放电,不断反复进行。直到容量达到额定值的80%以上,然后再充足电,调整电解液的相对密度和液面高度至规定值后,即可投入使用。

5. 蓄电池的正确使用与维护

普通蓄电池的使用寿命一般在1～2年之间,要想延长其使用寿命,就必须掌握正确的使用方法,做好日常维护工作,使蓄电池技术状况处于良好状态。

1) 使用方法及注意事项

（1）不宜过长时间大电流放电,使用起动机,每次的时间不超过5 s,相邻两次起动之间应间隔15 s。

（2）防止过充电,蓄电池在充电中,应按蓄电池额定容量选择充电电流,蓄电池充足电后,应及时切断充电电路。

（3）避免蓄电池过放电和长期处于亏充电状态下工作,放完电的蓄电池应在24 h内充电。

（4）冬季使用蓄电池时,要注意保持蓄电池在充足电状态,以免电解液密度降低而结冰。在不结冰的前提下,尽可能采用密度偏低的电解液。如液面过低,需添加蒸馏水。

2) 日常维护

为了使蓄电池经常处于完好的技术状态,对正在使用的蓄电池,应做好日常维护工作。

（1）及时清洗蓄电池外表面上的污物及电极上的氧化物,经常性保持外部的洁净。

（2）检查蓄电池外表面有无电解液渗漏。

（3）检查蓄电池安装是否可靠,接线是否紧固。

（4）检查加液孔上的通气孔和电解液的液面高度。

（5）检查蓄电池的放电程度,如低于规定,及时进行补充充电。

要点提示

(1) 应严格执行充电规范(先连接充电线,再开启充电机电源,随后调出充电电流。停止充电时,应先调回充电电流,再切断电源,拆下充电线)。

(2) 充电过程中,要勤观察蓄电池的电压和密度变化,及时调整充电电流。

(3) 在充电过程中,应注意蓄电池电解液的温度。如温度过高可以采用风冷或水冷的方法降温。

(4) 充电场所要备有清水,严禁明火,并设有通风装置。

三、任务实施

1. 蓄电池的检测

1) 器材准备

表3-1-7是蓄电池检测所需器材。

表3-1-7　蓄电池检测所需器材

序号	名称	所需器材	序号	名称	所需器材
1	蓄电池		3	护目镜	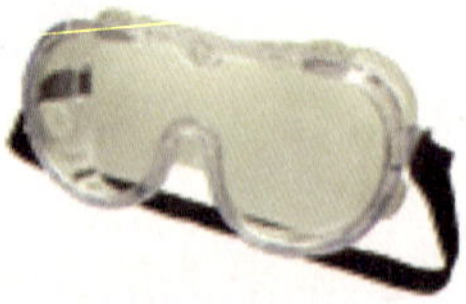
2	12 V高率放电计		4	防护手套	

2) 操作步骤与要求

(1) 清除蓄电池极桩上的氧化物(可用旧锯条或粗砂纸除去极桩上的氧化物)。

(2) 将12 V高率放电计的两个叉尖,用力紧压在蓄电池正负极桩上,时间为20 s,连续测三次,中间间隔时间为3 min,以第三次的读数为准。

当蓄电池的额定容量＜60 Ah:

若测得蓄电池端电压保持在11 V以上,说明蓄电池电已充足;若在9～11 V之间,说明蓄电池可以使用但未充足电;若＜9 V,则说明蓄电池存电不足,需要充电。

当蓄电池额定容量＞60 Ah:

若测得蓄电池端电压保持在11.5 V以上,说明蓄电池电已充足;若在9.5～11.5 V之间,说明蓄电池可以使用但未充足电;若＜9.5 V,则说明蓄电池存电不足,需要充电。

点 拨

（1）测试时，蓄电池极柱或12 V高率放电计叉尖上的氧化物必须清除掉。
（2）测试时，高率放电计的叉尖与极柱必须可靠接触，防止火花产生。

2. 蓄电池的充电

1）器材准备

表3-1-8是蓄电池充电所需器材。

表3-1-8　蓄电池充电所需器材

序号	名称	所需器材	序号	名称	所需器材
1	蓄电池		3	护目镜	
2	充电机		4	防护手套	

2）操作步骤与要求

（1）检查调压器手柄是否处于与蓄电池端电压相同的位置。
（2）将充电机的输出"+、-"极分别接蓄电池的正负极，同时在充电机上的电压表上显示待充蓄电池的端电压。
（3）按下电源开关，电源指示灯亮，顺时针旋转充电电流调节手柄，调节充电电流至规定值（第一阶段的充电电流应为蓄电池额定容量的1/10，充电时间约为8～10 h，第二阶段的充电电流应为蓄电池额定容量的1/20，充电时间约为3～5 h）。在充电过程中，应经常观察和随时调整充电电流的大小，直至蓄电池充足电。
（4）停止充电时，应先将充电电流调节手柄逆时针退回原处，然后切断电源开关，再拆除蓄电池的充电连接线，盖上加液孔。

 点 拨

（1）当充电机的输出"+、-"线接至蓄电池的正负极，电源开关未开启时，充电机上显示的电压值是待充蓄电池的端电压。
（2）按下电源开关后，充电机上显示的电压值是充电机的充电电压。

四、拓展学习

1. 雪佛兰科鲁兹车蓄电池检测

1）器材准备

表3-1-9列出了蓄电池检测所需器材。

表3-1-9 蓄电池检测所需器材

序号	名称	所需器材	序号	名称	所需器材
1	科鲁兹整车		4	12 V高率放电计	
2	维修手册		5	护目镜	
3	套装工具	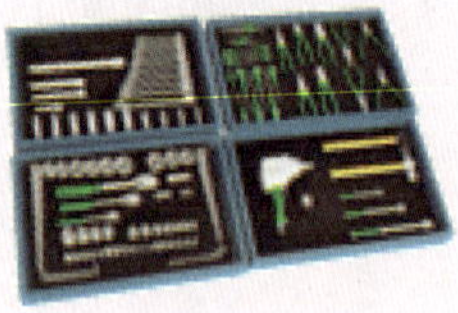	6	防护手套	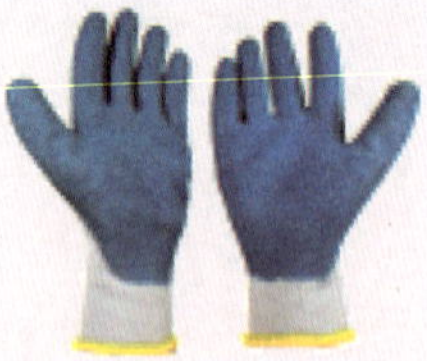

2）操作步骤与要求

（1）根据维修手册9.4.3.11中有关蓄电池检查/测试规程，对蓄电池进行检测。

（2）测试结束，将所有设备、车辆恢复原状。

2. 雪佛兰科鲁兹车蓄电池充电

1）器材准备

表3-1-10列出了蓄电池充电所需器材。

表3-1-10 蓄电池检测所需器材

序号	名称	所需器材	序号	名称	所需器材
1	科鲁兹整车		2	充电机	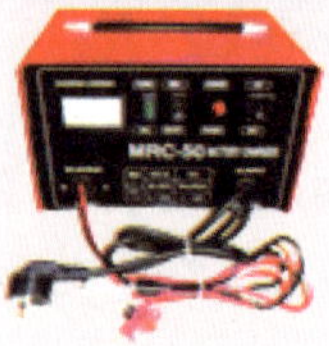

(续表)

序号	名称	所需器材	序号	名称	所需器材
3	维修手册		5	护目镜	
4	套装工具		6	防护手套	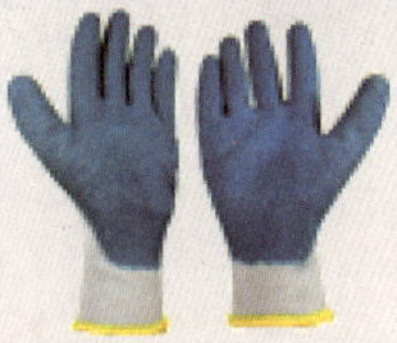

2) 操作步骤与要求

（1）拆下蓄电池负极电缆。
（2）根据维修手册9.4.3.12中有关蓄电池充电规程，对蓄电池进行充电。
（3）充电结束，装上蓄电池负极电缆，将所有设备、车辆恢复原状。

五、练习与检测

1. 大容量蓄电池的充电

1) 器材准备

表3-1-11列出了大容量蓄电池充电所需器材。

表3-1-11 大容量蓄电池充电所需器材

序号	名称	所需器材	序号	名称	所需器材
1	蓄电池 120 A·h	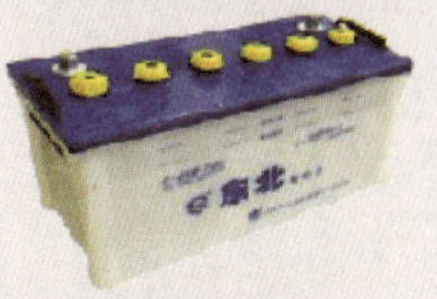	4	套装工具	
2	充电机		5	护目镜	
3	12 V高率放电计		6	防护手套	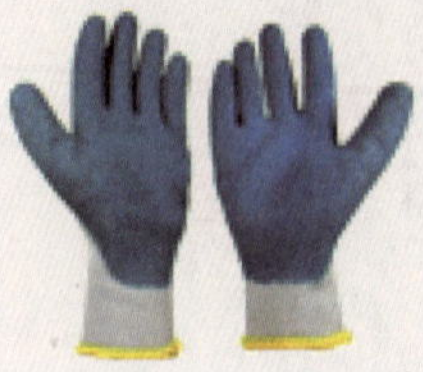

2）操作要求

（1）检查蓄电池外部、极柱是否有脏污和氧化物，用12 V高率放电计测试蓄电池的电量程度；拧开加液孔盖检查加液孔盖上的通气小孔是否畅通；检查蓄电池电解液液面高度（6个单格都需检查）；过低则应添加蒸馏水直至高出极板上缘10～15 mm。

（2）连接充电线，按定电流充电法进行充电。第一阶段的充电电流为额定容量的1/10（12 A），充之蓄电池的端电压约为14.4 V左右。将第二阶段的充电电流调整为额定容量的1/20（6 A），充之蓄电池的端电压为16.2 V左右，此时电解液密度达到规定值，并且在2～3 h内基本不变，蓄电池内产生大量气泡，电解液呈"沸腾"状态，表示蓄电池电已充足。

3）拧上加液孔盖，用12 V高率放电计测试蓄电池的放电电压，应能达到11.5 V以上。

4）擦净蓄电池，即可投入使用。

2. 不同容量蓄电池的充电

1）器材准备

表3-1-12列出了不同容量蓄电池充电所需器材。

表3-1-12 不同容量蓄电池充电所需器材

序号	名称	所需器材	序号	名称	所需器材
1	蓄电池 120 A·h	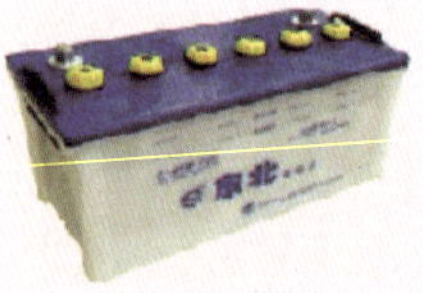	5	12 V高率放电计	
2	充电机	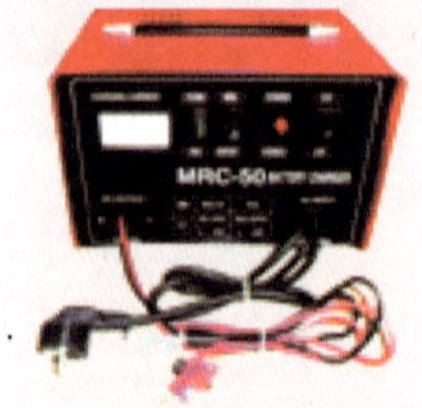	6	套装工具	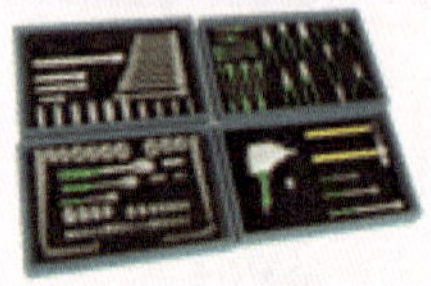
3	蓄电池 60 A·h		7	护目镜	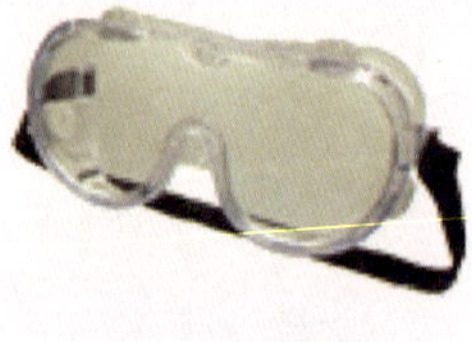
4	充电线	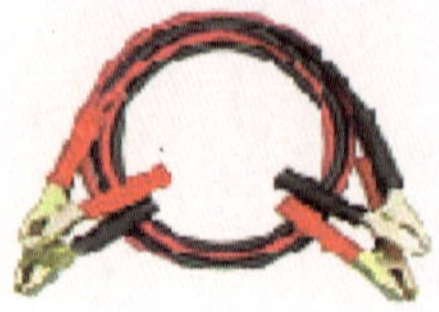	8	防护手套	

2) 操作要求
(1) 将不同容量的蓄电池按图3-1-19所示方式连接。
(2) 充电机开机后,然后按容量的大小确定补充充电电流。
(3) 充足电后先移去容量小的蓄电池。
(4) 调整充电电流继续对容量大的蓄电池进行充电,直至充足电。
(5) 用12 V高率放电计对充足电的蓄电池进行放电测试,确认已充足电。

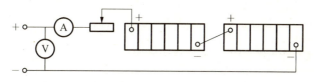

▲图3-1-19　不同容量蓄电池定电流充电连接图

如何运用之前所学过的知识和技能,将不同电压值的蓄电池串联起来进行充电?

模块二 交流发电机的拆装和检测

学习目标

1. 能记住发电机的结构。
2. 能完成发电机的更换。
3. 能完成发电机的分解和组装。
4. 能完成发电机零部件的检测。
5. 培养分析、思考、沟通和表达能力。

学习导入

通过之前的学习，大家已经知道蓄电池是车辆的主要电源，汽车上虽然有了蓄电池，但蓄电池供给的电能有限，并且在放电以后必须及时进行补充电，那么在车上是如何实现对蓄电池充电呢？其实在车上，只要发动机能运转，发电机就会向车上所有的用电设备供电，并能将多余的电能对蓄电池进行充电。所以蓄电池只提供停车时或起动瞬间短时间的用电，而发电机则是全车电气的主要供电电源。

任务1 发电机的更换

一、任务描述

任何汽车电气设备的使用寿命都是有限的，发电机（如图3-2-1所示）也不例外。正常情况下，发电机的使用寿命在10～12万km。但由于使用不当或某些意外原因也会引起发电机不发电，此时必须进行更换，不然会影响车辆的正常使用。那么有哪些原因会造成发电机不发电？如何更换发电机呢？这些知识需要通过接下来的学习和实践，从而掌握发电机更换的技能。

◀图3-2-1 交流发电机外观图

二、任务准备

1. 充电系统日常使用注意事项

（1）交流发电机与蓄电池的搭铁极性必须一致，否则会出现蓄电池通过二极管形成短路，烧坏整车电气线路和其他电子设备，甚至引起火灾。

（2）发电机与蓄电池之间的导线要可靠连接，因蓄电池具有电容作用，如突然断开，将会产生瞬时过电压，容易损坏二极管和车上其他电子设备。

（3）发电机不发电或充电电流过小时，应及时找出故障加以排除，不能再长期继续运转。

（4）发动机熄火后，应及时断开点火开关，以减少蓄电池的放电。

2. 充电系统维护、更换注意事项

（1）发电机运转时，不要用试火花的方法检查发电机是否发电，否则损坏二极管和车上其他电子设备。

（2）发电机正常运行时，切不可任意拆动蓄电池的连接线，以免产生瞬时过电压，击穿或烧毁电子元件和设备。

（3）不得随意变动调节器的安装位置。应保证防震垫良好、通风可靠。晶体管与集成电路调节器的最高温度，不应超过45℃。

（4）发电机传动带的张紧度均由张紧轮自行调整，需经常性检查皮带是否有老化、皲裂等现象。

（5）发电机上的各接柱均应按规定扭矩拧紧，插接器应可靠连接。

三、任务实施

雪佛兰科鲁兹车交流发电机的更换

1. 器材准备

表3-2-1列出了交流发电机更换所需器材。

表3-2-1 发电机更换所需器材

序号	名称	所需器材	序号	名称	所需器材
1	科鲁兹整车	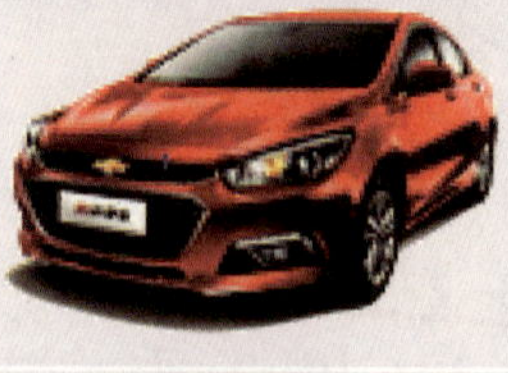	3	交流发电机	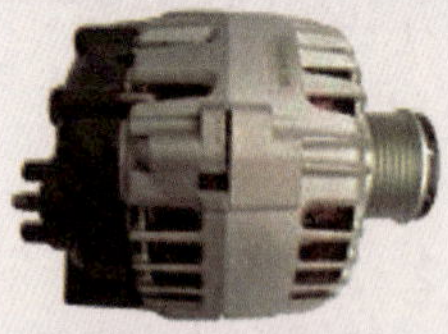
2	维修手册		4	套装工具	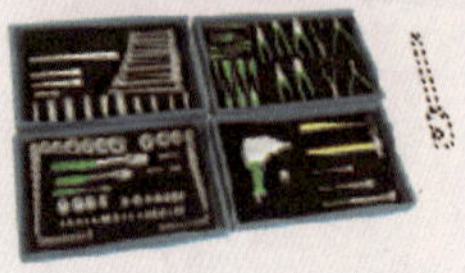

(续表)

序号	名称	所需器材	序号	名称	所需器材
5	举升机		6	诊断仪	

2. 操作步骤与要求

检查车辆在举升机上停放位置，挂P挡、拉起手制动器，关闭点火开关并取下钥匙。打开并撑起发动机舱盖，安放车身护布，查阅维修手册后，断开蓄电池的负极电缆，举升车辆。

1) 发电机的拆卸

（1）拆卸步骤一：分别拆下前舱防溅罩后端固定螺栓（图3-2-2中的1、数量有2个）和前舱防溅罩前端固定螺栓（图3-2-2中的2、数量有3个），取下前舱防溅罩（图3-2-2中的3）。

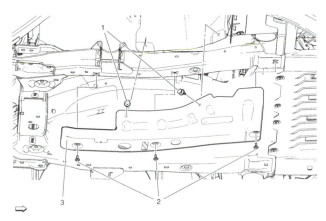

▲图3-2-2 发电机拆卸步骤一

（2）拆卸步骤二：用套筒工具逆时针转动张紧器（图3-2-3中的1），以释放传动皮带上的张力，并用专用销子（图3-2-3中的2）插入销孔内，锁住张紧器。

（3）拆卸步骤三：拆下楔形传动皮带（图3-2-4中的1）。

（4）拆卸步骤四：拆下发电机电枢电缆螺母（图3-2-5中的1），取下发电机电枢电缆（图3-2-5中的3），脱开发电机励磁线束插接器（图3-2-5中的2）。

（5）拆卸步骤五：拆下2个发电机螺栓（图3-2-6中的2），取下发电机（图3-2-6中的1）。

2) 发电机的安装

（1）安装两个发电机螺栓，并紧固至35 N·m（见拆卸步骤五，反之则为安装步骤）。

（2）安装发电机正极电缆和螺母，将螺母紧固至12.5 N·m，连接发电机线励磁线束插接器（见拆卸步骤四，反之则为安装步骤）。

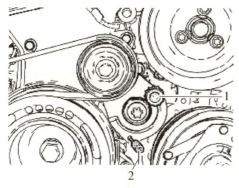

▲图3-2-3 发电机拆卸步骤二

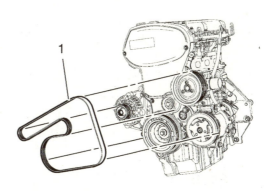

▲图3-2-4 发电机拆卸步骤三

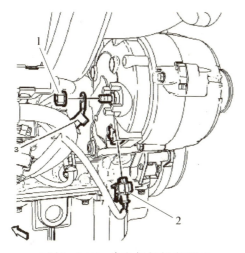

▲图3-2-5 发电机拆卸步骤四

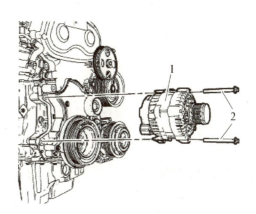

▲图3-2-6 发电机拆卸步骤五

（3）安装传动皮带，调整和检查皮带在各带轮间的具体安装位置（见拆卸步骤三，反之则为安装步骤）。

（4）用套筒工具转动张紧器，取出专用销子，让张紧器缓慢滑回原位（见拆卸步骤二，反之则为安装步骤）。

（5）安装前舱防溅罩、前舱防溅罩前端固定螺栓和前舱防溅罩后端固定螺栓（见拆卸步骤一，反之则为安装步骤）。

（6）降下车辆，再次检查传动皮带安装后的位置，如图3-2-7所示。

（7）安装蓄电池负极电缆（扭矩9 N·m）。

（8）确认挂P挡和手制动器拉起，起动发动机，诊断仪读取充电系统数据，看是否符合规定。

（9）关闭点火开关，收起有关诊断设备及工具。

（10）取下车身护布，关闭发动机舱盖，执行5 s。

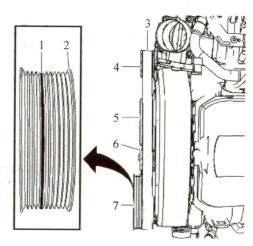

▲图3-2-7 皮带安装位置检查

要点提示

(1) 确保传动皮带被定位在发电机带轮、曲轴扭转减震器带轮、传动皮带张紧器、水泵皮带轮和空调压缩机带轮上。

(2) 传动皮带必须位于法兰(1)和法兰(2)之间的皮带轮上。

四、拓展学习

1. 大众车系发电机的更换

(1) 器材准备：大众整车、组合工具、车身护布、维修手册。
(2) 安全注意事项(参见维修手册)。
(3) 按维修手册操作要求更换发电机。

2. 丰田车系发电机的更换

(1) 器材准备：丰田整车、组合工具、车身护布、维修手册。
(2) 安全注意事项(参见维修手册)。
(3) 按维修手册操作要求更换发电机。

五、练习与检测

别克威朗发电机的更换

(1) 器材准备：威朗整车、组合工具、车身护布、维修手册。
(2) 安全注意事项(参见维修手册)。
(3) 按维修手册操作要求更换发电机。

(1) 安装发电机传动皮带有哪些注意事项？
(2) 如果皮带张紧器打滑或咬死会发生哪些情况？

任务2　发电机的分解、组装和检测

一、任务描述

目前，我们所使用的手机、平板电脑、游戏机等电子产品，其体积越做越小，越做越薄，相应这些电子产品的电池和充电器也越来越小型化,淘汰了大而笨重的电池和充电设备。同样汽车也随着电子技术的不断发展,硅二极管及集成电路的出现,使得交流发电机取代了以往的直流发电机。两者相比较而言,交流发电机具有转速高、体积小、重量轻、结构简单、故障少、使用寿命长、维修方便等优点,而且交流发电机低速时充电性能好,配用的调节器简单,对无线电干扰小,因此目前进口车、国产车已全部装用交流发电机。

二、任务准备

1. 交流发电机的结构

目前,国内外生产的交流发电机其结构基本相同,都是由三相同步交流发电机、硅二极管桥式整流器二大部分组成。三相同步交流发电机作用是产生交流电,硅整流器的作用是将交流电转变成直流电。

三相同步交流发电机主要由风扇、V型带轮或楔形带轮、转子总成、定子总成、前后端盖、电刷与刷架等部件组成。其结构及组成如图3-2-8所示。

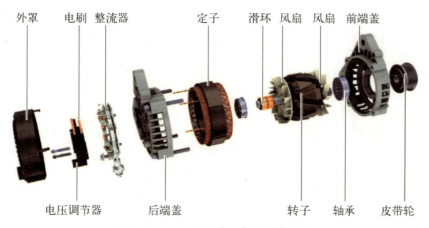

▲图3-2-8 交流发电机的结构组成

1) 风扇

风扇的作用是在发电机工作时,强制将机内的空气通过前端盖上的通风孔吸出来,高速空气流经发电机内部,使发电机的转子线圈、定子线圈及整流元件得到冷却。

风扇常用钢板冲制卷角而成,通过半圆键定位或直接焊接在转轴上,单个风扇安装的形式通常为前端盖外侧,两个风扇为转轴的两端,如图3-2-8所示。

2) V型带轮或楔形带轮

发动机的动力通过传动皮带,带动V型带轮或楔形带轮使发电机的转子旋转。

3) 转子总成

转子总成是交流发电机的磁极部分,用来产生磁场。它由转子轴、两块爪形磁极、励磁绕组、磁扼、滑环等组成,如图3-2-9所示。

当励磁绕组通电产生磁场后,爪极被磁化,一侧为N极,另一侧为S极,形成了相互交错的磁极,如图3-2-10所示。

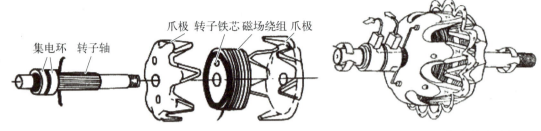

▲图3-2-9 转子的结构　　　　▲图3-2-10 互相交错的磁极

4）定子总成

定子总成是三相交流发电机的电枢,作用是产生三相交流电,其结构如图3-2-11所示。它主要由定子铁芯和三相绕组组成,定子铁芯用硅钢片冲制叠压而成,为减少磁的损失,硅钢片两侧涂有绝缘漆或进行氧化处理。三相绕组按一定的角度嵌入定子铁芯槽内,通常线槽内常用绝缘清壳纸或绝缘漆将每个绕组与铁芯隔开,以防短路。

定子总成三相绕组间的接线方式有两种:一种是三角形连接,如图3-2-12所示;另一种是星形连接,如图3-2-13所示,汽车上常见的形式为星形连接。

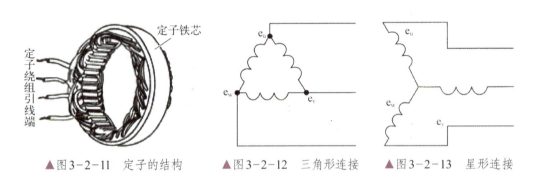

▲图3-2-11 定子的结构　　▲图3-2-12 三角形连接　　▲图3-2-13 星形连接

5）前后端盖

端盖的作用是通过轴承支承转子,封闭内部结构。它用铝合金压铸或用翻砂铸造而成,采用铝合金最主要的目的是为了防止漏磁,同时又可减轻发电机的质量、散热性能良好。端盖有前后之分,前端盖铸有安装臂、用于固定和调整V型带的松紧度（如采用楔形带轮只起固定作用）。在后端盖内装有硅整流器、电刷、电刷架及电压调节器等,如图3-2-14所示。

6）电刷与刷架

如图3-2-15所示,电刷的作用是与滑环接触,将直流电引入励磁绕组。电刷由石墨制成,两只电刷装在电刷架的孔内,依靠弹簧的压力与滑环保持接触,电刷架多用酚醛玻璃纤维塑料制成,是绝缘制品。

7）硅整流器

硅整流器的作用:将定子绕组产生的三相交流电整流为直流电。

硅整流器通常由6只硅整流二极管组成三相桥式整流电路,3只正向二极管压装在与外壳绝缘的一块元件板上,3只反向二极管压装在后端盖（或与外壳相通的一块接地元件板上）,如图3-2-16所示。

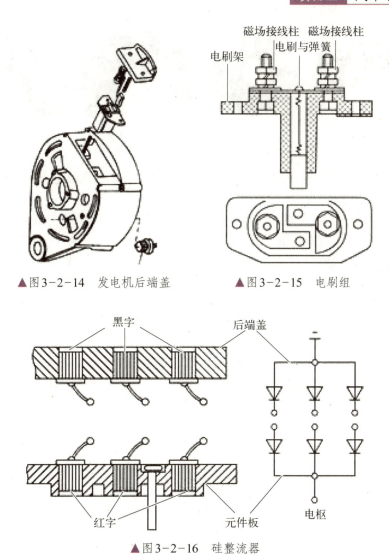

▲图3-2-14 发电机后端盖　　▲图3-2-15 电刷组

▲图3-2-16 硅整流器

硅二极管的类型

（1）正向二极管：外壳为阴极，其中心引线为二极管的阳极，在管壳上部或底部一般标有红点标记（也有的不做标记）。在负极搭铁的交流发电机中，3只正向二极管的底座压装在一块绝缘的元件板上，整流后的电流通过与元件板连接在一起的电枢接线柱输出，该接线柱通常用"B+"或"正极"等符号标注。

（2）反向二极管：外壳为阳极，其中心引线为二极管的阴极，管壳上部或底部一般有黑点（或绿点）标记。3只反向二极管的底座压装在后端盖或接地元件板上，与发电机的外壳一起成为发电机的负极。

整流元件板的形状各异，有马蹄形、长方形、半圆形等，如图3-2-17所示。

2. 交流发电机的工作原理

1）发电原理

当蓄电池的电压与励磁绕组接通时，励磁绕组中便有电流流过产生磁场，两块爪形磁铁磁

▲图3-2-17 硅整流元件板总成

化,形成六对磁极。转子上N极的磁力线穿过转子与定子间的空气隙进入定子铁芯,然后又经过空气隙回到相邻的S极,构成闭合磁路。

当转子旋转时,由于定子绕组与磁力线有相对的切割运动,所以在三相绕组中产生频率相同,幅值相等相位相差120°电角度的正弦电动势。

发电机定子绕组内感应电动势的大小与每相绕组串联的匝数及感应电动势的频率成正比。即定子绕组的匝数越多,转子的转速越高,则绕组内感应电动势越高。

2) 整流原理

交流发电机三相绕组中感应出的交流电,如图3-2-18中的(b)所示,是通过硅二极管将其整流成直流电。

二极管具有单向导通性;当给二极管加上正向电压时二极管导通,加上反向电压时二极管截止。利用二极管该特性,将三相绕组和6只整流二极管组成三相桥式整流电路,如图3-2-18中的(a)所示。发电机的输出端B、E上就输出一个脉动直流电压,如图3-2-18中的(c)所示,这就是发电机的整流原理。

整流过程分析(图3-2-12中的(b)):

在$t=0$时,$U_A=0$,U_B为负值,U_C为正值,此时二极管VD_5、VD_4导通,电流从C相出发,经VD_5、负载、VD_4回到B相构成回路,C、B之间线电压都加载在负载上。

在$t_1 \sim t_2$时间内,A相电压最高,B相电压最低,此时VD_1、VD_4导通构成回路,A、B间的线电压也加载在负载上。

在$t_2 \sim t_3$时间内,A相电压仍为最高,C相电压变为最低,此时VD_1、VD_6导通构成回路,A、C间的线电压同样也加载在负载上。

同理在后续的时间内,三相桥式整流电路中的二极管依次循环导通,总是正、反向各一个,

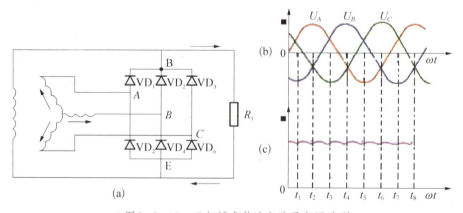

▲图3-2-18 三相桥式整流电路及电压波形

在负载上得到一个比较平稳的直流脉动电压,其电压波形如图3-2-18中的(c)所示。

3. 交流发电机的工作特性

由于汽车发动机的转速从怠速到最高转速的变化范围很大,一般对现代汽油车发动机来说,转速变化为1:8,对柴油车来说,转速变化为1:5,这样由它带动旋转的发电机转速也相应在较大的范围内变化,因此,对交流发电机的特性,一般以转速为基准来分析各有关参数之间的关系。

1) 空载特性

空载特性是指交流发电机空载时,输出电压与转速之间的关系,如图3-2-19所示。从图中可以看出,随着转速的升高,端电压上升较快,在他励转入自励发电,即能向用电设备供电,并向蓄电池进行补充充电。因此,空载特性曲线可以判断发电机的好坏。

2) 输出特性

输出特性也称负载特性,是指发电机向负载供电时,保持发电机输出电压一定时(12 V的发电机规定为14 V,24 V的发电机规定为28 V),发电机的输出电流与转速关系。即发电机端电压(U)不变时,输出电流I随转速n变化的关系,如图3-2-20所示。

在图3-2-20中,当发电机转速达到n_1时,其电压达到额定值,所以n_1称为空载转速。当转速达到n_2时,发电机输出达到额定功率,故n_2称为负载转速。

由输出特性可以看出发电机在不同转速下转速输出功率的情况:

(1) 交流发电机只需在较低的空载转速n_1时,就能达到额定电压值,具有低速充电性能好的优点,n_1常用来作为选择发动机传动比的主要依据。

(2) 交流发电机达到额定功率(或额定电流)n_2时的转速,称为负载转速,此时发电机额定电流一般为最大电流的70%~75%。

(3) 当转速达到一定值后,发电机的输出电流不再随转速的升高而继续加大。这时发电机输出的电流为最大值。所以交流发电机具有自身限制输出电流的能力。这是因为交流发电机定子绕组的感抗与频率成正比。当转速升高时,尽管定子绕组中的感应电动势增加,但此时定子绕组的阻抗也随转速的升高而增加;同时,定子绕组电流增加时,由于电枢反应的增强会使感应电动势下降。所以当发电机转速达到一定值时,发电机的输出电流几乎不再增加。这样可避免用电设备过多,用电量过大时造成发电机过载而损坏的危险。

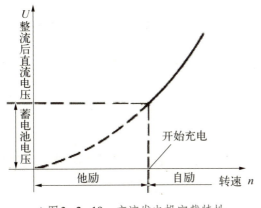

▲图3-2-19 交流发电机空载特性

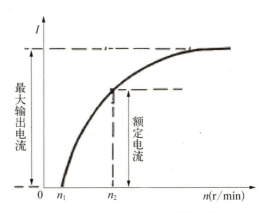

▲图3-2-20 交流发电机输出特性

3）外特性

外特性是指转速一定时交流发电机的端电压随输出电流的变化关系，如图3-2-21所示。

从图中可看出，随着输出电流的增加，发电机的端电压随之下降，因此，当交流发电机在高速运转时，如果突然失去大的负载，端电压会急剧升高，而使发电机中的二极管、电压调节器中的电子元件将有被击穿的危险或损坏用电设备，故不能采用"试火"的方法检查发电机是否发电，并且各个接线部位要可靠，特别是蓄电池的接线要可靠。

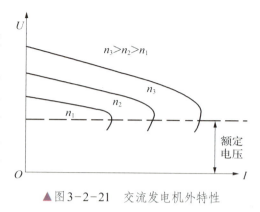

▲图3-2-21　交流发电机外特性

 要点提示

空载转速和负载转速是表示汽车交流发电机性能的主要指标，判断发电机性能是否良好，只要将测得的这两个数据，与规定值相比即可得出。

4. 交流发电机的型号

根据中华人民共和国汽车行业标准QC／T 73—93《汽车电气设备产品型号编制方法》的规定，汽车交流发电机的型号、分类、分组代号为，如图3-2-22所示：

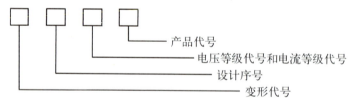

▲图3-2-22　交流发电机型号含义

1）产品代号

交流发电机的产品代号有 JF、JFZ、JFB 和 JFW 四种：

JF——表示普通交流发电机；

JFZ——表示整体式交流发电机；

JFB——表示带泵式交流发电机；

JFW——表示无电刷交流发电机。

2）电压等级代号和电流等级代号

分别用1位阿拉伯数字表示，其含义分别如表3-2-2、表3-2-3所示。

表3-2-2　电压等级代号

代　号	1	2	3	4	5	6
电压等级（V）	12	24				6

表3-2-3 电流等级代号

产品 \ 电流等级/A \ 分组代号	1	2	3	4	5	6	7	8	9
交流发电机 整体式交流发电机 带泵式交流发电机 无电刷交流发电机	~19	≥20 ~29	≥30 ~39	≥40 ~49	≥50 ~59	≥60 ~69	≥70 ~79	≥80 ~89	≥90

3)设计序号

按产品设计先后顺序,以1~2位阿拉伯数字组成。

4)变形代号

交流发电机以调整臂位置作为变形代号。从驱动端看:调整臂位置在中间不加标记;在右边时用Y表示;在左边时用Z表示。

例如:JF152,表示普通交流发电机,其电压等级为12 V、电流等级为$I \geqslant 50 \sim 59$ A,第二次设计。

例如:JFZ1913Z,为整体式交流发电机,电压等级为12 V、电流等级为≥90 A、第13次设计,调整臂在左边。

5. 交流发电机用电压调节器

交流发电机的输出特性告诉我们,转速达到一定值后,发电机的输出电流不再随转速的升高或负载的减小而增大,可见发电机具有自我限制输出电流的能力,故不需要对输出电流进行调节。由于发动机的转速是经常变化的,发电机的转速也随之改变,致使交流发电机的电压也随转速的变化而变化,而车辆用电设备通常要求电源提供恒定的电压,因此需要配有电压调节器。其作用是:自动调节发电机在不同转速时,使输出电压恒定在规定范围内。

交流发电机所用电压调节器种类较多,按其结构和工作原理可分为机械电磁振动式(触点)和电子调节器两大类。由于机械式调压器已淘汰,这里仅对其工作过程简单介绍。

1)机械电磁振动式电压调节器的构造及工作过程

(1)电压调节器的构造。

电磁振动式电压调节器的基本结构和组成如图3-2-23所示。

(2)电压调节器工作过程。

发动机起动时,接通点火开关,蓄电池提供励磁电流的电路为:

蓄电池正极→电流表→点火开关10→低速触点6→衔铁4→电刷→发电机励磁线圈→电刷→搭铁→蓄电池负极。由于此时发动机转速低,发电机的端电压低于蓄电池电压,此时励磁电流仍由蓄电池提供。

同时蓄电池还供电给调节器中的磁化线圈7,其电路为:

蓄电池正极→电流表→点火开关→R_1→调节器磁化线圈7→R_3→搭铁→蓄电池负极。由

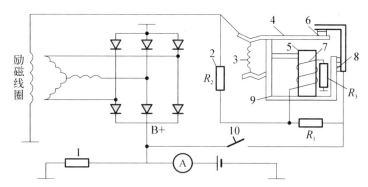

1—负载 2—附加电阻 3—弹簧 4—衔铁 5—铁芯 6—触点 7—调节器线圈 8—绝缘块 9—磁轭 10—点火开关

▲图3-2-23 普通单级式电压调节器

于蓄电池的12 V电压加在该线圈上产生的磁场吸力不足以克服弹簧3的拉力,故低速触点仍保持闭合。

发动机起动后或随着转速的增高,发电机的端电压上升到大于调节电压值时,磁化线圈中的电磁吸力克服弹簧拉力将触点吸开,从而使励磁电流不再经过低速触点,其电路为:

发电机正极→点火开关→R_1→R_2→电刷→发电机励磁线圈→电刷→搭铁→发电机负极。由于回路中接入了R_1、R_2电阻,励磁电流减小,使发电机端电压下降,而此时流过调节器磁化线圈的电流变小,电磁吸力变弱,于是触点在弹簧的作用下,重新闭合,从而使励磁电路又回到原先的状态。通过触点时开时闭,使发电机电压保持在一定的范围内。

2)电子式电压调节器

电磁振动式电压调节器由于存在触点、弹簧、铁芯、线圈等机械部分,不仅结构复杂、维修、调整不便,而且触点易烧蚀、氧化,使用寿命短;同时由于触点振动时存在机械惯性和电磁惯性,触点振动频率较低,因而调节精度差;此外触点振动时产生的火花还会干扰无线电,当前车辆上已很少使用该类调节器,取而代之都采用了电子式调节器。电子式调节器与电磁振动式调节器相比,具有结构简单、工作可靠(无触点、线圈、弹簧、铁芯等机械部分)、体积小、调节精度高(采用电子开关不存在机械和电磁惯性)、故障少、使用中无需维护、对无线电干扰小(无火花)等优点,所以得到了广泛的运用。

电子调节器有多种形式,根据安装位置的不同,大体可分为两种。一种是安装在外部,通过外接线路与发电机连接;一种是直接安装在发电机的内部,省去线路的连接,使得调节精度更高,性能更为可靠。如图3-2-24所示,图(a)、(b)、(c)分别为安装在发电机内部,并采用集成电路(IC)形式组成的电子调节器,(d)为安装在外部的电子调节器。

(1)晶体管电压调节器基本工作原理。

我们知道晶体三极管除了电流放大作用以外,还具有开关特性。所以无论是分体安装、还是与发电机组合在一起的电子调节器,尽管它们的外形不同,但基本原理都是一样,都是利用晶体管该特性与集成电路组成电子开关,串联在发电机的磁场电路中,根据发电机电压的高低,通过晶体管的导通或截止,控制流经发电机励磁绕组电流,达到调节发电机磁场的强弱,使发电机的电压稳定在规定的范围内。

由于车用交流发电机励磁绕组有内外接地之分,因此与之匹配的调节器也有内外接地两

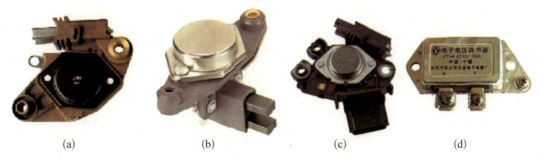

▲图3-2-24 不同形式的电子调节器

种类型,目前小型乘用车基本上都采用外接地形式居多。

（2）分体安装晶体管电压调节器。

如图3-2-26所示,为国产JFT106型晶体管调节器内部电路,其外形如图3-2-25中的(d)。该电压调节器通常与12VJF系列外接地形式的交流发电机配套使用。

调节器共有"+"、"F"、"−"三个接线柱,其中"+"接线柱与发电机"F_2"接线柱相连后经熔丝接至点火开关,"F"接线柱与发电机"F_1"接线柱相连,"−"接线柱搭铁。

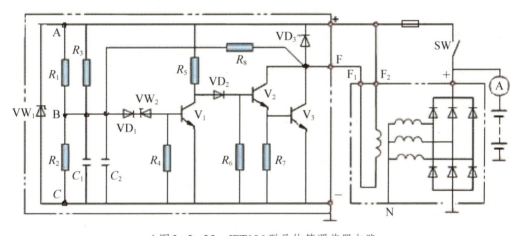

▲图3-2-25 JFT106型晶体管调节器电路

该晶体管电压调节器,是由电压信号检测、信号放大和控制以及功率开关三极管等三部分电路所组成,其工作过程如下:

电压信号检测电路是采集发电机的电压信号,并通过输入控制电路,将信号送至放大和控制电路。由电阻R_1、R_2、R_3和稳压管VW_2组成,电阻R_1、R_2、R_3构成分压电路,接于发电机输出端和搭铁端之间,用来检测发电机的输出电压U_B,从电阻R_1上取出总电压U_{AC}的一部分U_{AB}作为调节器输入信号电压,由于U_{AC}的变化与U_{AB}的变化成正比,U_{AB}可反映发电机的输出电压U_{AC}的高低。稳压管VW_2反向串联在晶体管V_1的基极回路中,控制晶体管V_1的导通和截止。

信号放大和控制电路将电压检测电路送来的信号进行放大处理后,用来控制功率三极管的导通和截止。晶体三极管V_1是小功率管,用来放大输入信号,并受稳压管VW_2控制,VW_2反向击穿而导通时,V_1有基极电流流过而使V_1饱和导通,从而构成信号的放大和控制。

功率开关三极管V_3串联在励磁绕组的接地端,用来控制励磁绕组的接通和切断。V_2、V_3组合成复合开关管,当V_2导通时,V_3基极就有电流流过,V_3就导通,接通了励磁电路。当V_2处于截止状态时,切断了V_3的基极电流,V_3就处于截止状态,切断了励磁电路。

（3）集成电路调节器。

集成电路式电压调节器也叫IC电压调节器,有全集成电路调节器和混合集成电路调节器两类。前者是将二极管、三极管、电阻、电容等电子元件同时制在一块硅基片上;后者是指由厚膜或薄膜电阻与集成的单片芯片或分立元件组装而成。该类集成电路调节器除了具有晶体管调节器的优点外,还有下列更突出的优点:

① 模块一般采用树脂或硅橡胶封装,能防潮、防尘、防油污等,并可在130℃的高温环境下正常工作。

② 由于内部无可移动元件,能承受较大的振动和冲击,使用寿命长。

③ 体积小、重量轻,抗电磁干扰能力强,可直接安装在发电机上,简化了接线,减少了线路损失,从而使发电机的实际输出功率提高5%～10%。

④ 能通过较大的励磁电流,且电压调节精度高,在调节转速范围内电压变化不大于0.1 V,这对于汽车上其他电子设备的正常工作很重要。

目前汽车上已广泛使用将交流发电机和集成电路调节器集成在一起的整体式交流发电机。由于集成电路调节器是安装在发电机上的,可直接检测发电机的输出电压,也可通过连接导线检测蓄电池的端电压的变化,调节发电机的输出电压。因而根据其电压检测点的不同,集成电路调节器可分为发电机电压检测法和蓄电池电压检测法两种。

- 发电机电压检测法:

基本线路如图3-2-26所示（发电机已发电）,加在分压器R_1和R_2上的电压是磁场二极管输出端L的电压U_L,由于检测点P加到稳压管VD_1两端的反向电压与发电机的端电压U_B成正比,U_L和发电机B端的电压U_B相等,所以这种线路称为发电机电压检测法。

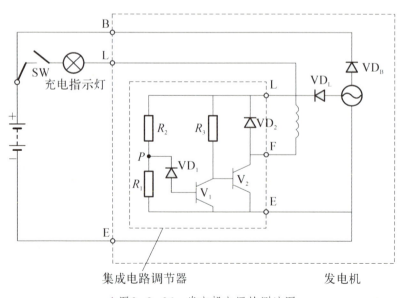

▲图3-2-26 发电机电压检测法图

- 蓄电池电压检测法：

基本线路如图3-2-27所示，该线路与上述不同的是加到分压器 R_1、R_2 上的电压为蓄电池端电压(图中，蓄电池正极通过S接柱，直接与 R_1 连接)，由于通过检测点 P 加到稳压管上的反向电压与蓄电池端电压成正比，所以这种线路称为蓄电池电压检测法。

上述两种基本路线中，采用"发电机电压检测法"时，发电机的引出线可以少一根，缺点是在"B"～"BAT"接线柱之间的电压降较大时，蓄电池的充电电压将会偏低，使蓄电池充电不足。因此，一般大功率发电机宜采用蓄电池电压检测法。但采用蓄电池电压检测法时，假设"B"到"BAT"之间或"S"～"BAT"之间断线时，由于不能检测出发电机的端电压，发电机电压将会失控。

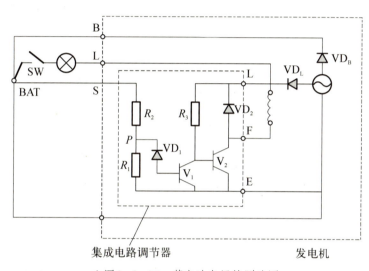

▲图3-2-27 蓄电池电压检测法图

3) 电子调节器的性能检查

(1) 分体安装电子调节器性能测试。

该类电子调节器的性能，可用可调直流稳压电源及试灯来测试，检查方法如图3-2-28所示，调节直流稳压电源，使其电压逐步增高时，试灯应逐渐变亮，当电压上升到调节器规定的电压时，试灯应熄灭(不同型号调节器的调节电压值有所不同)。再将电压逐渐降低时，试灯又点亮，并且试灯亮度随电压降低而逐渐减弱。如果电压超过调节电压值，试灯仍不熄灭或试灯一直不亮和试灯亮度不变化，都说明调节器有故障应更换。

(2) 集成式电子调节器性能测试。

集成式电子调节器的测试电路(注意：接线时应先查明调节器上各引脚的定义，不然会损坏调节器)，如图3-2-29所示，接通开关 SW_1、SW_2，调节可变直流稳压电源，使电压逐渐升高，直至试灯熄灭。此时直流电压表的数值就是调节器的调节电压值，通常该值在13.5～14.5 V范围内(应查看有关该种型号调节器的调节电压值)，否则说明该调节器有故障。

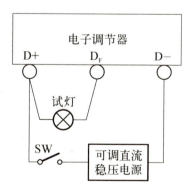

▲图3-2-28 分体安装电子调节器的测试

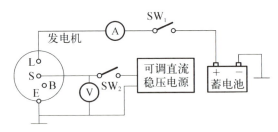

▲图3-2-29 集成式电子调节器的测试

 点 拨

（1）目前车上所用交流发电机基本都是整体式，分解时要注意其定子绕组的连接方式，有些是可拆的，有些是不可拆的。

（2）发电机定子绕组间的连接，有星形和三角形接法两种，通常大多数的车辆采用星形接法，只有大功率交流发电机采用三角形接法。

（3）电子调节器普遍采用整体封装技术，无需调整。

（4）采用BCM和ECM控制的交流发电机，如果发生故障，一般都作更换处理。

三、任务实施

1. 交流发电机的分解、组装和检测

1）器材准备

表3-2-4列出了交流发电机分解、组装和检测所需器材。

表3-2-4 交流发电机分解、组装和检测所需器材

序号	名称	所需器材	序号	名称	所需器材
1	交流发电机		4	套装工具	
2	转轴偏摆仪		5	工作台	
3	万用表		6	电烙铁	

2）发电机的分解

分解步骤1：拆除发电机防尘罩的固定螺母，取下防尘罩。

分解步骤2：拆除发电机电压调节器的固定螺钉，取下电压调节器。

分解步骤3：用电烙铁焊开定子线圈与整流器的焊接点，挑出定子线圈的引出端（4个）。

分解步骤4：拆除整流器固定螺钉，取下整流器。

分解步骤5：拆除后端盖的固定螺栓，取下后端盖（如果装配过紧，可用橡胶锤轻轻锤击后端盖的突缘）。

分解步骤6：拆除定子线圈的固定螺栓，取下定子线圈（取出定子线圈前做好记号）。

分解步骤7：将发电机固定在台虎钳上（用钳口夹具保护被固定端，以防受压变形），然后用套筒扳手拆除发电机皮带轮的固定螺母，取下皮带轮（如果装配过紧，则用拉姆专用工具拉出皮带轮）。

分解步骤8：用橡胶榔头轻轻锤击前端盖（如果装配过紧，则用拉姆专用工具拉出前端盖），使转子总成与前端盖分离。

3）主要部件检测

（1）转子：数字万用表欧姆R×200挡，检查励磁绕组的电阻，通常标准阻值为3～6Ω之间（具体视发电机而定）；R×200 K挡，检查滑环与轴的绝缘电阻，应为∞；检查滑环的表面应无烧蚀或起槽现象；滑环的厚度应＞1.5 mm；转子与定子的气隙为0.25～0.50 mm；最大不超过1 mm。

（2）定子：数字万用表欧姆R×200挡，检查定子（三相）绕组间导通电阻，应两两相通、电阻＜1Ω；R×200 K挡，检查定子线圈与定子铁芯的绝缘电阻，应为∞。

（3）整流二极管：数字万用表二极管挡，测量每个二极管正向导通时的管压降，通常为450～800 mV之间；反向应为∞。

（4）电刷：电刷的高度应＞7 mm；与滑环的接触面积应＞80%。

（5）元件板、接线柱的绝缘检查：拆去或焊开所有与二极管之间的连线，万用表欧姆R×200 K挡，分别检查绝缘元件板与接地元件板、绝缘元件板与接柱、绝缘元件板与外壳之间的绝缘电阻，应为∞。

（6）转子轴弯曲检测：测量前清洁和校对百分表，然后将百分表固定在偏摆仪上的专用夹具上（或磁性专用夹具）。移动活动顶尖座，使偏摆仪上两顶针分别抵住转轴两端中心工艺孔上（如图3-2-30所示）。

▲图3-2-30 转轴的定位

固定后的转轴应能正常转动而无摆差，然后调整百分表的测量头至转轴（中部）的表面，并应有一定的压缩量（0.50～1.00 mm），再调整百分表上的刻度盘至"0"或某一个方便读数的数值上，慢慢转动转轴进行测量，从百分表中读出转轴的实际摆差数值。

填写测量结果：

将所测转轴的摆差数值填写在表3-2-5的表格中，并根据转轴弯曲标准填写实测结果。

表3-2-5 转轴弯曲测量填写表

转 轴 名 称	径向圆跳动极限值(mm)	实测径向圆跳动数值(mm)	结　论

备注：发电机转轴对其轴线的径向圆跳动应＜0.10 mm

4）发电机的组装

（1）润滑发电机的转轴，将前端盖推入转轴（见分解步骤8）。

(2) 将发电机固定在台虎钳上(用钳口夹具保护被固定端,以防受压变形),安装并拧紧皮带轮的固定螺母(见分解步骤7)。

(3) 安装并拧紧发电机定子线圈固定螺栓(对齐原先做的标记,见分解步骤6)。

(4) 安装并拧紧后端盖固定螺栓(见分解步骤5)。

(5) 安装并拧紧整流器固定螺钉(见分解步骤4)。

(6) 用电烙铁焊上定子线圈与整流器的连接部位(见分解步骤3)。

(7) 安装并拧紧发电机电压调节器的固定螺钉(见分解步骤2)。

(8) 安装并拧紧防尘罩的固定螺母(见分解步骤1)。

(9) 旋转发电机皮带轮,应转动灵活、无碰擦。

2. 交流发电机的性能试验

1) 器材准备

表3-2-6列出了发电机性能测试所需器材。

表3-2-6 交流发电机性能测试所需器材

序号	名称	所需器材	序号	名称	所需器材
1	交流发电机		3	短接线	
2	转轴偏摆仪		4	套装工具	

2) 操作步骤与要求

(1) 发电机空载试验。

将发电机安放在试验台专用夹具上,调整专用夹具使发电机转轴与调速电机转轴同轴后紧固。

将转速换向开关、功能开关分别处于反转和发电机试验的位置上,检查调速手柄是否处于"0"位上,电压开关选择发电机挡,转速选择低速挡(1 000 r/min)。

用短接线将发电机"+"与"F"短接,试验台上附件线F1和F3连接发电机"−",F4连接发电机的"+"端。

合上总电源开关,顺时针慢慢转动调速手柄,转速随之上升。当调速电机转速为600 r/min时,用附件线F2触碰发电机"F"接柱(他激),待电压建立后,拆除F1、F2并放回原处,应注意防止短路,此时发电机自激。

继续转动调速手柄,同时观察转速表、电压表的数值。

要求：当发电机的端电压达到14 V时,转速应<1 000 r/min。

根据发电机在不同转速情况下的电压数值,填写和绘制发电机空载试验特性曲线(为便于绘制,转速和电压至少有一个为整数)参见附表3-2-7,并判断发电机空载试验结果。

(2) 发电机负载试验。

发电机空载试验合格后,调速电机停转,接入电压调节器,转速选择开关切换到高速挡,增加附件线F5与发电机的"+"相连接。

顺时针转动调速手柄,转速随之上升,用附件线F2激磁,待电压建立后,放好F1、F2,同时调节调速手柄和可调电阻器手柄(逆时针慢慢转动),当发电机的电压和输出电流达到额定值时,观察转速表、电压表、电流表的数值。

要求：发电机的端电压稳定在14 V、输出电流=额定功率/14 V,转速<2 500 r/min,并判断发电机负载试验结果。

试验结束,拆去所有连线,功能开关、调节手柄退回原位,切断电源。

表3-2-7 发电机空载特性试验单

转速(r/min)	电压(V)

结　论

要点提示

(1) 发电机转轴与调速电机转轴必须同轴度并连接可靠。
(2) 开机前检查调速手柄是否处于零位,开机后电机调速不要过猛。
(3) 空载试验时,转速表的指针不得超过指示值,以防表针打弯。
(4) 负载试验时,可调变阻器不得下调过快,以防烧毁可调变阻器。

四、拓展学习

1. 通用车系发电机的分解、检测和装配

1) 器材准备

通用车系交流发电机、数字万用表、维修手册、组合工具及专用工具、抹布、工作台、台虎钳等。

2）操作要求

（1）按维修手册有关要求分解和装配发电机。

（2）对发电机主要部件进行检测。

（3）操作结束,将所有设备设施恢复原状。

2. 丰田车系发电机的分解、检测和装配

1）器材准备

丰田车系交流发电机、数字万用表、维修手册、组合工具及专用工具、抹布、工作台、台虎钳等。

2）操作要求

（1）按维修手册有关要求分解和装配发电机。

（2）对发电机主要部件进行检测。

（3）操作结束,将所有设备设施恢复原状。

五、练习与检测

车用无刷交流发电机的分解、检测和装配

1. 器材准备

无刷交流发电机、数字万用表、组合工具及专用工具、抹布、工作台、台虎钳等。

2. 操作要求

（1）分解和装配无刷交流发电机。

（2）对发电机主要部件进行检测。

（3）操作结束,将所有设备设施恢复原状。

模块三　电源系统的检测

学习目标

1. 能阅读电源系统电路图。
2. 能完成电源系统电路的绘制。
3. 能完成电源电路系统的测试。
4. 能完成电源电路的检测。
5. 培养分析、思考、沟通和表达能力。

学习导入

同学们都知道,家里的用电设备越多,用电负荷就会越高,电的消耗越大,当然电费就会更高,尤其到了盛夏,空调、冰箱这些用电设备都开足了马力,每当这个时候我们精明的家长就会适当地调整这些用电设备的开机时间,以求得最优的性价比。

当今汽车上的用电设备也越来越多,这些设备的使用,也会增加电源系统的负荷,增加车辆的燃油消耗。那么同学们想知道,车辆上的这些用电设备由谁来管理吗?谁是电源系统的"管家"?如何来达到汽车电器使用时的经济性,同时又能保证驾乘人员的舒适性?

任务1　电源电路/系统测试

一、任务描述

汽车电源系统主要由蓄电池、发电机以及调节器等组成,其作用是向汽车上各用电设备供电,以满足汽车行驶时用电的需求。

二、任务准备

现今随着汽车上的电子装置增多,特别是舒适性的提高,意味着车上的用电设备越来越多,以往的电源系统工作方式已不能满足当前汽车的用电需求。所以当前汽车的电源系统的控制方式同以往相比有了很大的变化,变化如下:

（1）利用车身控制单元、发动机控制单元对充电系统采用了电源管理模式；

（2）在发电机内部增设了发电机控制装置，与采用外接方式的电压调节器集成一体；

（3）增设了蓄电池电流传感器，检测流经蓄电池的电流；

（4）采用发电机磁场占空比控制电路，当充电系统出现故障时，并有相关的故障代码；

（5）利用数据通信；根据对汽车电源的管理要求，在蓄电池的电压过低或蓄电池充电电压过低时，通过多级控制提高发动机的怠速以改善或调整发电机的发电量，以满足系统电气负荷的需要。

（6）根据整车电气负荷的需要，能使部分电器设备按周期的比例循环进入休眠状态，例如除霜器、加热型后视镜及座椅等。待蓄电池电压计算值符合用电需求时，再唤醒这部分的电器设备。

电源管理系统主要用于监测和控制充电系统，其组成如图3-3-1所示，利用车载控制单元的功能，使充电效率最大化，并对整车的电气负荷进行管理，改善和延长蓄电池的充电状态和寿命，减少对燃油经济性的影响。

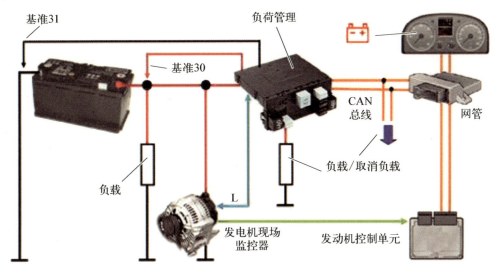

▲图3-3-1 采用电源管理模式的电源系统结构图

点拨

不同品牌车系的电源管理系统的电路图、线路连接及元器件表示方式都有所不同，因此，对电源系统进行线路检修前，必须熟读维修手册中有关此类电路的介绍，然后方可进行检修。

三、任务实施

1. 朗逸车电源系统电路的绘制

1）器材准备

朗逸车电源系统电路图（如图3-3-2、3-3-3、3-3-4所示），还有绘图工具等。

Lavida 朗逸　　基本配置电路图　　编号. 1/2

BCM 车身控制器、蓄电池、交流发电机、电压调节器

A — 蓄电池
B — 起动马达，在发动机舱左侧前方
C — 交流发电机，在发动机右侧前方
C1 — 电压调节器，在交流发电机内
J220 — Motronic 发动机控制单元，在发动机舱内排水槽中间
J519 — BCM 车身控制器，在仪表板左侧下方
J623 — 发动机控制单元，在发动机舱内排水槽中间
*SA1 — 保险丝 1，150 安培，交流发电机保险丝，在蓄电池盖保险丝支架上
/* SA1 — 保险丝 1，175 安培，交流发电机保险丝，在蓄电池盖保险丝支架上
SA3 — 保险丝 3，110 安培，仪表板左侧保险丝盒内 30 号总线保险丝，在蓄电池盖保险丝支架上
SA4 — 保险丝 4，40 安培，点火起动开关、起动机继电器保险丝，在蓄电池盖保险丝支架上
SA7 — 保险丝 7，40 安培，总线端 75 供电继电器保险丝，在蓄电池盖保险丝支架上
T2ax — 2 针插头，黑色，交流发电机插头
T4n — 4 针插头，黑色，在发动机舱内左纵梁前部右侧
T73b — 73 针插头，白色，BCM 车身控制器插头，在 BCM 车身控制器 B 号位
T80 — 80 针插头，黑色，Motronic 发动机控制单元插头
T94 — 94 针插头，黑色，发动机控制单元插头
(1) — 接地点，蓄电池-车身，在左前纵梁上
(9) — 接地点，自身接地
(290) — 连接线，在蓄电池负极线束内
**** (652) — 接地点，在起动机固定螺栓上
***** (652) — 接地点，在变速箱左侧支承上
(A39) — 正极连接线（30），在仪表板线束内
* — 用于配有 1.6L 发动机标识字母 CDE 的轿车
** — 用于配有 2.0L 发动机标识字母 CEN 的轿车
*** — 用于配有 1.4 TSI 发动机标识字母 CFB 的轿车
**** — 用于配有手动变速箱的轿车
***** — 用于配有自动变速箱的轿车

2009.10

▲图3-3-2　电源系统电路图(一)

Lavida 朗逸　　基本配置电路图　　编号. 1/3

BCM 车身控制器

J519 — BCM 车身控制器，在仪表板左侧下方
S5 — 保险丝 5，5 安培，BCM 车身控制器保险丝，在蓄电池盖保险丝支架上
SC1 — 保险丝 1，5 安培，左侧停车灯灯泡、左侧尾灯灯泡保险丝，在仪表板左侧保险丝支架上
SC2 — 保险丝 2，5 安培，右侧停车灯灯泡、右侧尾灯灯泡保险丝，在仪表板左侧保险丝支架上
SC3 — 保险丝 3，5 安培，后行李箱盖把手开锁按钮、后视镜调节开关照明、收音机、前座乘客侧车窗升降器开关、点烟器、轮胎压力监控按钮、牌照灯、Tiptronic 开关、车窗升降器开关照明灯泡、稳定程序按钮照明保险丝，在仪表板左侧保险丝支架上
T73a — 73 针插头，黑色，BCM 车身控制器插头，在 BCM 车身控制器 A 号位
T73b — 73 针插头，白色，BCM 车身控制器插头，在 BCM 车身控制器 B 号位
(A23) — 连接线，在仪表板线束内
(A38) — 连接线，在仪表板线束内
(A43) — 连接线，在仪表板线束内
(A51) — 连接线，在仪表板线束内
(A59) — 连接线，在仪表板线束内
(A68) — 连接线，在仪表板线束内

2009.10

▲图3-3-3　电源系统电路图(二)

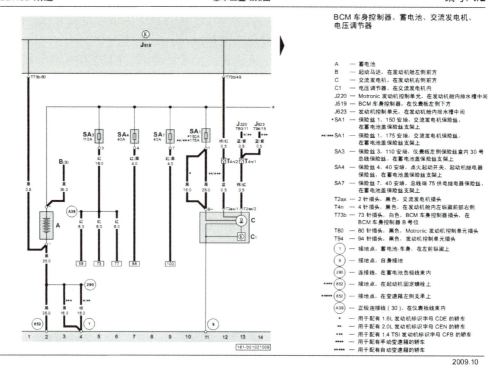

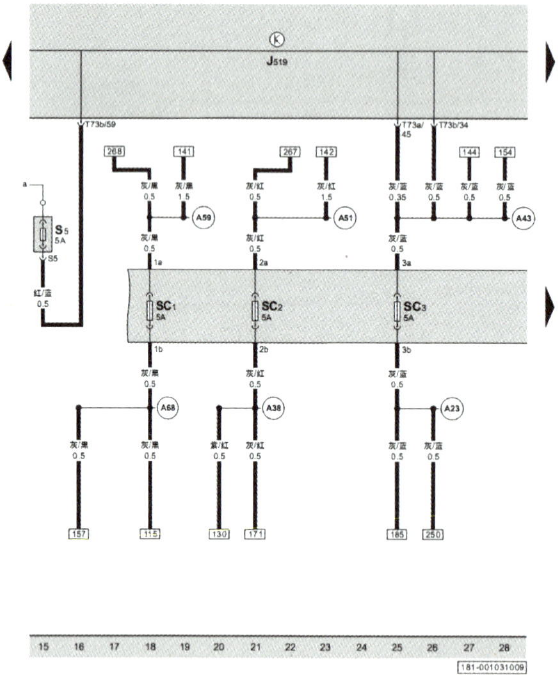

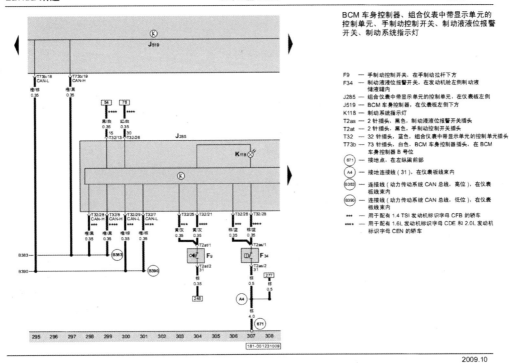

▲图3-3-4 电源系统电路图(三)

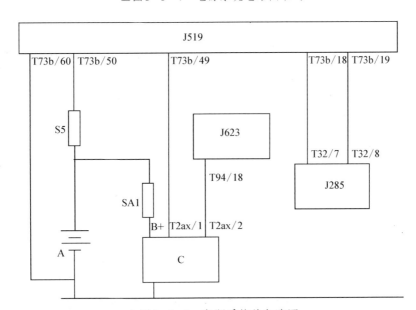

▲图3-3-5 电源系统总电路图

2) 操作步骤与要求

(1) 查阅该车电源系统电路,分析系统电路组成和走向。

(2) 使用绘图工具,绘制一张电源系统电路简图,如图3-3-5所示。

(3) 在简图上标注出有关元件的名称和针脚号。

2. 朗逸车电源电路/系统测试

1）器材准备

表3-3-1列出了电源电路/系统测试所需器材。

表3-3-1 电源电路/系统测试所需器材

序号	名称	所需器材	序号	名称	所需器材
1	朗逸整车		4	车身护布	
2	套装工具		5	金德(208)接线盒	
3	维修手册		6	数字万用表	

2）操作步骤与要求

（1）查看维修手册中有关系统电路组成、插接器安装位置、针脚号和导线颜色。

（2）根据电路图和总电路图，在元件上找到对应的针脚号。

（3）按电路走向脱开相应插件，用万用表和T型线测试电路的导通，测试方法如图3-3-6所示。

（4）描述电源电路/系统测试过程。

（5）操作结束后，车辆、测试设备恢复原状。

▲图3-3-6 控制单元针脚号测试例解

四、拓展学习

卡罗拉车电源电路/系统测试

1. 器材准备

表3-3-2列出了电源电路/系统测试所需器材。

表3-3-2 电源电路/系统测试所需器材

序号	名称	所需器材	序号	名称	所需器材
1	卡罗拉整车		4	车身护布	
2	套装工具	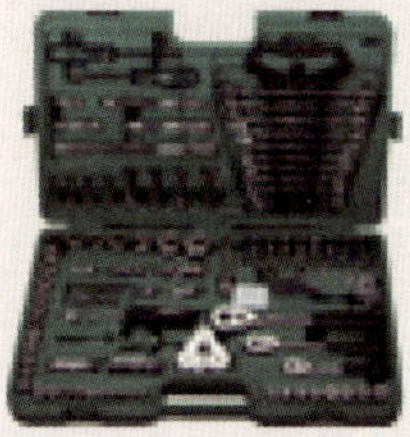	5	维修手册	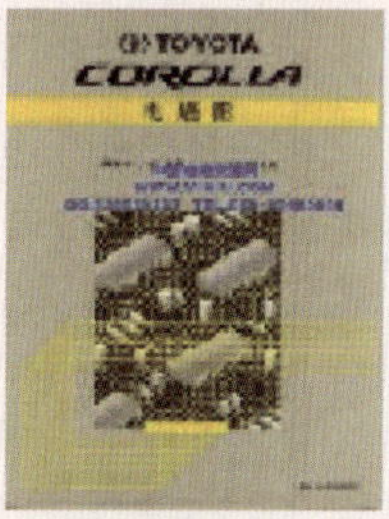
3	金德(208)接线盒	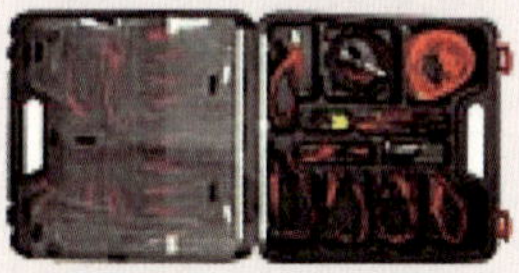	6	数字万用表	

2. 操作步骤与要求

(1) 查阅该车电源系统电路,分析系统电路组成和走向。
(2) 使用绘图工具,绘制一张电源系统电路简图,标注有关元件的名称和针脚号。
(3) 查看维修手册中有关系统电路组成、插接器安装位置、针脚号和导线颜色。
(4) 根据电路图和电路简图,在元件上找到对应的针脚号。
(5) 按电路走向脱开相应插件,用万用表和T型线测试电路的导通。
(6) 描述电源电路/系统测试过程。
(7) 操作结束后,车辆、测试设备恢复原状。

五、练习与检测

威朗车电源电路/系统测试

1. 器材准备

表3-3-3列出了电源电路/系统测试所需器材。

表3-3-3　电源电路/系统测试所需器材

序号	名称	所需器材	序号	名称	所需器材
1	威朗整车		4	维修手册	
2	套装工具	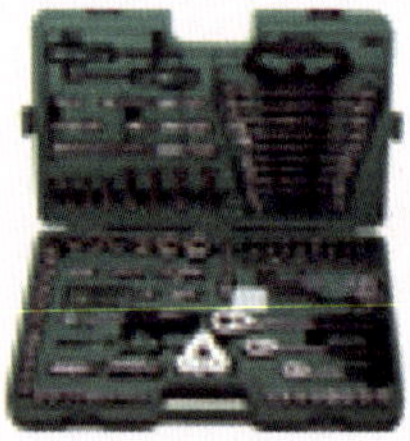	5	车身护布	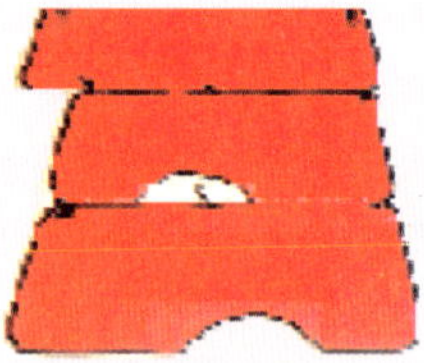
3	金德(208)接线盒		6	数字万用表	

2. 操作步骤与要求

（1）查阅该车电源系统电路,分析系统电路组成和走向。
（2）使用绘图工具,绘制一张电源系统电路简图,标注有关元件的名称和针脚号。
（3）查看维修手册中有关系统电路组成、插接器安装位置、针脚号和导线颜色。
（4）根据电路图和电路简图,在元件上找到对应的针脚号。
（5）按电路走向脱开相应插件,用万用表和T型线测试电路的导通。
（6）描述电源电路/系统测试过程。
（7）操作结束后,车辆、测试设备恢复原状。

任务2 电源系统的检测

一、任务描述

相信同学们的手机里都装有手机管家这类APP吧,它的功能里就有手机电池管理,可以查看手机电池电量、温度、充电时间等信息,还可以对电量使用进行分配进入省电模式。

现今我们汽车上的电源管理系统也具有相似的功能,如:优化起动性能、蓄电池诊断、休眠电流管理、动态电源管理系统等,因此保证电源系统正常工作,对车辆的使用而言是十分重要的。

电源系统故障主要表现为不充电、充电电流过小、充电电流过大、充电电流不稳定等现象。通过对电源系统的检测,可以判断和掌握系统的工作情况,减少故障的发生率。

二、任务准备

汽车电源管理的功能和组成:

电源管理主要用于监测和控制充电系统,改善蓄电池充电状态、延长蓄电池寿命和管理系统电气负荷,并提醒驾驶员充电系统中可能存在故障。

如图3-3-7就是采用电源管理模式的电源系统电路,从图可知该车电源系统是由蓄电池、发电机带集成式控制装置、蓄电池电流传感器、点火开关、车身控制单元、发动机控制单元、组合仪表、大容量保险丝和数据通信网关和数据通信线等组成。

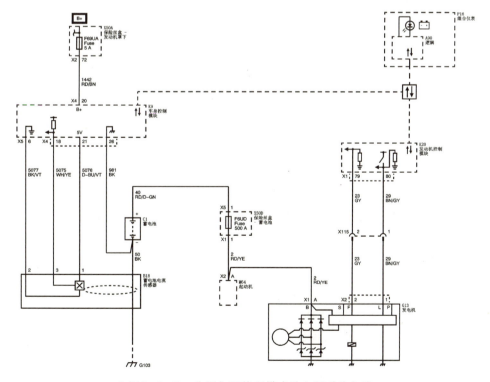

▲图3-3-7 采用电源管理模式的电源系统电路

其工作过程如下：

发动机起动后，车身控制单元根据蓄电池电流传感器的信号，开始监测电源系统的充电状态，当检测到当前的充电状态与发动机运行时充电状态之间误差达到30%或放电电流大于2 A时（静态时充电指示灯不点亮），设置相应的故障代码。平时检查时可用故障诊断仪比较先前的充电状态和起动后充电状态的参数，正常的差值应小于30%。如大于30%，则根据维修手册进行修理。

发动机起动后，发动机控制单元接通发电机控制电路（L端），并用发电机磁场占空比方式控制发电机的励磁线圈（F端）电路（正常的占空比处于5%～95%之间），发电机开始供电，此时发动机控制单元开始控制发电机的输出负荷。发动机控制单元会持续检测发电机控制电路是否处于低电压或高电压，及磁场占空比信号是否小于5%，如不符合上述检测值时（充电指示灯点亮），会设置不同的故障代码。当发电机控制电路持续出现低电压或高电压故障时，检查内容有发电机控制电路、发动机控制单元和发电机等；当出现磁场占空比故障时，应用诊断仪检查发电机磁场端子信号的参数（静态和动态），正常值在5%～95%之间。如小于5%，则根据维修手册进行修理。

平时除了上述这些检查以外，还应对蓄电池的寄生负载、充电系统和发电机噪声进行测试和诊断。

点拨

目前小型乘用车电源系统的检修方式与以往有很大的不同，当电源系统出现故障时，除了检查以外还需用仪器进行诊断，然后才能实施检修。

三、任务实施

1. 雪佛兰科鲁兹车蓄电池/寄生电流的检测

1）器材准备

表3-3-4列出了蓄电池/寄生电流检测所需器材。

表3-3-4 蓄电池/寄生电流检测所需器材

序号	名称	所需器材	序号	名称	所需器材
1	科鲁兹整车		2	维修手册	 上海通用汽车 SHANGHAI GM 2013款雪佛兰科鲁兹维修手册

(续表)

序号	名称	所需器材	序号	名称	所需器材
3	车身护布	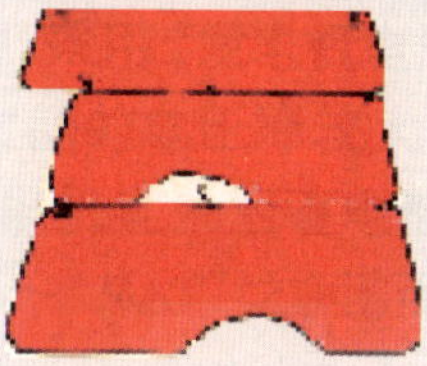	5	数字万用表	
4	套装工具	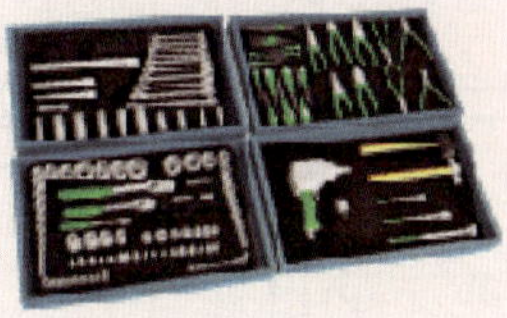	6	诊断仪	

2）操作步骤与要求

（1）查阅维修手册相关内容，按照维修手册要求操作。

（2）关闭车上所有用电设备，关闭所有车门（如要打开车门进行测试，必须关闭车门锁闩/微开开关）。

（3）安放车内外身三件套，关闭点火开关并取下钥匙，断开蓄电池负极电缆。

（4）将万用表设置到直流电流挡（10 A），黑表棒与蓄电池负极连接，红表棒与蓄电池的正极电缆连接。

（5）查看万用表上显示的数值（寄生放电电流）是否低于 30 mA。

（6）如果高于规定数值范围，则参见"电路/系统测试"（见下图说明）。

（7）然后按照"电路/系统测试"要求，逐步进行测试，确诊故障范围。

（8）按照修理指南执行"诊断修理检验"。

（9）操作结束，车辆、设备恢复原状。

电路/系统测试

注意：

- 拆下或安装保险丝、继电器或连接器来判断引起高寄生电流的区域可能会唤醒控制模块。在重新设置前，必须等待控制模块返回休眠状态。诊断完成后，最好安装所拆下或断开的组件。
- 应最后拆下电源模式总部件保险丝如车身控制模块，以避免误诊断。
- 如果故障诊断仪连接至数据链路连接器，则将其断开或将数字式万用表读数减去故障诊断仪当前电流读数以得到实际的车辆寄生放电电流。如果车辆寄生放电电流读数过大时，逐个拆下保险丝直至放电电流下降到可接受水平。当使用单个系统或电路时，下降超过 10～20 mA 指示放电电流过高，可能引起蓄电池放电。参见"电源分布示意图"，以准确诊断可疑系统中哪条电路引起寄生放电过高。以下为可能引起较大电流消耗的常见部件如下所列：

开关卡滞、电器卡滞、控制模块。

▲ 蓄电池放电/寄生负载测试中有关电路系统测试方法

点拨

1. 寄生电流偶尔会增大,只要在1 s之内恢复,都属正常情况。
2. 在车门打开测试时,应同时关闭车门锁闩/微开开关。

1. 当蓄电池亏电或充电系统有故障时,是否还需要测试?为什么?
2. 车门打开测试时,如果未关闭车门锁闩/微开开关,请问:对测试有无影响?为什么?

2. 雪佛兰克鲁兹车充电系统检测

1)器材准备

表3-3-5列出了充电系统检测所需器材。

表3-3-5 充电系统检测所需器材

序号	名称	所需器材	序号	名称	所需器材
1	科鲁兹整车		4	套装工具	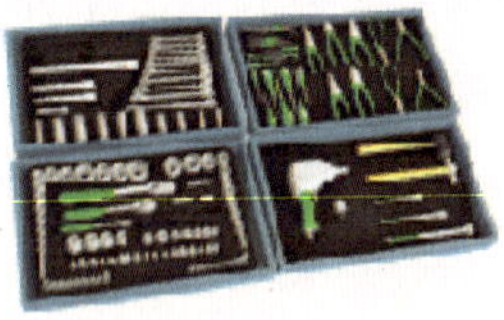
2	维修手册		5	数字万用表	
3	车身护布	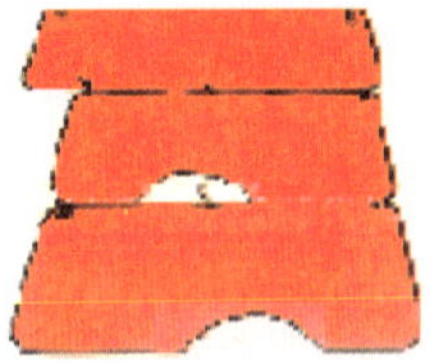	6	诊断仪	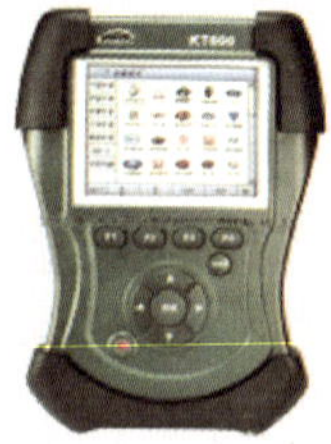

2)操作步骤与要求

(1)挂P挡,拉起手制动,安放车内、车外三件套。
(2)降下车窗,取下钥匙,测试蓄电池端电压(12.4~12.8 V)。

（3）检查发电机传动皮带是否有老化、皲裂，各运转件与车上附件有无碰擦和干涉。

（4）连接诊断仪，打开点火开关，查看起动前充电指示灯情况（先点亮后熄灭）。

（5）使用诊断仪查看静态时充电系统或蓄电池电流传感器是否有故障代码及相关电压参数，然后退出诊断。

（6）起动发动机，查看起动后充电指示灯情况（应熄灭）。

（7）使用诊断仪查看动态时是否有充电故障代码及相关电压参数。

（8）发动机加速至2 500 r/min，诊断仪动态查看轻载时，蓄电池电压是否介于12.6～15.0 V之间，如果不在规定范围内，则更换发电机。

（9）发动机仍维持在2 500 r/min，打开车上所有用电器，诊断仪动态查看全载时，蓄电池电压是否介于12.6～15.0 V之间，如果不在规定范围内，则更换发电机。

（10）操作结束，车辆、设备恢复原状。

四、拓展学习

雪佛兰科鲁兹车发电机噪声的检测

1. 器材准备

表3-3-6列出了发电机噪声检测所需器材。

表3-3-6　发电机噪声检测所需器材

序号	名称	所需器材	序号	名称	所需器材
1	科鲁兹整车	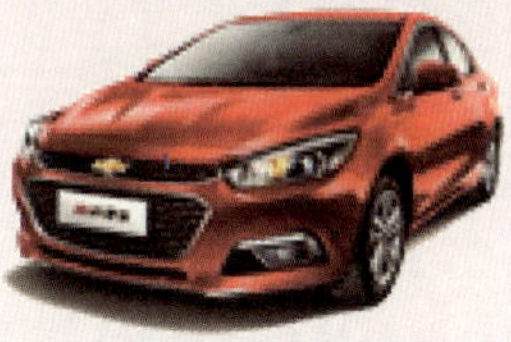	4	套装工具	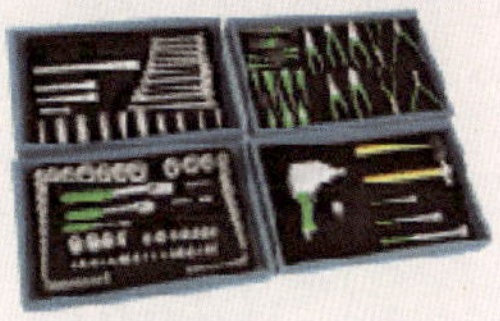
2	维修手册		5	数字万用表	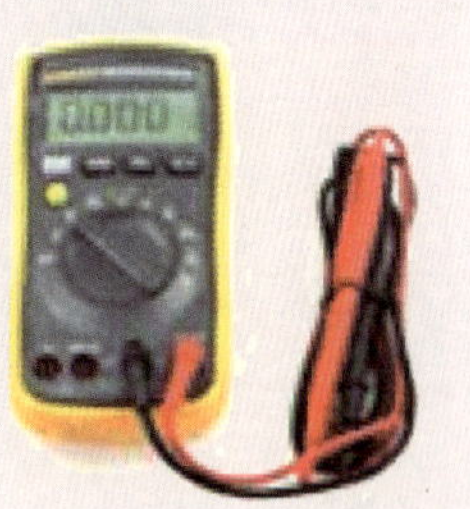
3	车身护布	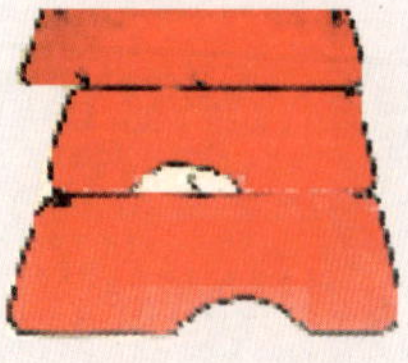	6	噪声听诊器	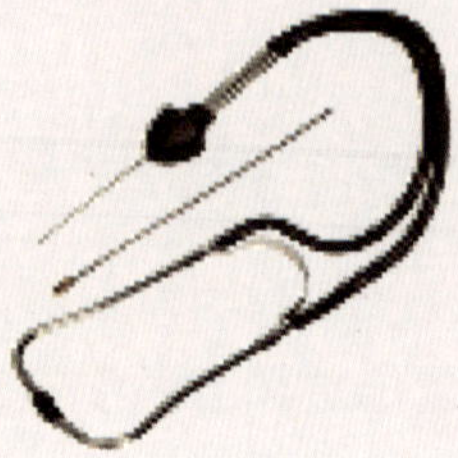

2. 操作步骤与要求

（1）查阅维修手册关于发电机噪声诊断的内容。
（2）根据操作要求对发电机噪声进行检测。

1. 哪些原因会造成发电机噪声？
2. 如果不及时处理发电机噪声，对车辆会有哪些损害？

五、练习与检测

威朗车蓄电池/寄生电流的检测

1. 器材准备

表3-3-7列出了蓄电池/寄生电流检测所需器材。

表3-3-7　蓄电池/寄生电流检测所需器材

序号	名称	所需器材	序号	名称	所需器材
1	威朗整车		4	维修手册	
2	数字万用表		5	车身护布	
3	套装工具		6	KT720诊断仪	

2. 操作步骤与要求

（1）查阅维修手册关于蓄电池/寄生电流检测的内容。
（2）根据操作要求对蓄电池/寄生电流进行检测。

除了拔出保险丝的方法，你觉得还能用何种方法来确定寄生负载？

项目四 汽车起动系统检修

汽车起动系统主要由蓄电池、起动机、点火开关、熔丝、起动继电器、导线等组成,如图4-0-1所示。当点火开关置于"START"挡时,电流流经起动继电器内的电磁线圈,吸合触点,使起动机上的电磁开关闭合,起动机工作。目前汽车电子控制装置日渐增多,起动系统也不例外,其组成在原有的基础上,增设了控制单元、变速器挡位模式开关或离合器踏板位置传感器,改变了以往的控制方式,使得起动时车辆更安全,同时车辆使用钥匙起动的方式也发生了变化,出现了无钥匙的起动方式。

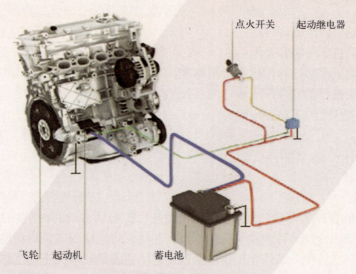

▲图4-0-1 汽车起动系统

导学

汽车发动机在进入正常运转之前必须借助外力来起动,起动系统将蓄电池的电能转化为机械能,实现发动机的起动,因此起动系统若发生故障将导致发动机无法起动或起动困难。在检修过程中,要求你不仅知道起动系统的组成,并能识读和分析起动系统的电路,掌握起动机的更换、拆装及检测、系统电路连接和故障排除等操作技能,如图4-0-2所示。

▲图4-0-2 连接线路和排除故障技能

模块一　起动机分解、组装和检测

1. 能识别起动机的组成部件。
2. 能完成起动机的分解和装配。
3. 能记住起动机零部件的作用和检测标准。
4. 能完成起动机零部件和转子轴弯曲的检测。
5. 培养分析、思考、沟通和表达能力。

发动机必须依靠外力带动曲轴旋转后,才能进入转动状态,通常把发动机在外力的作用下,开始转动到运转的过程,称为发动机的起动。起动系统的作用就是供给发动机曲轴转动的转矩,当发动机起动后,便立即停止工作。所以说起动系统是发动机正常工作必不可少的组成部分,而起动机是起动系统的重要组成部分。那么你知道起动机的形状是怎样的?它是由哪些零部件组成?你会学着分解和装配起动机吗?通过以下任务的学习,你将学会有关此类知识并掌握相关的技能。

任务1　起动机的分解和组装

一、任务描述

车辆上的起动系统主要由蓄电池、起动机、点火开关及控制电路等组成。起动机在点火开关和起动继电器的控制下,将蓄电池的电能转化为机械能,带动发动机飞轮上的齿圈使曲轴转动,完成发动机的起动。本任务内容主要通过起动机的分解和装配,让你掌握起动机的内部结构、组成及拆装技能。

二、任务准备

1. 起动机

起动机在汽车上安装位置如图4-1-1所示，常见的起动机主要有以下三种：

1) 电磁控制强制啮合式起动机（常规起动机）

磁极采用电磁铁，传动机构一般由驱动齿轮、单向离合器和拨叉等组成。

2) 永磁起动机

其工作原理与常规起动机相同，但该类电动机的磁极用永磁材料制成，取消了磁场线圈，使其结构简化、体积变小、质量减轻。

3) 减速起动机

该类起动机采用高速、小型和低力矩电动机，在传动机构中设有减速装置，可以放大输出力矩。质量和体积比普通起动机可减小30%～35%，但结构和工艺比较复杂，起动机由直流串励电动机、传动装置和控制机构组成。

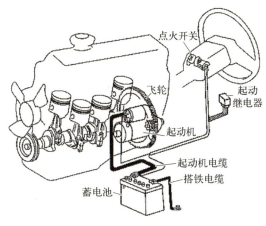

▲图4-1-1　起动机在车上安装位置

2. 常规起动机的结构和工作原理

常规起动机一般由直流串励电动机、传动机构和控制装置（又称电磁开关）三部分组成，如图4-1-2所示。

1) 直流串励电动机

主要由壳体、磁场线圈、磁极铁芯、转子总成和电刷组件等部件组成，如图4-1-3所示，其作用是产生转矩。

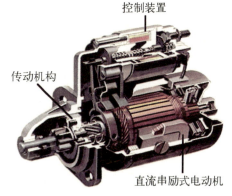

▲图4-1-2　起动机结构

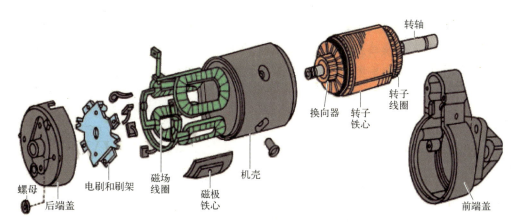

▲图4-1-3　直流串励电动机结构

2）传动机构

传动机构（啮合机构）一般由驱动齿轮、单向离合器、拨叉、复位弹簧等组成，其作用是在发动机起动时，使驱动齿轮啮入飞轮齿圈，将起动机的转矩传递给发动机曲轴，而发动机起动后，使驱动齿轮打滑或与飞轮齿圈自动脱离啮合，其啮合过程如图4-1-4所示。

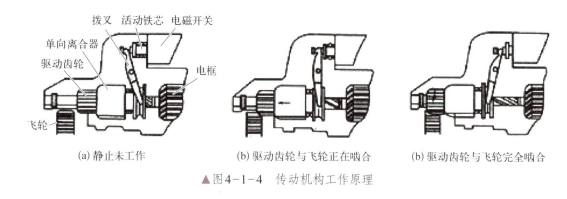

▲图4-1-4 传动机构工作原理

单向离合器有滚柱式、摩擦片式、弹簧式等类型，其中滚柱式单向离合器是最常用的，如图4-1-5所示为滚柱式单向离合器的结构。

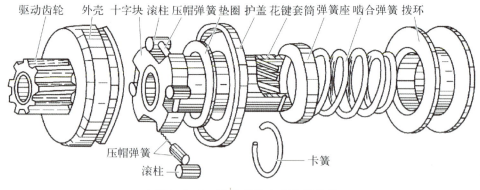

▲图4-1-5 滚柱式单向离合器结构

3）控制装置

控制装置又称电磁开关，主要由保位线圈、吸引线圈、复位弹簧、活动铁芯、静铁芯、接触片等组成，如图4-1-6所示。其作用是接通和切断电动机与蓄电池之间的电路，控制驱动齿轮与发动机飞轮齿圈的啮合与分离。

4）工作原理

直流电动机是将电能转变为机械能的设备，它是根据通电导体在磁场中受到电磁力作用这一基本原理进行工作的，因此在电源保持对电动机供电时，电枢就不停地按同一方向转动。直流串励电动机其原理简图如4-1-7所示。由于一个线圈所产生的转矩太

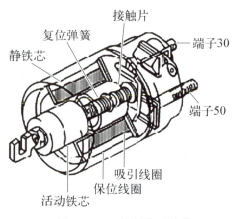

▲图4-1-6 控制装置结构

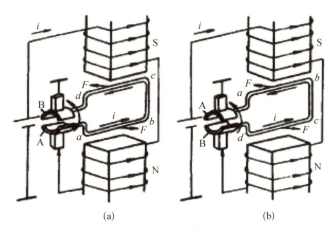

(a) 线圈中的电流方向为 $a \rightarrow d$　　(b) 线圈中的电流方向为 $d \rightarrow a$

▲图4-1-7　直流串励电动机原理简图

小,转速又不稳定,因此实际电动机的电枢采用多匝线圈,换向片的数量随绕组匝数的增多而增加。

3. 减速起动机结构和特点

1) 结构

减速起动机的组成如图4-1-8所示。

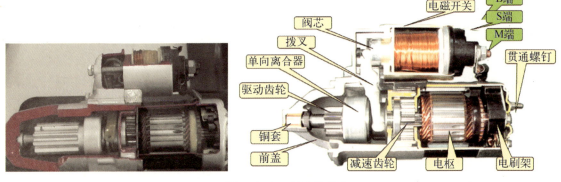

▲图4-1-8　起动机结构

2) 特点

减速起动机与普通电磁控制强制啮合式起动机没有本质的区别,只是在起动机转子和驱动齿轮之间加装了一套减速齿轮机构,改变了以往单根长轴输出转矩的结构,现为两根独立的短轴,即转轴和装有驱动齿轮的传动轴,转轴通过齿轮将转矩传递给传动轴,再通过传动轴上的驱动齿轮带动发动机飞轮上的齿圈。由于电枢轴变短,转轴不易出现弯曲,而且转轴的两端采用滚珠轴承支撑,也不易磨损,延长了起动机的使用寿命,所以目前应用最为广泛。

通常此类电动机电枢的转速较常规电枢的转速来得高,通过减速机构使驱动齿轮的转速降低,从而使转矩增大。如图4-1-9所示,为行星齿轮式减速机构。

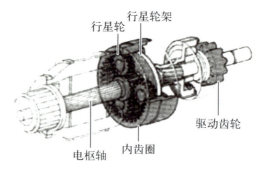

▲图4-1-9 行星齿轮式减速机构

 点 拨

（1）在电枢与驱动齿轮间装有减速机构的起动机，称为减速起动机。

（2）减速起动机的减速机构有外啮合式、内啮合式、行星齿轮式等三种不同形式。输出功率小的起动机，常采用外啮合式，输出功率大的起动机采用内啮合式或行星齿轮式。

（3）行星齿轮式减速机构具有结构紧凑、传动比大、效率高、输出轴与转子轴同轴线、相同旋向等优点，因而得到更广泛的应用。

4. 起动机的特性

1）起动特性

（1）起动转矩。

起动机要有足够大的转矩来克服发动机初始转动时的各种阻力矩，起动阻力矩主要有：来自发动机内部摩擦阻力矩、压缩阻力矩和惯性阻力矩。

（2）最低起动转速。

在一定温度下，发动机能够起动的最低曲轴转速，汽油机一般约为100～150 r/min。起动机传给发动机的转速要大于发动机起动的最低转速。若低于这个转速，会使发动机内气流速度过低，可燃混合气形成不充分，还会使压缩行程的散热损失和漏气损失增加，导致发动机不能起动。

（3）起动功率。

起动机所具有的功率应和发动机起动所必需的起动功率相匹配，而蓄电池的容量应与起动机的功率应成正比。

（4）起动极限温度。

当环境温度低于发动机起动极限温度时，应适当采取起动辅助措施：如加大蓄电池容量；或对蓄电池采取保温措施，或对进气加热等等。

2）工作特性

起动机的转矩、转速、功率与电流的关系称为起动机的特性曲线，如图4-1-10所示，图中M为转矩特性、n为转速特性、P为功率特性、I为流经电枢的电流。

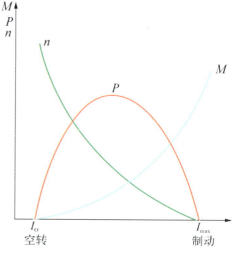

▲图4-1-10 起动机特性曲线

(1) 转矩特性。

在起动瞬间,此时电流 I_{MAX} 最大,转速 n 为零,起动机类似于制动状态,所以转矩 M 最大,使得发动机易于起动,这也就是汽车起动机采用串励电动机的主要原因之一。

(2) 转速特性。

我们从转矩特性曲线可以知道,串励电动机在输出转矩较大时,电枢电流也随之增大,电动机转速随电流的增加而下降,反之在输出转矩较小时,转速又随电枢电流的减小而上升。此时电流 I_0 称为空转电流,转速 n 为空转转速。

(3) 功率特性。

从特性曲线图中同样我们可以看出,当电动机处于制动时,转速和输出功率为零,但转矩达到最大值。而当空载时电流最小,转速最高,输出功率也为零。只有在电枢电流接近制动电流的一半时,起动机的输出功率 P 最大,亦可称为起动机的额定功率。

通常起动机检修后或在生产中常常通过空转和全制动这两项试验来判断起动机的工作是否正常,只不过该试验应在专用的试验台上进行。

点 拨

(1) 空载和制动试验常被用来检验起动机是否有故障。
(2) 空载试验时如转速低于规定值,同时电流大,说明机械部分有故障。
(3) 制动试验时,如电压和电流正常但转矩下降,说明内部电路有故障。

三、任务实施

减速式起动机的分解和组装

1. 器材准备

表4-1-1列出了减速式起动机分解和组装所需器材。

表 4-1-1　减速式起动机分解和组装所需器材

序号	名　称	所需器材	序号	名　称	所需器材
1	减速式起动机		3	橡胶锤	
2	工作台		4	套装工具	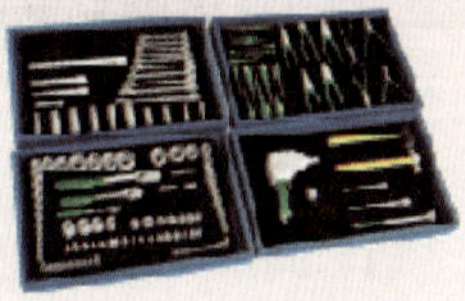

2. 操作步骤及要求

1) 起动机的分解

分解步骤1：拆除电磁开关上磁场线圈引出线的固定螺母，挑出引出线。

分解步骤2：拆除电磁开关固定螺栓（2个），取下电磁开关。

分解步骤3：拆除电刷架定位在后端盖上的螺钉（2个）。

分解步骤4：拆除前、后端盖的固定螺栓（2个），取下后端盖。

分解步骤5：取下定子总成。

分解步骤6：取出转子总成。

分解步骤7：将减速装置与前端盖分离，分解结束。

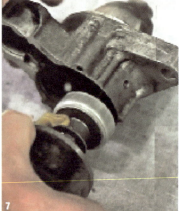

2) 起动机的组装

（1）润滑驱动齿轮转轴，将减速装置装入前端盖（见分解步骤7）。

（2）将起动机转子装入定子总成内（见分解步骤6）。

(3) 将转定子总成装入减速装置内(见分解步骤5)。
(4) 安装并拧紧后端盖固定螺栓(见分解步骤4)。
(5) 安装并拧紧电刷架定位螺钉(见分解步骤3)。
(6) 安装并拧紧电磁开关(见分解步骤2)。
(7) 安装并拧紧磁场线圈引出线固定螺母(见分解步骤1)。
(8) 操作结束,所有设施、设备恢复原状。

四、拓展学习

电磁强制啮合式起动机的分解和组装

1. 器材准备

表4-1-2列出了电磁强制啮合式起动机分解和组装所需器材。

表4-1-2 电磁强制啮合式起动机分解和组装所需器材

序号	名称	所需器材	序号	名称	所需器材
1	起动机	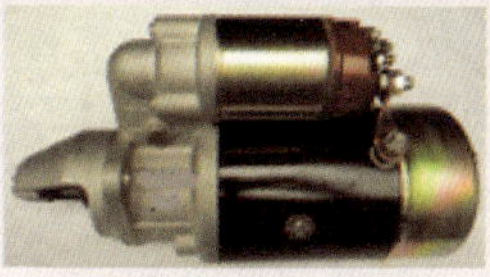	3	橡胶锤	
2	工作台	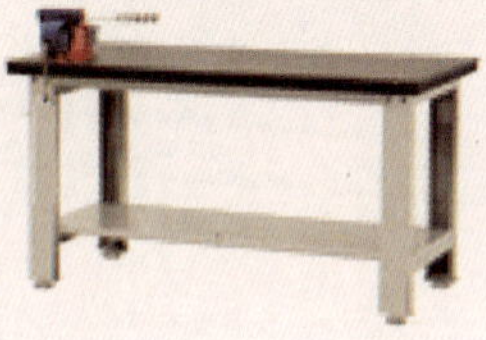	4	套装工具	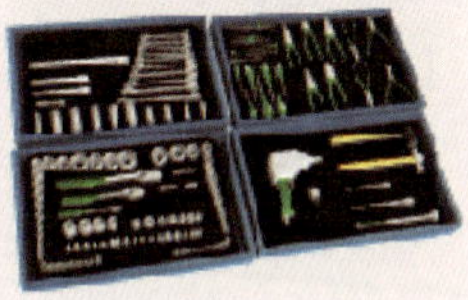

2. 操作步骤及要求

1) 起动机的分解

(1) 分别拆下电磁开关主接线柱与磁场线圈接线柱之间的导电片上的螺母,取下导电片。
(2) 拆下电磁开关与前端盖固定螺栓,取下电磁开关。
(3) 拆下后罩盖上固定螺钉,取下后罩盖。
(4) 用钢丝钩从电刷架上挑开4个电刷,拆下端盖固定螺栓,取下后端盖并拆下后端盖上两个接地电刷,依次取下机壳及转轴后部的衬片。
(5) 拆下拨叉销轴螺母,取出拨叉销轴。
(6) 从前端盖上取下转子总成和拨叉。
(7) 用专用轴套抵住转轴前端定位套,敲击轴套,使定位套向后滑动露出卡环,拆下卡环,取出定位套、驱动齿轮、中间支承板后与转子轴分离。
(8) 清洁所有拆下的部件并润滑轴套、花键等转动部位。

2)起动机的组装

(1) 在转子轴上按顺序装入中间支承板(注意安装方向)、驱动齿轮、定位套(注意安装方向),装上卡环,用小型三脚拉头箍住定位套向前滑动使卡环嵌入定位套的槽内。

(2) 将拨叉(注意安装方向)插入驱动齿轮的传动套筒槽内,与转子一起装入前端盖,并用拨叉销轴将拨叉定位在前端盖上,拧紧螺母。

(3) 调整中间支承板在前端盖上的位置,装上机壳(注意标记)、转轴衬片、后端盖(注意标记),用螺栓固定前后端盖。

(4) 装入4个电刷(注意其中两个电刷应有可靠的绝缘),装上后罩盖。

(5) 装上电磁开关(注意安装方向)及导电片并用螺母拧紧。

(6) 操作结束,所有设施、设备恢复原状。

五、练习与检测

1. 雪佛兰科鲁兹车用起动机的分解和组装

1) 器材准备

表4-1-3列出了起动机分解和组装所需器材。

表4-1-3 雪佛兰科鲁兹车用起动机分解和组装所需器材

序号	名称	所需器材	序号	名称	所需器材
1	起动机		3	橡胶锤	
2	工作台		4	套装工具	

2) 拆装要求

(1) 按顺序正确分解和装配起动机。

(2) 组装过程中应防止错装和漏装。

(3) 装配后的起动机应能正常转动,没有异响或不能转动等异常情况。

3) 操作要求

(1) 请你运用已学过的知识和技能,对起动机进行分解并写出分解步骤。

(2) 分解过程中及时做好记号或标记,以防组装错误。

(3) 根据所学知识,识别零部件的名称和结构后,正确进行组装并能正常转动。

(4) 操作结束,将所有设施、设备恢复原状。

2. 朗逸车用起动机的分解和组装

1) 器材准备

表4-1-4列出了起动机分解和组装所需器材。

表4-1-4 朗逸车用起动机分解和组装所需器材

序号	名称	所需器材	序号	名称	所需器材
1	起动机		3	橡胶锤	
2	工作台		4	套装工具	

2) 拆装要求

(1) 按顺序正确分解和组装起动机。
(2) 组装过程中应防止错装和漏装。
(3) 组装后的起动机应能正常转动,没有异响或不能转动等异常情况。

3) 操作要求

(1) 请你运用已学过的知识和技能,对起动机正确进行分解并写出分解步骤。
(2) 分解过程中及时做好记号或标记,以防组装错误。
(3) 根据所学知识,识别零部件的名称和结构后,正确进行组装并能正常转动。
(4) 操作结束,将所有设施设备恢复原状。

根据已学知识和技能,试述强制啮合式起动机与减速式起动机分解、组装顺序有什么不同?这两种起动机在结构上有哪些不同?

任务2 起动机零部件的检测

一、任务描述

在修理厂,客户反映自己车辆近来起动时运转无力不易起动,维修师傅检查后说需要更换起动机,更换后这一症状得到了解决。我们知道车辆不易起动牵涉到电源、导线、起动机、发动机点火系统、燃油系统、机械系统等许多原因,如何正确判断除了经验以外,更重要的是与掌握的专业知识有关。目前起动机设计使用寿命很长,但由于使用不当,也会造成起动机故障。那么起动机内部究竟由哪些零部件组成,哪些零部件出了问题会产生上述现象?本任务内容主要通过对起动机零部件的检测,让你学习和掌握此类专业知识和相应的技能。

二、任务准备

起动机零部件的组成和作用

1. 磁极

磁极的作用是建立磁场,由铁芯和磁场线圈组成,磁场线圈与铁芯通过螺钉固定在机壳上,如图4-1-11所示。

磁极的数量通常为4个,它们之间的极性是相互交错的(如图4-1-11所示),4个磁场线圈之间的连接方法主要有两种,一种是相互串联,另一种是先将两个线圈串联后再与另一组线圈并联。目前大多数的起动机都采用后一种连接方法,目的是增大起动电流和转矩,提高起动性能。

▲图4-1-11 磁极的组成

2. 转子

转子的作用是产生电磁转矩,由转子线圈、铁芯、换向器和转轴等组成,如图4-1-12所示。

1) 转子线圈

转子线圈是由较粗的矩形铜质电磁导线绕制而成,然后嵌入或穿入在铁芯槽内。为了防止转子线圈的短路,在电磁导线的外表面浸有高强度绝缘漆,在铁芯槽内衬有S型绝缘纸套,以保证铜线与铜线之间及与铁芯的绝缘,所有转子线圈的端部均按一定的排列焊接在换向器上部突起的槽内。

2) 换向器

换向器是由许多换向片围合组成,如图4-1-12所示,片与片之间均用云母绝缘。其作用是通过电刷将电流导入转子线圈,并能在不同的磁极下,使线圈中的电流方向始终保持不变。

3) 转轴

在转轴上压装有转子铁芯和换向器,转子铁芯的前端还有一定长度的花键,以便套装驱动齿轮,转轴的两端则分别与前后端盖上的轴套配合,如图4-1-12所示。

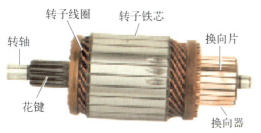

▲图4-1-12 电枢的组成

3. 电刷与电刷架

电刷的作用是通过与换向器的接触将电流引入转子线圈,而电刷架则起到定位和保护电刷的作用,电刷架上的盘形弹簧能保证安装在刷架内的电刷与换向器可靠接触。电刷架通常通过铆钉或螺钉固定在后端盖上,如图4-1-13所示,其中两个电刷架呈对称地与端盖绝缘,称

▲图4-1-13 电刷与电刷架　　　　　▲图4-1-14 前、后端盖

为绝缘电刷架;另两个与端盖直接接触,称为搭铁电刷架。

4. 端盖

在前、后端盖的中心装有轴套,如图4-1-14所示。端盖除了起到支承转子总成外,还能使转轴处于电机轴线的中心位置,确保电枢在运转过程中无碰擦磁极的现象,同时还起到起动机部分零部件的定位及在车辆上的固定作用。

三、任务实施

1. 起动机磁场线圈的检测

1)器材准备

起动机磁场线圈、万用表、常用工具等。

2)操作步骤与要求

(1)磁场线圈、磁极目测检查。

磁场线圈的外部是用绝缘纱带包扎,正常情况下是与磁场线圈紧紧缠在一起,如果外表面出现松弛现象或闻到一股焦味,当用手触碰纱带时发生脆断,则说明线圈已发热过,绝缘已受损(受损原因同上)。目测磁极铁芯表面应无划痕,如有则说明转子与磁极之间有碰擦,可能是轴套松旷或轴弯曲等原因所引起。

(2)磁场线圈之间通路的检查。

数字万用表欧姆R×200挡,检查两组磁场线圈端对端之间的电阻:

当电阻值为0 Ω时,说明磁场线圈良好;

当电阻值为∞时,说明磁场线圈损坏(由于磁场线圈的导线截面积较大,发生断路的可能性很小。如有发生,原因可能有机械性折断或因磁极松动造成磁场线圈外部绝缘物破损后接地而烧断磁场线圈)。

(3)磁场线圈与机壳绝缘的检查。

数字万用表欧姆R×200 K挡,检查磁场线圈与机壳的绝缘电阻:

当电阻值为∞时,说明磁场线圈绝缘性能良好;

当电阻值为0 Ω时,说明磁场线圈短路且已损坏(因长时间大电流通电,致使磁场线圈外部绝缘损坏,还有因磁极松动造成磁场线圈外部绝缘物破损后接地)。

2. 转子总成的检测

1) 器材准备

起动机转子总成、万用表、常用工具等。

2) 操作步骤与要求

（1）换向器表面目测检查。

换向器表面应无烧蚀和云母层高出铜片等情况。

（2）转子线圈导通性检查。

数字万用表欧姆R×200挡，用一支表笔接触换向器铜片，另一表笔顺着换向器表面的铜片慢慢滑转（每片都需接触到）如图4-1-15所示。

片与片之间的电阻值都为0Ω，说明转子线圈之间的导通良好；

当电阻值局部为∞时，说明转子线圈中存在个别线圈开路已损坏。

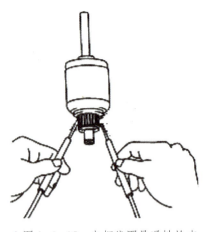

▲图4-1-15　电枢线圈导通性检查

（3）转子线圈与转子铁芯绝缘的检查。

数字万用表欧姆R×200K挡，检查转子线圈与铁芯的绝缘电阻：

当电阻值为∞时，说明转子线圈绝缘性能良好；

当电阻值为0Ω时，说明转子线圈短路已损坏。

3. 电刷、电刷架的检查

1) 器材准备

起动机刷架总成及电刷（如图4-1-13所示）、游标卡尺、万用表、常用工具等。

2) 操作步骤与要求

（1）电刷及电刷架的检查。

使用游标卡尺测量电刷的高度，电刷高度不得低于2/3标准尺寸，超过极限应进行调换。换用新的电刷后应适当进行研磨，确保电刷与换向器的接触面积＞80%。所有电刷架不应有松动和变形等情况，弹簧电刷在刷架内上下移动自如。

（2）电刷架绝缘的检查。

数字万用表欧姆R×200K挡，检查两个绝缘电刷架与接地之间的电阻：

当电阻值为∞时，说明电刷架绝缘性能良好；

当电阻值为0Ω时，说明电刷架绝缘已损坏。

数字万用表欧姆R×200挡，检查两个接地电刷架与接地之间的电阻：

当电阻值为0Ω时，说明电刷架接地良好；

当存在一定的电阻时，说明接地电刷架接地不良。

4. 滚柱式单向离合器的检查

1) 器材准备

滚柱式单向离合器、常用工具等。

2) 操作步骤与要求

（1）单向离合器的检查。

单向离合器的检查方法,如图4-1-16所示。捏紧单向离合器外壳,用手转动驱动齿轮,应能自由转动;反向转动时,驱动齿轮应能锁住。

(2) 驱动齿轮的检查。

转动驱动齿轮,观察齿轮是否有磨损、缺口和折断等现象。

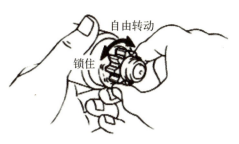

▲图4-1-16 单向离合器的检查

通过起动机主要部件检测的学习,请你分析哪些部件损坏会造成起动机运转无力?哪些部件损坏会引起起动机不能带动发动机转动的现象?

四、拓展学习

起动机转子轴径向跳动的测量

1. 器材准备

表4-1-5上列出了起动机转子轴径向跳动测量所需器材。

表4-1-5 起动机转子轴径向跳动测量所需器材

序号	名称	所需器材	序号	名称	所需器材
1	起动机转子轴		2	转轴偏摆仪	

2. 操作步骤与要求

1) 测前准备

测量前清洁百分表、偏摆检查仪(或V型铁、平板)、转轴等,将百分表固定在偏摆检查仪上的专用夹具上(或磁性专用夹具)。

2) 测量点的选定

按被测转轴的长度,调整活动顶针至合适位置,压下转轴安装手柄,将偏摆检查仪上两顶针分别抵住转轴两端中心工艺孔上并固定(如图4-1-17所示),转轴应能正常转动而无摆差,根据转轴的受力点确定测量点,并做好记号。

3) 转轴的测量

调整百分表的专用夹具,使测量头垂直至选定的测量点,并使百分表有一定的压缩量(0.50～1.00 mm),然后调整百分表上的刻度盘至"0"位或某一个方

▲图4-1-17 测量点的选定

便读数(整数)的数值上,慢慢转动转轴进行测量和观察,读出转轴的径向跳动(径向跳动量应＜0.15 mm)。

4）操作结束,所有设施设备恢复原状

1. 转轴弯曲的测量点应如何确定？
2. 采用两轴驱动的减速式起动机,是否需要测量轴的径向跳动量？为什么？

五、练习与检测

QD1225型起动机各零部件的检查

1. 器材准备

QD1225起动机解体后各零部件、万用表、偏摆仪、百分表、游标卡尺及常用工具等。

2. 检查要求

（1）请你根据已学过的知识,识别起动机各零部件的名称和结构。
（2）运用掌握的技能,对起动机各零部件进行检查。
（3）根据检查结果,判断起动机各零部件的性能。
（4）检查结束,将所有设施、设备恢复原状。

模块二 起动系统电路的连接

学习目标

1. 能识别起动系统电路符号。
2. 能阅读起动系统电路图。
3. 能完成起动系统电路的绘制。
4. 能完成起动系统的线路连接。
5. 培养分析、思考、沟通和表达能力。

学习导入

起动系统电路是整车电气设施的重要组成部分,它与电源系统共同组成了发动机电气系统。由于起动系统电路有多种构建方式,电路图呈现形式既有单幅也有多幅,并且不同控制方式、不同配置的起动系统电路都在同一幅电路图中体现,如何区分、标定和查找呢?这就需要你通过各种类型起动系统电路的学习和实践,进而掌握不同控制形式起动系统电路的工作过程和特点。

任务1 无起动继电器系统电路的连接

一、任务描述

起动系统电路是指除起动机本身电路以外的起动电路,从控制方法来看,大体可以分为无起动继电器、有起动继电器或采用复合继电器的起动系统电路,或采用控制单元、变速器模式开关或离合器踏板位置开关的起动系统电路等。

本学习任务主要通过无继电器起动系统电路的学习,理解并掌握与此有关的起动系统电路的连接。

二、任务准备

1. 无起动继电器起动系统电路

一般汽车起动机的控制都是由点火开关ST挡来控制的,起动系统的控制电路一般分为无继电器控制方式、带起动继电器控制方式和带组合继电器控制方式等几种。

无继电器控制方式是指：起动机的电磁开关由点火开关直接控制，该种控制方式通常用于早期生产的车型上，如丰田AE、桑塔纳、夏利等车。其起动系统电路如图4-2-1所示。该种控制方式的优点是线路简单，缺点是每次起动时，由于有较大电流流经点火开关，易造成点火开关触点的烧蚀，影响起动机的正常工作，所以该种控制形式已逐步被带起动继电器的控制形式所替代。

现以图4-2-1为例，对该起动系统控制电路略作分析：

该系统主要有蓄电池、起动机、点火开关、插接器、接线盒等组成，从系统线路图中可看出，起动机由电磁开关控制，电磁开关直接受点火开关控制。当点火开关拧至"START"挡时，起动机上的电磁开关闭合，起动机工作。当点火开关退回时，电磁开关断电，起动机停转。

为了防止发动机起动后再次起动，通常在点火开关上设有机械限位装置，即钥匙从"START"挡自动退回"ON"挡后，就无法再次拧到"START"挡，必须把钥匙退回"ACC"挡，才能再次起动。

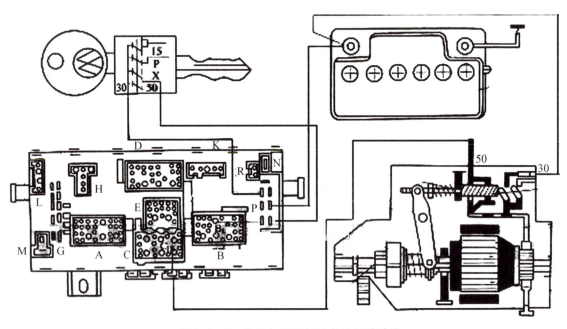

▲图4-2-1 无继电器控制形式的起动系统

2. 起动系统简图的绘制

由于起动系统电路图呈现的形式多为原理图，有些车型起动电路由于布线问题，会用到多个接插器、接线盒，在电路图中不易寻找，这时我们可以通过画简图的方式，从众多的电路中，将其区分出来，便于识别和分析，进而掌握其电路走向。

系统电路图绘制的前提是：

对系统的组成、系统电器之间的连接关系及工作过程应有一定的了解。

绘制时，根据汽车电气设备的特点，即单线、并联的原则，再根据系统的组成，先找出与该系统有关的主要电器，如蓄电池、起动机、点火开关、接插器、接线盒等，分别在白纸上画出框架图并标出电器名称，各部连接针脚号，合理布局。最后根据其电流走向复查一遍，确保正确。

项目四 汽车起动系统检修

三、任务实施

1. 桑塔纳2000起动系统的电路绘制

1) 器材准备

起动系统电路图(如图4-2-2所示)、绘图工具等。

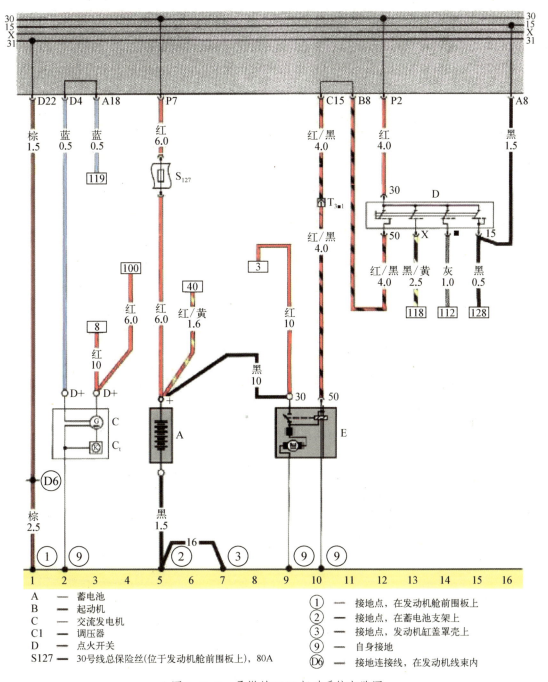

▲ 图4-2-2 桑塔纳2000起动系统电路图

2）操作步骤及要求

（1）查找和阅读桑塔纳车起动系统电路图。
（2）使用绘图工具，绘制一张桑塔纳起动系统电路简图。
（3）在简图上标注出有关元件的名称和针脚号。

2. 桑塔纳2000起动系统电路的连接

1）器材准备

起动系统实验台（如图4-2-3所示）、起动系统电路图（参见桑塔纳2000起动系统电路图）、绘制的简图、起动机、点火开关、蓄电池、连接导线、常用电工工具等。

2）操作步骤及要求

（1）查阅起动系统电路图和绘制的电路简图。
（2）按电路走向用导线依次将各元器件进行连接。
（3）接通电源，点火开关拧至起动挡，起动机应能正常工作。
（4）描述起动系统工作过程。
（5）操作结束后，将导线和零部件整理好。

▲图4-2-3 桑塔纳起动系统实验台

四、拓展学习

捷达车起动系统电路的绘制

1）器材准备

起动系统电路图（如图4-2-4所示）、绘图工具等。

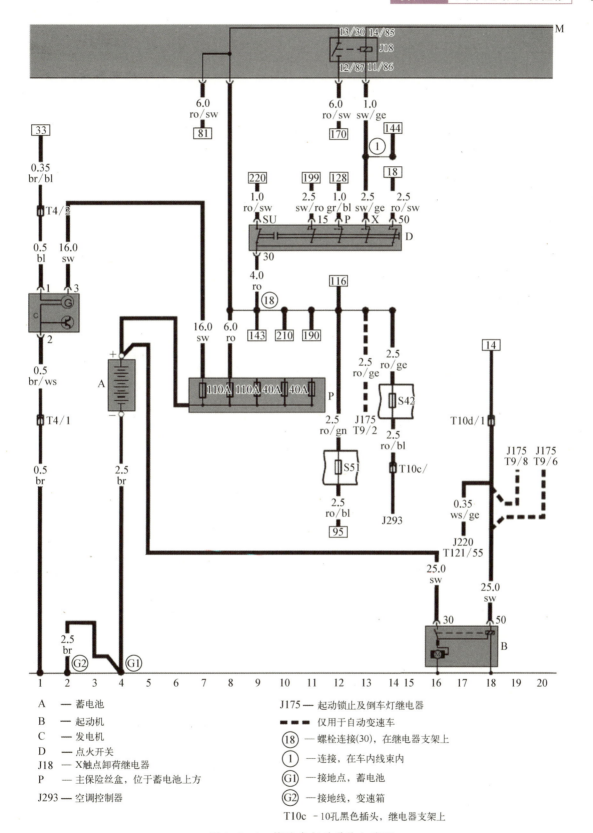

▲图4-2-4 捷达车起动系统电路图

2）操作步骤及要求

（1）查阅起动系统电路图。

（2）使用绘图工具，绘制一张起动系统电路简图。

（3）在简图上标注出有关元件的名称和针脚号。

五、练习与检测

凯越车（手排）起动系统电路图绘制

1）器材准备

起动系统电路图（如图4-2-5所示）、绘图工具。

2）操作步骤及要求

（1）查阅起动系统电路图。

（2）使用绘图工具，绘制一张起动系统电路简图。

（3）在简图上标注出有关元件的名称和针脚号。

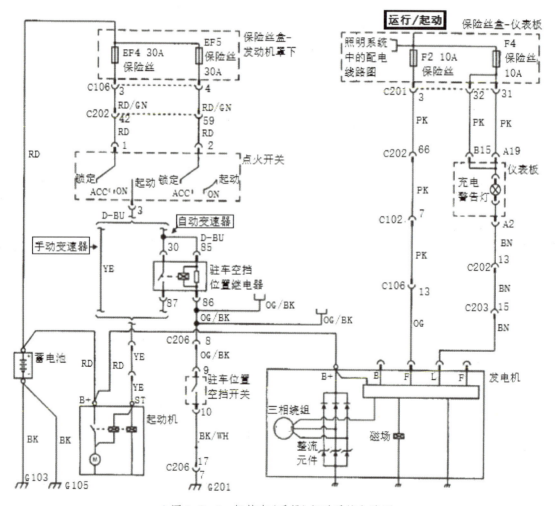

▲图4-2-5 凯越车（手排）起动系统电路图

任务2 带起动继电器系统电路的连接

一、任务描述

随着发动机电控技术的发展,汽车起动系统也不再是只受点火开关的控制。发动机车身控制模块将监测整个发动机和车辆所处的状态,只有在发动机和车辆状态符合起动条件后才允许起动发动机,汽车起动系统的电路由此将变得更加复杂。

本学习任务通过对有继电器的起动系统电路连接和车身控制模块控制的起动系统和无钥匙起动电路的介绍,让你学习和掌握带继电器起动系统电路的连接和目前起动系统的发展趋势。

二、任务准备

1. 采用起动继电器起动系统电路

1) 继电器的功用

在一般汽车电路中,为了减小流经控制器件的电流,同时延长这些控制器件的寿命,往往在电路中设置了普通的电磁式继电器(动合),如起动继电器、点火继电器、风扇继电器和空调继电器等,可以说继电器也是一种利用小电流控制大电流电路通断的电磁开关。

现今继电器已将传统的开关功能与电子控制技术相结合,在继电器内部嵌入放大、延时、遥控以及组合逻辑电路,组合成电子混合式继电器,赋予了继电器更多的工作模式,并与其他电器一起,可以组成程序控制电路,从而实现自动化运行。如将普通继电器与雨刮器控制电路结合在一起,能根据雨量的大小自动控制和调整雨刮器的运转;再如车门的遥控开启或关闭、冷却风扇的运转等都离不开继电器的控制,所以电子混合式继电器将成为汽车电路中不可缺少的控制元件,也是当前成为汽车控制电路最新研发方向之一。

继电器是一种标准化的电器元件,是根据ISO7588设计制造的系列继电器,所以简称为ISO。但由于生产厂商不同,它们之间还是有些差异的,主要的差异在于继电器端子宽度尺寸不同,但厚度尺寸基本相同。

称之为ISO系列继电器,其外形如图4-2-6所示,其适合车辆使用的主要有三种规格,分别为4.8 mm×0.8 mm、6.3 mm×0.8 mm、9.5 mm×1.2 mm,大量使用于欧系和德系生产的汽车上,我国生产的乘用车上普遍采用了该类继电器。

▲图4-2-6 ISO系列继电器

称之为280系列继电器,执行标准为GMW15267,其定义是来源于继电器端子的宽度为2.8 mm,所以在汽车行业中常称呼这种类型的继电器为280继电器。大量使用在通用、福特等北美生产的汽车上。其外形如图4-2-7所示,

▲图4-2-7 280系列继电器

▲图4-2-8 带有结构图和插脚号的继电器

280系列继电器端子宽度为2.80 mm，厚度为0.8 mm。

目前汽车上经常使用的继电器有电磁式继电器、干簧式继电器、双金属片继电器和电子混合式继电器等种类，而电磁式继电器是普遍应用最多的一种。通常继电器线圈的引出端子是不标正负极的，两端可随便连接。但在线圈断电瞬间，由于电感的作用，线圈内会产生反电动势，其峰值可高出额定电压的5倍以上，尽管其作用时间很短，但会造成汽车电路中电子控制元件的击穿。为此在线圈的两端并联了一只电阻或二极管的方式，让该瞬时电压通过电阻或二极管构成回路，避免加载在电路中的电子元件上。对采用并联二极管的继电器，要注意线圈两端的正负极性，不可接反。所以在汽车电路中多数采用电阻与线圈并联的继电器，很少采用二极管与线圈并联的继电器。为了防止接错，同时在继电器外壳上印有接线原理图，并对插脚进行了统一的命名和标注，通过查找有关标准和维修资料，可知插脚的用途和接线方式，如图4-2-8所示。

根据控制电路的需要，继电器引出的插脚也是不尽相同，而是依据实际控制电路需要而设置，如闪烁器有3个插脚、燃油泵继电器有4个插脚、大众车用空调继电器有9个插脚等等，并且这些插脚的排列位置及宽度大小不一，不可能会误插入，确保电路正常工作。而且这些继电器都采用插接的方式与电路进行连接，方便检修与更换。

继电器主要由电磁线圈和触点等组成，它是利用流经线圈的小电流去控制经过触点的大电流，它解决了控制器件所允许通过的电流较小和用电器所需电流较大的矛盾，在电路中具有安全保护、转换电路等作用，所以在汽车上的应用很广，其用途如图4-2-9所示。

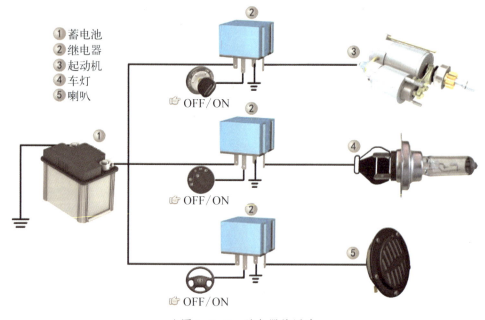

▲图4-2-9 继电器的用途

2) 起动继电器起动系统电路

当汽车采用较大功率的起动机时，为了减少通过点火开关的电流强度，从而避免开关烧蚀，常用起动继电器的触点控制大电流，而用点火开关起动挡控制继电器线圈的小电流，其控制电路如图4-2-10所示。

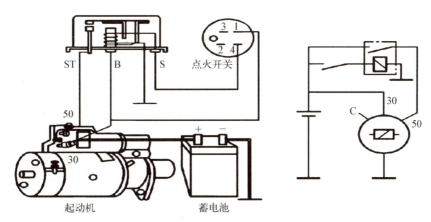

▲图4-2-10　带有起动继电器的起动系统控制电路

工作过程如下：

当点火开关扭转到起动挡时，蓄电池经点火开关给起动继电器中的磁化线圈供电（电流很小），在电磁吸力的作用下，继电器中的常开触点闭合，这样蓄电池电流经主接线柱30→继电器的触点→起动机电磁开关上的起动接线柱50→吸引线圈和保持线圈，起动机开始正常工作。

发动机起动后，离合器打滑，只要松开点火开关，即可自动回到点火挡。此时，起动继电器中的电流中断，触点打开，切断起动机主电路，起动机停止工作。

3) 复合继电器控制的起动系统电路

复合继电器由起动继电器和保护继电器两部分组成，保护继电器的常闭触点串联在起动继电器线圈电路中，发动机起动后，该触点打开切断起动继电器线圈电路，保护起动机。

复合继电器由起动继电器和保护继电器两部分组成，保护继电器的常闭触点串联在起动继电器线圈电路中，发动机起动后，该触点打开切断起动继电器线圈电路，保护起动机，其电路如图4-2-11所示。

复合继电器控制实质是一种具有起动保护功能的起动继电器控制形式，采用复合式起动继电器的优点是：当发动机起

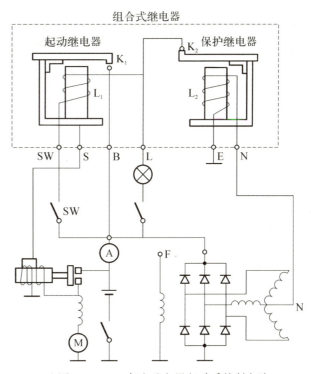

▲图4-2-11　复合继电器起动系控制电路

动后,为了防止再次起动或当点火开关没有及时从起动挡退回时,利用发电机中性点的电压,使复合继电器内其中一个线圈通电,断开常闭触点,切断了流经另一线圈的电流回路,从而切断了起动机电磁开关的工作电流,使起动机停止工作,避免了起动机内电枢线圈因离心力的作用被甩出或驱动齿轮的损坏,造成起动机损坏,早期较多的车辆使用该种控制方式。

2. 车身控制模块控制的起动系统

电控单元在汽车中的应用越来越多,各电子设备间的数据通信变得越来越多,同时这些分离模块的大量使用,在提高车辆起动性能的同时也带来了成本增加、故障率上升、布线复杂等问题。于是,需要设计功能强大的控制模块,实现这些分散的控制器所有功能,对众多用电器进行控制,这就是车身控制模块BCM(Body Control Module)。

BCM具有以下发展趋势:越来越多的电子设备在车身上得到应用,使得BCM控制对象更多,各电子设备的各种功能都需要通过BCM来实现,使得BCM功能日趋增多;各电子设备之间的信息共享越来越多,一个信息可同时供许多部件使用,由此BCM的数据通信功能越来越强,使得总线式、网络化BCM成为发展趋势。而CAN总线是一种串行多主站控制器局域网总线,是一种有效支持分布式控制或实时控制的串行通信网络。由于其通信速率高,可靠性好以及价格低廉等特点,使其特别适合汽车系统,所以利用CAN总线技术总线式控制车身电子电器装置是BCM发展的必然趋势,如图4-2-12就是采用车身控制单元控制的起动系统。

工作原理如下:

车身控制模块(BCM)与遥控接收器传感器相对接,当用钥匙将点火开关调到起动(START)位置时,遥控接收器传感器将产生模拟电压信号,并将信号送入BCM。该模拟电压

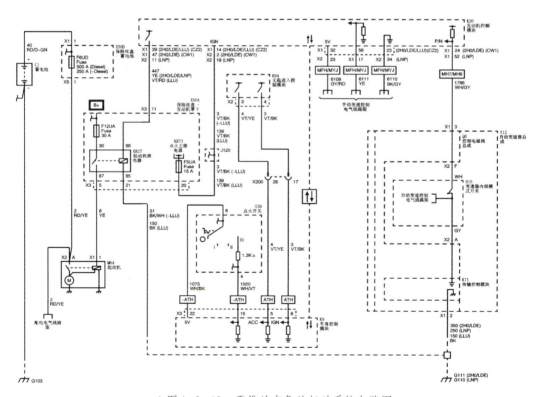

▲图4-2-12 雪佛兰克鲁兹起动系统电路图

信号对同款每辆车都有一个特定值,并且随不同的车辆而不同。

当起动发动机时,BCM将会比较预设定储存的模拟电压信号与从传感器来的信号,如两信号一致,BCM就会通过二级串行数据线发送燃油起动信号给动力系统控制模块(ECM)。结果ECM指令燃油泵继电器工作,从而将燃油输送到燃油分配管,经喷油器喷入气缸内,实现发动机的起动。

当试图采用其他方式起动发动机,而不是用与点火开关相匹配的钥匙来起动发动机,遥控接收器传感器会发出不同的数值模拟电压信号。BCM将会比较预设定储存的模拟电压信号与从传感器来的信号。因为两个信号不一致,BCM就不能通过二级串行数据线发送燃油起动信号给ECM,结果ECM指令燃油泵继电器不工作,发动机不能起动。

 点 拨

电路说明(钥匙起动):当点火开关置于"Start"位置时,信号被提供至车身控制模块,通知其点火开关已置于"Start"位置。然后车身控制模块发送信息至发动机控制模块(ECM)请求起动。发动机控制模块确认变速器挡位在驻车挡或空挡,则发动机控制模块向起动继电器的控制电路提供12 V的电压。这时,蓄电池正极电压通过起动继电器的触点,提供至起动机电磁线圈的S端子。

3. 无钥匙起动系统

一般装有无钥匙进入系统的车辆,当车主进入车内时,车内的检测系统会马上识别车主钥匙的智能卡,经过确认后,车内的电脑才会进入工作状态,这时车主只需轻轻按动车内的起动按钮(或者是旋钮),就可以正常起动车辆了。

常见的无钥匙起动认证系统,或称智能钥匙系统。一般是由智能钥匙(电子和机械钥匙)、发射器、遥控中央门锁控制模块、驾驶授权系统,控制模块三个接收器及相关电路等部分组成的控制系统。遥控器和发射器集成在车钥匙上,车辆可根据智能钥匙发来的信号,解锁或锁止,甚至可自动关闭车窗和天窗。

当前汽车已经进入了自动化和智能化的研究方向,汽车的起动系统也不例外,部分车辆的起动方式已由原先的钥匙起动改变为无钥匙起动(又称一键起动)。无钥匙启动系统采用无线射频识别技术,当您携带智能钥匙进入车内,车辆内的双向无线电波收发器向智能钥匙中的芯片发出信号并解读其应答,识别确认后,车内的电脑会进入工作状态,这时您就可以正常起动车辆了。

三、任务实施

1. 卡罗拉车起动系统电路的绘制

1)器材准备

卡罗拉起动系统电路图(如图4-2-13所示)、绘图工具等。

2)操作步骤及要求

(1)查阅卡罗拉起动系统电路图。

(2)使用绘图工具,绘制一张卡罗拉起动系统电路简图。

(3)在简图上标注出有关元件的名称和针脚号。

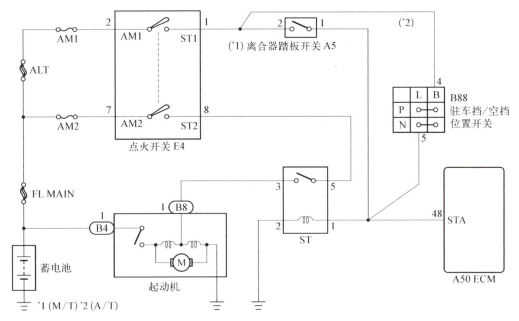

▲图 4-2-13　卡罗拉车起动系统电路图

2. 卡罗拉车起动系统电路的连接

1) 器材准备

起动系统实验台(如图 4-2-14 所示)、起动系统电路图(参见图 4-2-13)、绘制的简图、起动机、点火开关、蓄电池、连接导线、常用电工工具等。

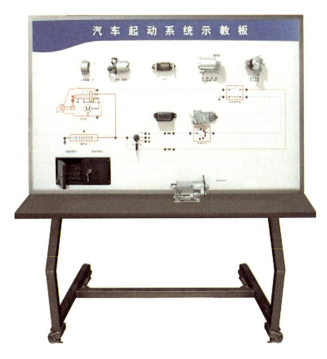

▲图 4-2-14　卡罗拉车起动系统实验台

2) 操作步骤及要求

(1) 查阅起动系统电路图和绘制的电路简图。
(2) 按电路走向用导线依次将各元器件进行连接。
(3) 接通电源,点火开关拧至起动挡,起动机应能正常工作。
(4) 描述起动系统工作过程。
(5) 操作结束后,将导线和零部件整理好。

四、拓展学习

威驰车起动系统电路的绘制

1) 器材准备

起动系统电路图(如图4-2-15所示)、绘图工具等。

2) 操作步骤及要求

(1) 查阅威驰车起动系统电路图。
(2) 使用绘图工具,绘制一张威驰车起动系统电路简图。
(3) 在简图上标注出有关元件的名称和针脚号。

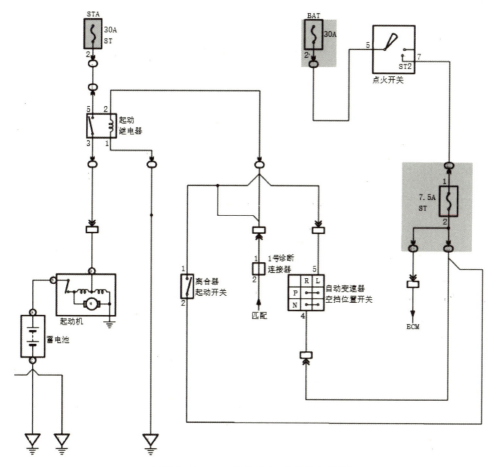

▲ 图4-2-15 威驰车起动系统电路图

五、练习与检测

威朗车（手排）起动系统电路的绘制

1）器材准备

别克威朗起动系统电路图（如图4-2-16所示）、绘图工具等。

2）操作步骤及要求

(1) 查阅起动系统电路图。

(2) 使用绘图工具，绘制一张起动系统电路简图。

(3) 写出相关电路图上元件名称及安装位置。

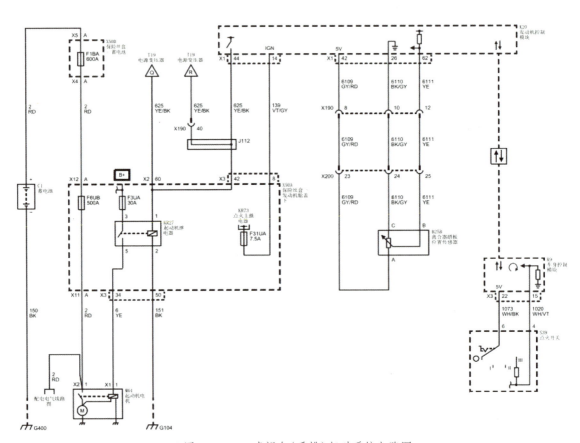

▲图4-2-16 威朗车（手排）起动系统电路图

模块三 起动系统故障排除

学习目标

1. 能对汽车起动系统进行检查。
2. 能完成起动系统的测试。
3. 能完成起动系统常见故障的排除。
4. 能完成起动机的更换。
5. 培养分析、思考、沟通和表达能力。

学习导入

客户在驾车中途停靠后,车辆突遇无法起动。经过施救人员用外挂蓄电池帮助起动,起动机仍不能转动。将起动机30#端子和50#端子短接,起动机还是不转,确认为电磁开关故障,更换起动机后顺利起动。通过针对性的检查和测试,迅速找到故障点并予以排除,这就是本模块所要学的知识。相信你通过以下各项任务的学习和操作,你将学会有关此类知识并掌握相关的技能。

任务1 起动系统的检测

一、任务描述

汽车起动系统常见故障有:起动机运转无力、空转、打齿和不运转等,当上述这些现象发生后,车辆就不能正常使用。如何利用早期对起动系统的检查,以减少后期故障的发生是相当关键的。本任务主要通过对起动系统进行基本的检测,让你掌握起动系统的检测步骤和方法。

二、任务准备

1. 起动系统常见故障的诊断

1) 起动机不运转

(1) 故障现象。

起动机不运转,指的是点火开关置于"START"挡时起动机不运转或有吸合声但起动机不运转。

（2）故障原因。

电源故障：蓄电池严重亏电、蓄电池电极脏污、电缆端子接触不良等。

起动机故障：换向器与电刷未接触（或电刷磨损过度），励磁绕组或电枢绕组开路，绝缘电刷搭铁；电磁开关内吸引线圈开路或主触点烧蚀等。

起动继电器故障：电磁线圈开路或触点烧蚀。

点火开关故障：点火开关接线或插接器松动或内部接触不良。

起动系统线路故障：起动系统电路中有开路、插接器接触不良或脱落等。

发动机机械故障：发动机内部零件卡死。

2）起动机运转无力、空转、异响

（1）故障现象。

起动机运转无力，指的是起动机的驱动齿轮已经与飞轮齿圈啮合，但由于起动机的转速太慢而不能使发动机起动；虽有起动机运转，但发动机不转动或者起动机运转时，驱动齿轮周期性发出"哒哒"声。

（2）故障原因。

电源故障：蓄电池亏电、蓄电池电极与电缆端子接触电阻过大、接地不良等。

起动机故障：换向器与电刷接触不良，电磁开关接触盘和触点接触不良，起动机励磁绕组或电枢绕组匝间短路等。

2. 起动系统常见故障的排除

1）起动机不运转故障的排除

起动机不运转故障原因、诊断与排除方法，如表4-3-1所列。

表4-3-1 起动机不运转故障诊断与排除

序号	故障原因	诊断方法	排除方法
1	蓄电池严重亏电、蓄电池电极、电缆端子脏污	按喇叭或开大灯，如果喇叭声嘶哑，灯光暗淡	更换蓄电池、清洁、紧固蓄电池电极和电缆端子
2	起动机励磁或电枢绕组开路、电刷磨损过度或卡在电刷架上	将起动机30#端子与C#端子短接	更换起动机
3	起动机电磁开关吸引线圈开路	将起动机30#端子与50#端子短接	更换电磁开关
4	熔丝断	检查熔丝	检查电路中有无短路，排除后更换熔丝
5	起动继电器电磁线圈开路、触点烧蚀	测试继电器电磁线圈和触点闭合情况	更换起动继电器
6	点火开关内触点损坏	将点火开关30#端子与ST端子短接	更换点火开关

(续表)

序号	故障原因	诊断方法	排除方法
7	P/N挡开关故障或未挂P挡和N挡，未踩下离合器、离合器踏板开关损坏	挂P挡和N挡或踩下离合器，点火开关关闭、万用表测量P/N挡开关或离合器踏板开关接触电阻	挂P挡和N挡或踩下离合器，更换P/N挡开关或离合器踏板开关
8	起动系统电路开路或插接器脱落	用试灯逐点测量。亮与不亮之间是故障点	修理或更换
9	发动机内部零件卡死	拆除传动皮带，检查曲轴能否盘转	发动机修理

2) 起动机运转无力、空转、异响等故障的排除

起动机运转无力、空转、异响故障原因、诊断与排除方法，如表4-3-2所示。

表4-3-2　起动机运转无力、空转、异响故障诊断与排除

序号	故障原因	诊断方法	排除方法
1	蓄电池亏电、蓄电池电极、电缆端子脏污	按喇叭或开大灯，如果喇叭声音轻，灯光变暗	蓄电池更换或充电、清洁、紧固蓄电池电极和电缆端子
2	起动机励磁绕组或电枢绕组匝间短路、电刷与换向器接触不良	测试起动电流	检修或更换起动机
3	起动机电磁开关触点烧蚀	测试起动电流	检修或更换电磁开关
4	前后端盖轴承磨损、转轴碰擦磁极	测试起动电流和电压降	更换起动机
5	驱动齿轮缺失、打滑不能啮合飞轮	起动机空转	检修或更换起动机
6	驱动齿轮周期性出现哒哒声	起动机有撞击声	更换起动机

> **要点提示**
>
> 分析起动系统故障，首先应确定蓄电池的电量是否充足、电缆端子间的接触是否良好；其次确定起动机是否损坏；最后考虑起动系统电路是否有故障。

三、任务实施

1. 起动系统数据检查

1) 器材准备

表4-3-3列出了起动系统数据检查所需器材。

表4-3-3 起动数据检查所需器材

序号	名称	所需器材	序号	名称	所需器材
1	科鲁兹整车		4	数字万用表	
2	维修手册		5	车身护布	
3	KT600诊断仪		6	套装工具	

2) 操作步骤及要求

（1）查阅维修手册。

（2）车辆挂P挡，拉手刹、安放车内外三件套。

（3）关闭点火开关，万用表测量蓄电池静态电压（12.4～12.8 V）。

（4）连接诊断仪，查看发动机ECM内是否有与起动有关的故障代码。

（5）查看有关的起动参数，点火信号电压参数，如图4-3-1所示。

（6）退出诊断，关闭点火开关。

（7）操作结束后，车辆、设备恢复原状。

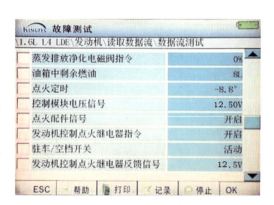

▲图4-3-1 起动参数

2. 起动系统检测

1)器材准备

表4-3-4列出了起动系检测所需器材。

表4-3-4 起动系统检测所需器材

序号	名称	所需器材	序号	名称	所需器材
1	科鲁兹整车		5	车身护布	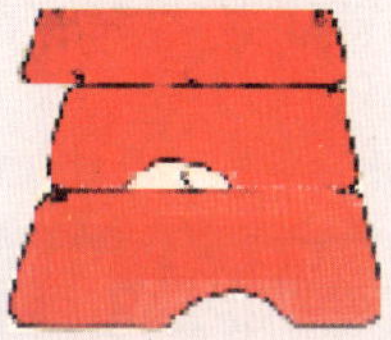
2	维修手册		6	套装工具	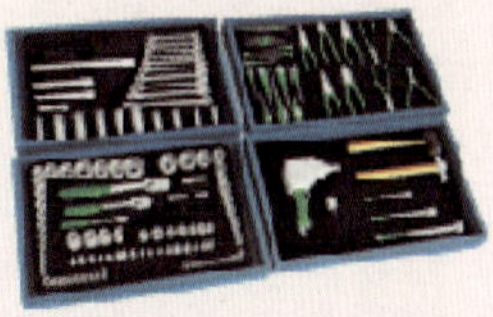
3	KT600诊断仪	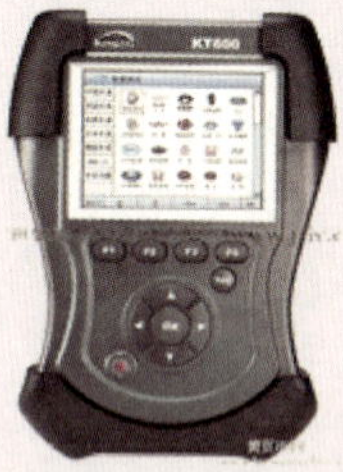	7	208接线盒	
4	数字万用表		8	测试灯	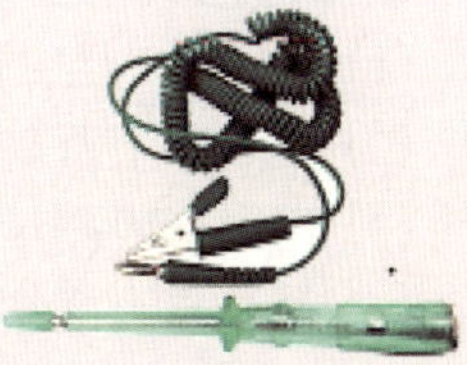

2)操作步骤与要求

(1)车辆挂P挡,拉手刹,安放车内外三件套。
(2)关闭点火开关,万用表测量蓄电池静态电压(12.4～12.8 V)。
(3)断开起动继电器,万用表测试继电器端子座85#与接地之间的电阻,应<10 Ω。
(4)在继电器座上30#端子与接地之间连接试灯,试灯应点亮。
(5)在继电器座上87#端子与接地之间连接试灯,试灯应未点亮。
(6)用带保险丝的跨接线,跨接在继电器座上30#与87#端子间,确认起动机运转。

(7) 在继电器座上86#与85#端子间连接试灯,用诊断仪执行起动机继电器的接通和断开,在指令状态之间切换时,测试灯应相应点亮和熄灭。(或用点火开关在"START"和"OFF"之间切换,检查试灯是否相应点亮和熄灭)。

(8) 符合上述检查要求,说明起动系统完好。

(9) 操作结束后,车辆、设备恢复原状。

3. 起动电流的测试

1) 器材准备

表4-3-5列出了起动电流测试所需器材。

表4-3-5 起动电流测试所需器材

序号	名称	所需器材	序号	名称	所需器材
1	科鲁兹整车		3	钳形电流表	
2	维修手册	上海通用汽车 SHANGHAI GM 2013款雪佛兰科鲁兹维修手册	4	车身护布	

2) 操作步骤与要求

(1) 车辆挂P挡,拉手刹,安放车内外三件套。

(2) 关闭车上所有用电设备,关闭点火开关,关闭车门。

(3) 用钳形表测量蓄电池静态电压(12.4～12.8 V)。

(4) 脱开点火模块插接器和喷油器插接器。

(5) 设置测试电流挡位(如不能确定被测电流量限,开关应选择最大的量限挡,根据测试结果,适当调整挡位)。

(6) 压下活动铁芯,卡入并置蓄电池负极电缆在导磁铁芯的窗口中央,如图4-3-2所示。

(7) 起动发动机,从电流表上读取起动电流,如图4-3-2所示。

(8) 操作结束后,车辆、设备恢复原状。

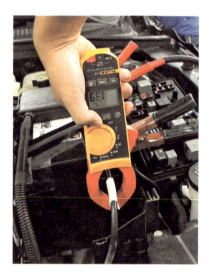

▲图4-3-2 起动电流的测试

四、拓展学习

朗逸车起动系统的检测

1. 器材准备

表4-3-6上列出了起动系统检测所需器材。

表4-3-6 起动系统检测所需器材

序号	名称	所需器材	序号	名称	所需器材
1	朗逸整车		5	208接线盒	
2	维修手册		6	测试灯	
3	KT600诊断仪		7	钳形电流表	
4	数字万用表		8	车身护布	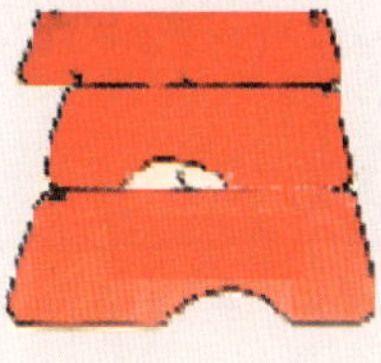

2. 操作步骤与要求

（1）车辆停放安全检查。
（2）查阅维修手册、起动系统电路图。
（3）检测起动系统。
（4）测试起动电流。

（5）操作结束后，车辆、设备恢复原状。

五、练习与检测

卡罗拉车起动系统的检测

1. 器材准备

表4-3-7列出了起动系统检测所需器材。

表4-3-7 起动系统检测所需器材

序号	名称	所需器材	序号	名称	所需器材
1	卡罗拉整车		5	208接线盒	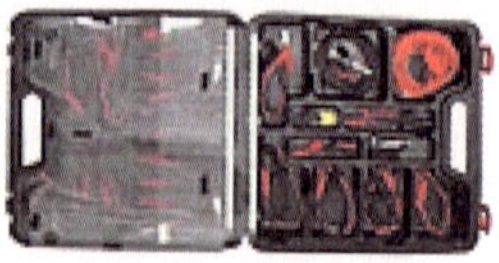
2	维修手册	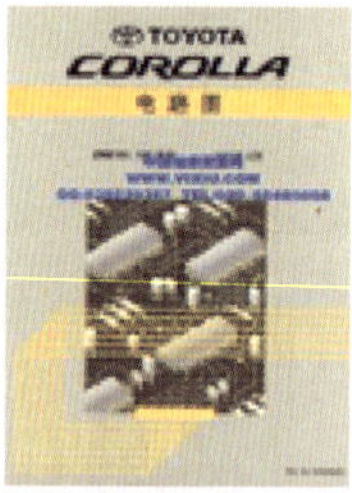	6	测试灯	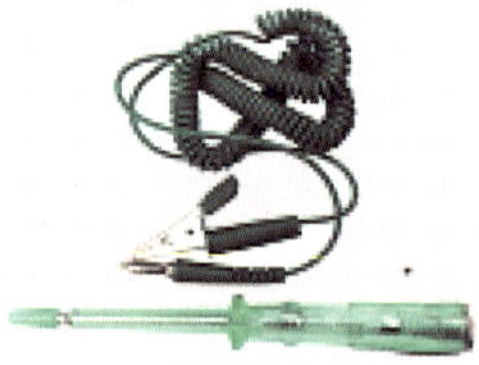
3	KT600诊断仪	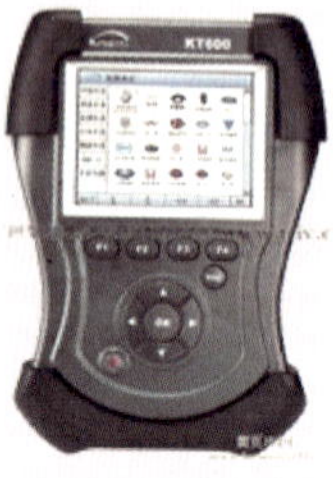	7	钳形电流表	
4	数字万用表		8	车身护布	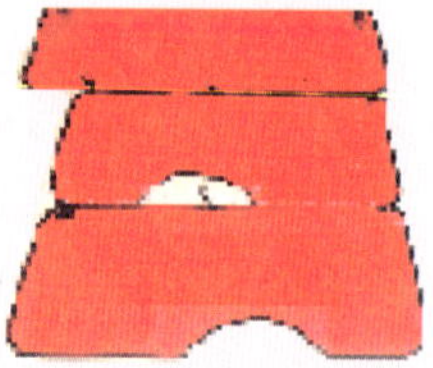

2. 操作步骤与要求

（1）车辆停放安全检查。
（2）查阅维修手册、起动系统电路图。
（3）检测起动系统。
（4）测试起动电流。
（5）操作结束后，车辆、设备恢复原状。

任务2　起动机的更换

一、任务描述

起动机的作用是起动发动机，每次工作时间很短，但通过的电流很大，一般为几十到几百A（安培），发动机起动后，点火开关应及时退出"START"挡，使起动机立即停止工作。但由于使用不当或者某些意外原因造成起动机损坏，此时必须进行更换。那么有哪些原因会造成起动机损坏呢？如何更换起动机呢？这些专业基础知识和基本能力，需要通过你的学习和实践，学会和掌握起动机更换的技能。

二、任务准备

1. 起动机的日常使用注意事项

（1）起动前应确认手动变速器已挂入空挡，同时踩下离合器踏板（有些车辆不踩下离合器踏板，起动机不会通电运转）；自动变速器的车辆应将变速杆置于P挡或N挡。
（2）每次接通起动机的时间不得超过5 s，重复起动时应间隔15 s以上；多次起动，发动机仍没有起动，则停止起动，对起动系统进行检查。
（3）在北方低温环境下起动发动机时，应先预热发动机后再起动。
（4）发动机起动后，应迅速让点火开关自动回位（没有自动回位功能的点火开关，在发动机运转时，切勿随意拧之"START"挡，以防损坏起动机）。
（5）平时应尽可能使蓄电池处于充足电的状态，以保证起动机起动时的用电需求，减少起动机的频繁起动。

2. 起动机的维修注意事项

（1）在车上进行起动检测之前，一定要将变速器挂上P挡或空挡，并实施驻车制动。
（2）在拆卸起动机之前，应先拆下蓄电池的负极电缆线。
（3）有些车辆起动机的更换，必须在举升机上进行，所以车辆停放位置必须正确，确保车辆在举升、下降过程中的安全。
（4）起动机的固定螺栓、螺母、起动机正极电缆固定螺母和电磁开关接线螺母，必须用扭力扳手按规定的扭矩拧紧。

三、任务实施

科鲁兹车起动机的更换

1. 器材准备

表4-3-8为起动机更换所需器材。

表4-3-8 起动机更换所需器材

序号	名称	所需器材	序号	名称	所需器材
1	科鲁兹整车		4	工具套装	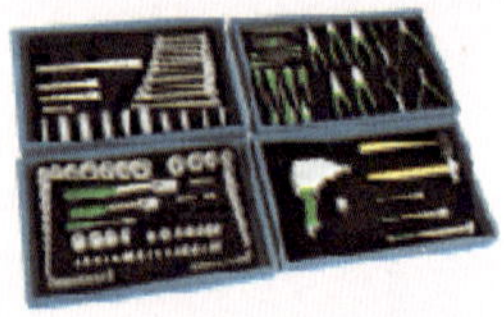
2	维修手册		5	举升机	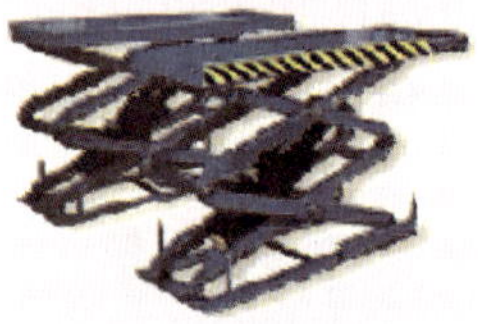
3	起动机		6	诊断仪	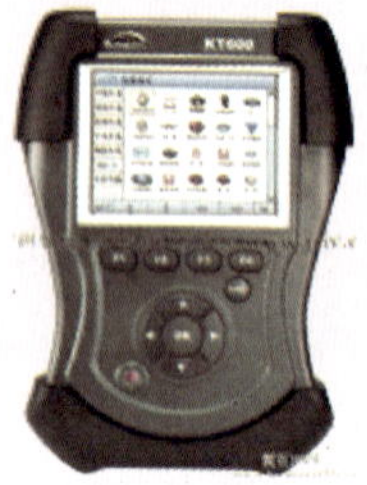

2. 操作步骤及要求

1) 起动机的拆卸

（1）车辆安全措施、防护措施的实施和检查。

（2）车辆如带有存储装置的，必须记录ECU等控制单元内的信息（如系统内的故障代码、收音机频道、带有记忆系统的座椅位置等）。

（3）点火开关置于OFF（关闭）或LOCK（锁止）位置，所有电气负载必须关闭。

（4）查阅维修手册后，断开蓄电池的负极电缆。

（5）举升车辆离地后，车辆停放安全检查通过后，举升至正常高度。

（6）起动机拆卸顺序如图4-3-3所示：

拆下起动机正极电缆螺母（图中的1）、取下正极电缆（图中的2）；

拆下电磁开关紧固螺母（图中的3）、取下电磁开关接线（图中的4）；

▲ 图4-3-3 起动机的更换

拆下接地电缆的固定螺母(图中的5)、取下接地电缆(图中的6);

拆下起动机紧固螺栓(图中的7、8)、从车上取下起动机(图中的9)。

2) 起动机的安装

(1) 起动机的安装顺序是拆卸的逆顺序,各部螺栓、螺母的紧固扭矩见表4-3-9所列。

(2) 起动机更换后,确认挂P挡和手制动器拉起,起动发动机,诊断仪读取起动系统数据有无异常。

(3) 关闭点火开关,收起有关诊断设备及工具。

(4) 取下车身护布,关闭发动机舱盖,执行5 s。

表4-3-9 起动机安装各部螺栓、螺母的紧固扭矩

序号	名 称	扭 矩	序号	名 称	扭 矩
1	起动机正极电缆螺母	12.5 N·m	4	起动机固定螺栓	25 N·m
2	电磁开关接线螺母	9 N·m	5	蓄电池负极电缆螺栓	9 N·m
3	起动机搭铁电缆螺母	20 N·m	—		—

四、拓展学习

卡罗拉车起动机的更换

1. 器材准备

表4-3-10列出了起动机更换所需器材。

表 4-3-10　起动机更换所需器材

序号	名称	所需器材	序号	名称	所需器材
1	卡罗拉整车		3	维修手册	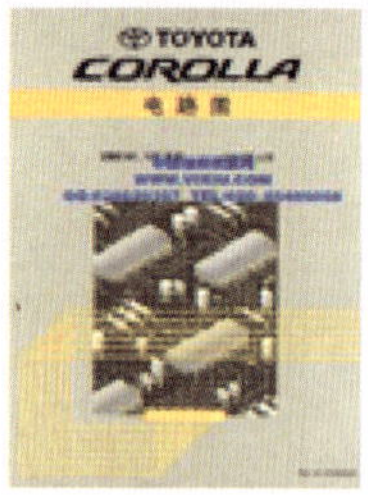
2	起动机		4	套装工具	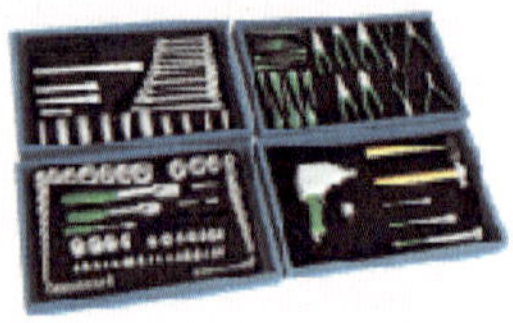

2. 操作步骤与要求

（1）按照维修手册要求和参见任务实施中起动机的更换步骤进行操作。

（2）操作结束后，车辆、设备恢复原状，执行5 s。

五、练习与检测

桑塔纳3000型起动机的更换

1. 器材准备

表4-3-11上列出了起动机更换所需器材。

表 4-3-11　起动机更换所需器材

序号	名称	所需器材	序号	名称	所需器材
1	桑塔纳3000型整车		3	三件套	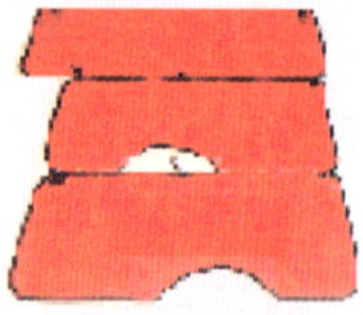
2	起动机	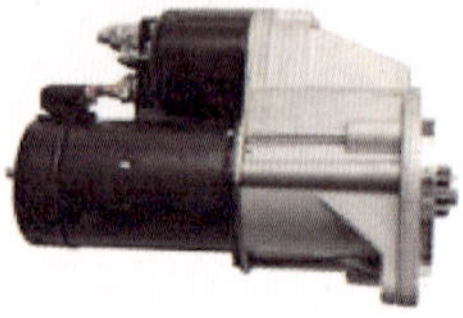	4	工具套装	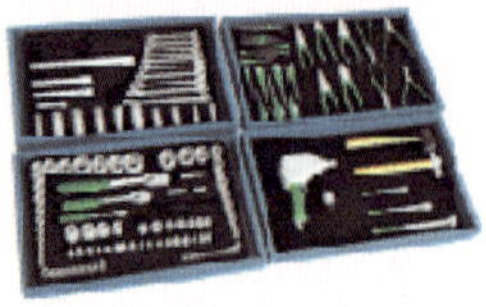

（续表）

序号	名 称	所需器材	序号	名 称	所需器材
5	举升机	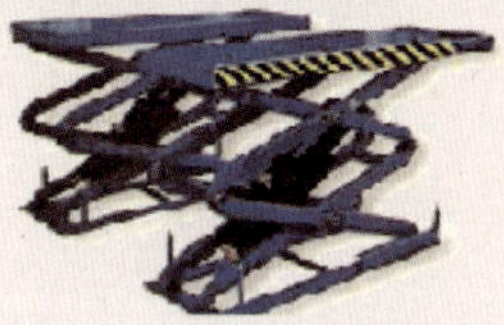	6	维修手册	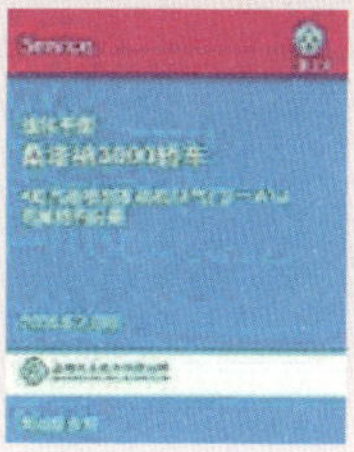

2. 操作步骤与要求

（1）按照维修手册要求和参见任务实施中起动机的更换步骤进行操作。

（2）操作结束后，车辆、设备恢复原状，执行 5 s。

项目五 汽车照明与信号系统检修

为了保证汽车行驶安全及行驶速度,在汽车上装有多种照明和信号装置(如图5-0-1所示),它已成为汽车上不可缺少的一部分,而且随着科技的发展,汽车照明、信号装置的功能日趋智能化,控制电路越来越复杂。同时这些照明信号装置的开启也是一种交通语言,对于安全行车具有重要意义。

▲图5-0-1 汽车照明与信号系统

导学

汽车灯具按功能可分为照明灯具和信号灯具两大类,按安装位置可分为外部灯具(含外部照明、信号灯具)和内部灯具(含内部信号指示装置),其核心主要是各类不同功能的灯具、指示装置、控制装置及有关电路,如图5-0-2所示。

▲图5-0-2 各种灯具及其装置和有关电路检修技能

模块一　汽车照明装置的使用

学习目标

1. 能说明汽车外部照明装置的种类和功用。
2. 能完成汽车外部照明装置的操作。
3. 能说明汽车内部照明装置的种类和功用。
4. 能完成汽车内部照明装置的操作。
5. 培养分析、思考、沟通和表达能力。

学习导入

车辆在行驶中如需变道或拐弯时需要打开转向灯，遇到紧急情况时会开启危险报警灯，遇到红灯或障碍物时需要踩刹车，车后部的灯具会亮起醒目的红色制动灯，挂上倒挡会亮起白色的倒车灯，碰到雾天会开启雾灯，夜间行车须开启前照灯，同时仪表上会亮起柔和的背景灯。这些灯具在何时何地正确的打开，与车辆的行驶安全有很大的关联。那么这些灯具如何区分呢？它们各自的特点有哪些？如何使用这些装置呢？相信你通过本模块的学习，能说明照明装置的种类和功用，并能完成这些照明装置的操作。

任务1　汽车外部照明装置的使用

一、任务描述

夜晚临近行车时，需要开启车辆的小灯。随着夜色逐渐地加深，同时又根据行驶路况和光照条件的不同，车灯有时会在近光灯与远光灯之间切换。那么你能说出车辆上面哪些车灯与照明有关？如何正确使用这些车灯？在本次任务中，需要通过学习这类有关的知识，正确掌握汽车外部照明装置的操作。

二、任务准备

1. 汽车照明灯具的种类与功用

汽车照明装置根据安装位置和用途不同，一般可分为：外部照明装置、内部照明装置。汽车外部常见照明灯具的种类、特点及用途见表5-1-1。

表5-1-1 汽车常见照明灯具的种类、用途及特点

名　　称	用　　途	特　　点
前小灯（示宽灯）	标志车辆前部的形状位置	光色为白色
后小灯（尾灯）	标志车辆后部的形状位置	光色为红色
牌照灯	牌照的照明	光色为白色
前照灯	车前40～200 m道路的照明	光色为白色
前雾灯	雾、雪、雨天、尘埃弥漫时的照明	光色为橙黄色
后雾灯	车距警示	光色为红色

2. 外部照明装置的要求

1) 小灯

安装在汽车前、后部的两侧，可分为前小灯（又称示宽灯）和后小灯（又称尾灯）。车灯开关开至一挡时，前后小灯与仪表灯、牌照灯同步点亮，用以标志车辆的形状和位置。前小灯灯泡的功率较小，一般为5 W以下，后小灯灯泡的功率一般为8 W左右。

2) 牌照灯

安装在汽车尾部牌照的上方或左右两侧，用来照明后牌照，确保在车后20 m处能看清牌照上的文字及数字，牌照灯灯泡的功率一般为5～10 W。

3) 前照灯

前照灯俗称大灯或头灯，安装在汽车头部的两侧，用来照明车前道路。前照灯有2个大灯和4个大灯之分，采用4个大灯的前照灯，规定装于两边外侧的一对大灯，应为近、远光双光束灯，装于两边内侧的一对大灯，应为远光单光束灯，如图5-1-1所示。远光灯灯泡的功率一般为40～60 W，近光灯灯泡的功率一般为35～55 W。

▲图5-1-1 采用四个大灯的前照灯

4) 雾灯

雾灯分前雾灯和后雾灯，主要在雾天、下雪、暴雨或尘埃弥漫等情况下，用来改善车前道路的照明情况（如图5-1-2所示）和警示尾随车辆保持安全间距，通常在有雾的道路上行驶，前、后雾灯是一起开启的。

由于黄色光线穿透性强，不会因雾气而产生漫反射，所以这也是前雾灯选用黄色光的原因。雾灯的安装位置通常在保险杠以下、车身最贴近地面的位置，以保证雾灯的作用。前雾灯灯泡的功率一般为45～55 W，后雾灯灯泡的功率为一般为21 W。

前、后雾灯的标志有所不同，前雾灯左边是三根斜线，表示光线向下倾斜，穿过一条弯曲的线，右边是半椭圆形的图形，代表雾灯，如图5-1-3所示。后雾灯左边是半椭圆形的图形，代表雾灯，右边是三根直线，表示光线直射，穿过由一条弯曲的线，如图5-1-4所示。

▲图5-1-2　雾灯的开启　　　　　　▲图5-1-3　前雾灯　▲图5-1-4　后雾灯

单独设置的雾灯开关一般有三个挡位，0挡位为关闭，开一挡时前雾灯点亮，开两挡时前后雾灯一起点亮。

通常雾灯开启的方式因车而异，一种是受车灯开关和雾灯开关控制，在车灯开关开启后，雾灯才能接入点亮；另一种是除了受车灯开关、雾灯开关控制外，还受点火开关控制，只有在点火开关、车灯开关处于开启的挡位上，雾灯才能接入点亮。

要点提示

（1）前照灯应安装可靠、完好有效，不能因车辆振动而松脱、损坏、失去作用或改变光照方向。

（2）除前照灯的远光外，所有灯光均不得炫目。左右两边的灯具光色、规格必须一致，安装位置对称。

三、任务实施

雪佛兰科鲁兹车外部照明装置的操作

1. 器材准备

表5-1-2列出了外部照明装置操作所需器材。

表5-1-2　外部照明装置操作所需器材

序号	名称	所需器材	序号	名称	所需器材
1	科鲁兹整车		2	用户手册	

2. 操作步骤及要求

（1）参考用户手册，找到车辆外部照明装置的控制开关，如图5-1-5中的(a)所示。

（2）依次开启小灯、近光灯、雾灯，同时确认各灯点亮时相互之间的关系。

（3）前照灯闪光（又称超车灯）：控制杆向上拉起后保持不变，松开后，前照灯闪光熄灭。

项目五 汽车照明与信号系统检修 | 207

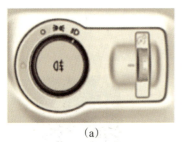
(a)

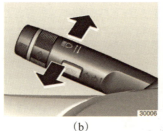
(b)

(c)

▲图5-1-5 外部照明装置的操作

远光灯:控制杆向下拨动即可,再次拨动变为近光灯,如图5-1-5中的(b)所示。

(4) 在车外,观察各车灯的相应位置,如图5-1-5中的(c)所示。

(5) 操作结束,关闭外部照明装置恢复原状。

四、拓展学习

威驰车外部照明装置的操作

1. 器材准备

表5-1-3列出了外部照明装置操作所需器材。

表5-1-3 外部照明装置操作所需器材

序号	名称	所需器材	序号	名称	所需器材
1	威驰整车		2	用户手册	

2. 操作步骤与要求

(1) 参考用户手册,找到车辆外部照明装置控制开关。

(2) 依次开启小灯、近光灯、远光灯、雾灯,并仔细观察车外各灯的位置,同时确认各灯点亮时相互之间的关系。

(3) 操作结束,关闭外部照明装置恢复原状。

五、练习与检测

雪佛兰科鲁兹车上、下车照明装置的操作

1. 器材准备

表5-1-4列出了上、下车照明装置操作所需器材。

表 5-1-4　上、下车照明操作所需器材

序号	名称	所需器材	序号	名称	所需器材
1	科鲁兹整车（自动照明）		2	遥控钥匙	

2. 操作要求

（1）用无线遥控器解锁或闭锁车辆。
（2）解锁或闭锁时，车辆上的照明装置会短时间点亮。
（3）该功能有助于在天黑时找到车辆或停车后方便你的离开。
（4）开门后只需将灯光开关向左旋转后释放，照明装置会立即关闭。
（5）操作结束，恢复原状。

任务2　汽车内部照明装置的使用

一、任务描述

在任务一中，我们学习了车外照明装置的使用，在本次任务中，我们需要学习如何使用车内照明装置。

二、任务准备

1. 车内照明装置的作用

车内照明装置可以在很大程度上满足客户对驾驶室照明的需求，车内照明分为室内灯、车内阅读灯、后席阅读灯、门灯、踏步灯、行李箱灯、货箱灯以及氛围灯等，其种类、特点及用途见表 5-1-5。

表 5-1-5　汽车内部常见照明灯具的种类、用途及特点

名称	用途	特点
仪表灯	仪表的照明	光色为白色
开关或按键指示灯	开关功能指示	光色为白色
顶灯（门控）	驾驶室或车厢内的照明（警示车门的关闭）	光色为白色
阅读灯	前部乘员阅读照明	光色为白色
手套箱灯	手套箱的照明	光色为白色

(续表)

名　称	用　途	特　点
行李箱灯	行李箱的照明	光色为白色
踏步灯	用于夜间上下车	光色为白色

2. 室内灯

乘用车的室内灯一般安装在室内的中央，能均匀地照亮整个室内，同时室内灯的开关布置在前后座椅都能开启的位置，如图5-1-6所示。室内灯开关一般有"ON""OFF""DOOR"（车门联动）3个位置，当开关处于"DOOR"时，只要有车门未关，该灯就会一直点亮，起到安全提醒作用(此类电路，在项目一中我们曾经学习过)。

有时该灯也兼作后座阅读灯，为了降低室内灯的厚度，一般都采用管状灯泡，功率一般为8～10 W。

▲图5-1-6　室内灯

3. 车内阅读灯

车内阅读灯安装在室内的前部，位于左右遮阳板之间，主要是为了供驾驶员和坐在前部的乘客能看清地图而设计的照明灯，如图5-1-7所示，同时为了在行驶中不影响驾驶员的开车，阅读灯的配光玻璃做成点状，光线只照射在需要照明的部位上，车内阅读灯灯泡的功率一般为5～10 W左右。

4. 门灯

门灯通常安装车门的下方，在车门开启时，为照亮室内脚下部分和室外落脚部分而安装在车门上的照明灯，如图5-1-8所示。该灯无专用开关，而是与车门联动，灯泡的功率一般为5 W左右。

▲图5-1-7　车内阅读灯

▲图5-1-8　门灯

5. 行李箱灯

能照亮整个行李箱室，为不使灯光直接照射装卸者的眼睛，又不被货物遮住光，通常安装在行李箱的顶部或侧面，如图5-1-9所示，该灯无专用开关，而是与行李箱门联动，打开行李箱门，灯就点亮，灯泡的功率为8 W左右。

6. 氛围灯

氛围灯是营造气氛的一种装饰灯，用不同的颜色会让人有温暖、放松、舒适的感觉。汽车气氛灯也就是在车内营造气氛的灯光装饰，颜色可以根据喜好任意挑选，如图5-1-10所示。

▲图5-1-9　行李箱灯

▲图5-1-10　氛围灯

三、任务实施

雪佛兰科鲁兹车内部照明装置的操作

1. 器材准备

表5-1-6列出了内部照明装置操作所需器材。

表5-1-6　内部照明装置操作所需器材

序号	名称	所需器材	序号	名称	所需器材
1	科鲁兹整车		2	用户手册	

2. 操作步骤与要求

（1）参考用户手册，找到车辆室内灯开关，按下"ON"室内灯点亮，此时与车门联动无关，按下"OFF"灯灭。

（2）当开关处于"DOOR"位置时，开启任一扇车门，灯会自动点亮，关闭车门后，灯在稍有

延迟后熄灭。

(3) 阅读灯开关,按 ![] 或 ![] 按钮,能相应开启或关闭左右两边的阅读灯。
(4) 用无线遥控器开启行李箱门。
(5) 观察行李箱灯的位置及亮灯情况。
(6) 操作结束,关闭所有灯光恢复原状。

要点提示

目前,汽车基本都采用组合灯具,即把前照灯、前转向灯、前小灯等组合在一起,构成前组合灯。把倒车灯、制动灯、后转向灯、尾灯等组合在一起,构成后组合灯。

四、拓展学习

威驰车内部照明装置的操作

1. 器材准备

表5-1-7列出了内部照明装置操作所需器材。

表5-1-7　内部照明装置操作所需器材

序号	名称	所需器材	序号	名称	所需器材
1	威驰整车		2	用户手册	

2. 操作步骤与要求

(1) 参考用户手册,找到车辆室内灯、阅读灯的控制开关。
(2) 开启室内灯,并检查门控与室内的联动关系。

(3) 开启阅读灯、行李箱灯,观察阅读灯、行李箱灯的位置。
(4) 操作结束,关闭所有灯光恢复原状。

五、练习与检测

帕萨特车内部照明装置的操作

1. 器材准备

表5-1-8列出了内部照明装置操作所需器材。

表5-1-8　内部照明装置操作所需器材

序号	名称	所需器材	序号	名称	所需器材
1	帕萨特整车		2	用户手册	

2. 操作要求

(1) 参考用户手册,找到车辆室内灯及灯的控制开关。
(2) 开启室内灯,并检查门控与室内的联动关系。
(3) 开启阅读灯、行李箱灯,观察阅读灯、行李箱灯的位置。
(4) 操作结束,关闭所有灯光恢复原状。

模块二　汽车照明系统检修

学习目标

1. 能对汽车照明系统进行检查。
2. 能完成汽车照明灯具的更换。
3. 能完成前照灯的检测与调整。
4. 能完成照明系统电路的检修。
5. 培养分析、思考、沟通和表达能力。

学习导入

汽车照明系统主要用于夜间(或光线暗弱环境)照明道路,标示车辆的形状和位置。如果在夜晚,照明系统出现故障,就会影响车辆的行驶。要排除照明系统故障,首先你得对系统的组成、结构、控制方法和工作过程有一个全面的了解,然后通过检查、修理等手段,将故障予以排除,使照明系统恢复正常。

任务1　前照灯的更换

一、任务描述

一辆小车去年检,经检验车辆远光灯的发光强度不合格,无法通过年检,需要更换前照灯总成。但是前照灯的外观又没有破损,是什么原因要更换,更换的依据是什么？通过本模块的学习和实践,你就能解释前照灯总成更换的原因和更换的依据。

二、任务准备

1. 前照灯的照明要求

前照灯光束照射位置的检验标准根据GB7258—2012《机动车运行安全技术条件》的规定,汽车前照灯的检验指标为光束照射位置的偏移值和发光强度(cd),前照灯光束照射位置应符合以下要求：

(1) 机动车装备的前照灯应有远、近光变换功能,当远光变为近光时,所有远光应能同时熄灭。同一辆机动车上的前照灯不得左、右地远、近光灯交叉点亮。

(2) 所有前照灯的近光均不应眩目,汽车、摩托车装用的前照灯应分别符合 GB 4599、GB 21259、GB 25991、GB 5948 及 GB 19152 的规定。

(3) 机动车前照灯光束照射位置在正常使用条件下应保持稳定。

(4) 远光光束发光强度要求。

机动车每只前照灯的远光光束发光强度应达到表 5-2-1 的要求,并且,同时打开所有前照灯(远光)时,其总的远光光束发光强度应符合 GB 4785 的规定。测试时,电源系统应处于充电状态。

表 5-2-1 前照灯远光光束发光强度最小值要求单位为坎德拉(cd)

机动车类型	检查项目					
	新注册车			在用车		
	一灯制	二灯制	四灯制[a]	一灯制	二灯制	四灯制[a]
最大设计车速小于70 km/h的汽车	—	10 000	8 000	—	8 000	6 000
其他汽车	—	18 000	15 000	—	15 000	12 000

[a] 四灯制是指前照灯具有四个远光光束,采用四灯制的机动车,其中两只对称的灯,达到两灯制的要求时视为合格

(5) 光束照射位置要求。

检验前照灯近光光束照射位置时,前照灯照射在距离 10 m 的屏幕上,乘用车前照灯近光光束明暗截止线转角或中点的高度应为 0.7~0.9H(H 为前照灯基准中心高度,下同)。

检验前照灯远光照射位置时,对于能单独调整远光光束的前照灯,前照灯照射在距离 10 m 的屏幕上时,要求在屏幕光束中心离地高度,对乘用车为 0.85~0.95H(但不得低于前照灯近光光束明暗截止线转角或中点的高度)。

机动车(装用一只前照灯的机动车除外)前照灯远光光束水平位置要求:左大灯向左偏移应≤170 mm;向右偏移应≤350 mm,右大灯向左或向右偏均应≤350 mm。

(6) 机动车装用远光和近光双光束灯时,以调整近光光束为主,对于只能调整远光单光束的灯,调整远光单光束。

- **2. 前照灯的组成**

汽车前照灯一般由光源(灯泡)、反光镜、配光镜(散光镜)三部分组成。

1) 灯泡

目前,常用的汽车前照灯的灯泡有白炽(充氩、氮混合惰性气体)灯泡、卤素(混合惰性气体中渗入某些卤族元素)灯泡和 HID 气体放电灯(氙气灯泡,HID 就是 High intensity Discharge 高压气体放电灯的英文缩写,这种灯具放电的气体是氙气,故亦称氙气灯,简称氙灯。)等几种,如图 5-2-1 所示。

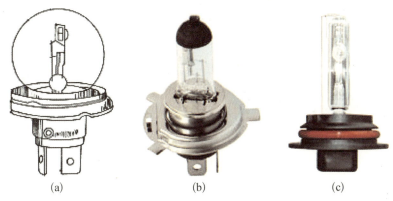

(a) 普通白炽灯泡　(b) 卤素灯泡　(c) HID气体放电灯

▲ 图5-2-1　前照灯灯泡

(1) 白炽灯泡。

白炽灯泡的灯丝用熔点高、发光强的钨制成,灯丝成紧密的螺旋状。由于钨丝受热后会蒸发,会缩短灯泡的使用寿命。因此在制造时抽出灯泡内的空气,然后充以86%的氩气和约14%的氮气的混合惰性气体,以减少钨丝受热蒸发,延长其使用寿命。该类灯泡在长期使用后仍会发黑,表明灯丝的损耗依然存在,因此并不能阻止钨丝的蒸发。

(2) 卤素灯泡。

同样卤素灯泡的灯丝材料也是采用熔点高、发光强的钨,该类灯泡利用卤钨再生循环原理制成。即在混合惰性气体中加入了一定量的卤族元素(如碘、溴),使得从灯丝上蒸发出来的气态钨与卤族元素反应生成了一种挥发性的卤化钨,在扩散到灯丝附近的高温区域后又受热分解,使钨又重新回到灯丝上,如此循环防止了钨的蒸发和灯泡黑化的现象。

卤素灯泡发光效率比白炽灯泡高20%以上。由于卤钨灯泡体积小、耐高温、发光强度高、使用寿命长,现在汽车上广泛使用利用卤钨再生循环原理制造的卤素灯泡。

(3) HID气体放电灯。

这种灯的灯泡里没有传统灯泡的灯丝,取而代之的是装在石英管内的两个电极,管内充有氙气及微量金属(或金属卤化物)。在电极上加上足够高的触发电压后,气体开始电离而导电发光。

HID气体放电灯灯泡发出的光色成分和日光灯非常相似,其照明效果如图5-2-2所示。其发光的亮度是卤素灯泡的2.5倍,寿命可达卤素灯泡的5倍。

HID气体放电灯以汽车12 V蓄电池为电源,利用一个特制的镇流器,在极短的时间内产生约为23kV的触发电压(也称引弧电压)点亮灯泡。

HID气体放电灯通电0.8 s其亮度可达额定亮度的20%(等同于同功率卤素灯的亮度),通电4 s以内达到额定亮度的80%以上。在达到灯泡正常工作温度后,镇流器只需提供约80 V供电电压(功耗只为35 W)即可保持正常工作,可节约40%的电能。

▲ 图5-2-2　HID气体放电灯的照明效果

> **要点提示**
>
> 灯泡表面即使只沾上少许油污、手指印之类的痕迹，都会成为一层有害的物质，在高温下危害严重并破坏玻璃泡壳，所以安装灯泡时，忌用手接触。

2) 反射镜

反射镜的表面形状呈旋转抛物面，如图5-2-3所示，一般由 0.6～0.8 mm厚的薄钢板冲压而成或由热固性塑料制成。其内表面镀银、铝或镀铬，然后抛光处理，目前反射镜内面采用真空镀铝的较多。

反射镜的作用是将灯泡的散射(直射)光聚合成平行光束，如图 5-2-4所示，使光度大大增强。由于前照灯灯泡内灯丝发出的光亮有限，功率仅40～60 W。如无反射镜，只能照亮车前6 m左右的路面。有了反射镜之后，前照灯照射距离可达200 m或更远。

3) 配光镜

配光镜又称散光玻璃，由透光玻璃压制而成，是多块特殊棱镜和透镜的组合，外形一般为圆形和矩形，如图5-2-5(a)所示。

配光镜的作用是将反射镜反射出的平行光束进行折射，使车前的路面有良好而均匀的照明，如图5-2-5中(b)、(c)所示。

▲图5-2-3 半封闭反射镜

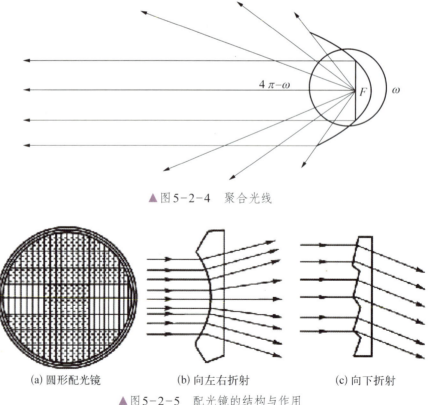

▲图5-2-4 聚合光线

(a)圆形配光镜　　(b)向左右折射　　(c)向下折射

▲图5-2-5 配光镜的结构与作用

3. 前照灯的安装形式

前照灯按照安装方式的不同,可分为外装式前照灯和内装式前照灯。前者整个灯具在汽车上外露安装;后者灯壳嵌装于汽车车身内,装饰圈、配光镜裸露在外。

按前照灯光学组件的结构不同,可将其分为以下几种:

1) 可拆式前照灯

该类灯气密性差,反射镜易受湿气和尘埃污染而降低反射能力,严重影响照明效果,目前已不采用。

2) 封闭式前照灯

封闭式前照灯的反射镜和配光玻璃制成整体,灯丝焊接在反射镜底座上,密封性好,避免了反射镜被污染,照明效果好,封闭式装置延长了前大灯的使用寿命,同时确保了在整个灯泡使用期内光束的亮度。但是当灯丝损坏时,必须将前照灯整体更换。

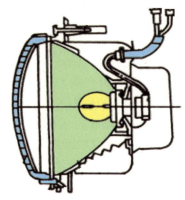

▲图5-2-6 半封闭式前照灯结构

3) 半封闭式前照灯

结构如图5-2-6所示,配光镜可以依靠卷曲反射镜边缘上的牙齿而紧固在反射镜上,两者之间垫有橡皮密封圈,密封圈上粘有黏合剂,紧紧黏合在配光镜和反射镜之间,以防空气和尘埃侵入其内,灯泡是从反射镜的后端装入,并用橡皮防尘罩密封。此类灯如因配光镜破碎,只作总成更换。由于这种灯具减少了对光学组件的影响因素,灯泡更换方便,因此得到广泛使用。

4) 投射式前照灯

为实现前照灯更亮、照射更远、更美观的要求,许多乘用车上采用了投射式前照灯。

投射式前照灯外形特点是装用很厚的无刻纹的凸型散光镜,由于反射镜是椭圆形的,所以外径很小,结构如图5-2-7所示。

投射式前照灯的反射镜有两个焦点,第一焦点处放置灯泡,第二焦点在灯光中形成,凸形散光镜的焦点与第二焦点重合,来自灯泡的光,利用反射镜聚成第二焦点,再通过散光镜将聚集的光投射到前方,投射式前照灯采用的光源为卤素灯泡。

第二焦点附近设有遮光板,可遮挡向上半部分的光,形成明暗分明的配光。

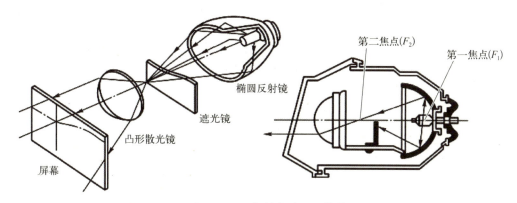

▲图5-2-7 投射式前照灯结构

4. 前照灯防眩目措施

所谓眩目,是指强光突然射入人的眼睛,刺激视网膜,因瞳孔来不及收缩而看不清暗处物体或只能看到亮光。如果夜间会车时,迎面来车的驾驶员因强光而产生眩目,将失去对车辆的控制,这时很容易发生交通事故,所以前照灯必须采取防炫目的措施。

1) 采用远、近光束变换

这是早期采用的防炫目措施。前照灯灯泡采用双丝灯泡,一根灯丝为远光,另一根为近光,由变光开关控制近、远光的切换。夜间公路对面无来车时,使用远光灯。当有来车时,改用近光,使光束射向地面,避免对方来车驾驶员的眩目。

上述防眩目措施只能减轻眩目,还不能彻底避免眩目。因为近光灯丝射向反射镜下部的光线,经反射后将倾斜向上照射,仍有可能使对面来车的驾驶员眩目。

2) 采用近光配光制

为解决上述现象,在汽车前照灯的近光灯丝下方均装设配光屏(又称遮光罩、护罩或光束偏转器),用以遮挡近光灯丝射向反射镜下半部的光线,消除了反射向上照射的光束,提高防眩目效果。按近光的配光不同,有如下几种配光制:

(1) 对称性配光。

该配光方式的特点是:远光灯丝位于反射镜的焦点上,近光灯丝位于焦点的上方并略微向右偏移。近光照明效果如图5-2-8(a)所示,美国、日本采用这一配光方式。

(2) 非对称性配光。

采用非对称配光方式的特点是:远光灯丝位于反射镜的焦点上,近光灯灯丝位于焦点的前方,在其下方装有一个配光屏,当近光接通时,配光屏能让上部分光线经反射后照亮车前30m路段,而下部分光线则完全被配光屏阻挡,无法反射,从而不会产生眩目,近光照明效果如图5-2-8(b)所示,欧洲、我国采用这一配光方式。

(3) Z型非对称性配光。

目前国外还采用了一种更优良的光型,由于明暗截止线呈反Z型,故称为Z形配光,近光照明效果如图5-2-8(c)所示。

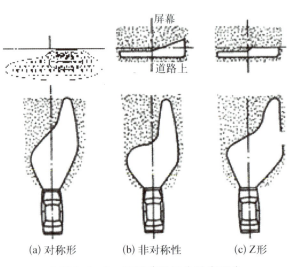

(a) 对称形　　(b) 非对称性　　(c) Z形

▲图5-2-8　不同前照灯的近光配光

Z形近光光线更加优越,不仅可以避免迎面来车驾驶员的眩目,还可以防止迎面而来的行人和非机动车使用者的眩目,进一步提高了汽车夜间行驶的安全性。

三、任务实施

雪佛兰科鲁兹车前照灯总成更换

1. 器材准备

表5-2-2列出了前照灯总成更换所需器材。

表5-2-2　前照灯总成更换所需器材

序号	名称	所需器材	序号	名称	所需器材
1	科鲁兹整车		3	维修手册	
2	组合工具	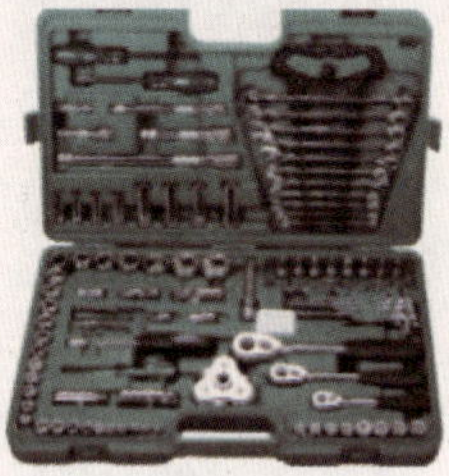	4	前照灯总成	

2. 操作步骤及要求

(1) 查阅维修手册。
(2) 安装车辆防护三件套。
(3) 拆除蓄电池负极
(4) 举升车辆,拆下发动机下部护罩盖卡子与固定螺栓。
(5) 放下车辆,拆卸保险杠上卡子与固定螺栓。
(6) 拆卸两侧的前轮罩衬板螺栓,顶起车辆,拆卸两侧前轮罩衬板塑料卡子和固定螺钉。

(4)

(5)

（7）降下车辆，小心将前保险杠向外拉出，断开所有电气线束连接器，拆下前保险杠。

（8）拆下大灯4个固定螺钉，拆下大灯。

（9）将大灯安装至合适的位置，拧紧4个大灯固定螺钉至2.5 N·m。

（10）连接所有电气线束连接器，安装前保险杠。

（11）安装两侧前轮罩衬板塑料卡子和固定螺丝，顶起车辆，安装两侧的前轮罩衬板螺栓，紧固至2.5 N·m。

（12）放下车辆，安装保险杠上卡子与固定螺栓，紧固至2.5 N·m。

（13）举升车辆，安装发动机下部护罩盖卡子与固定螺栓，紧固至2.5 N·m。

（14）降下车辆，收去车内三件套和车外三件套。

（15）安装蓄电池负极。

（16）开启、检查所有灯光确认完好。

（17）操作结束，车辆恢复原状，清洁、整理工具及场地。

四、拓展学习

威驰车前照灯总成拆装

1. 器材准备

表5-2-3列出了前照灯总成拆装所需器材。

表5-2-3 前照灯总成拆装所需器材

序号	名称	所需器材	序号	名称	所需器材
1	威驰整车		3	防护三件套	
2	套装工具	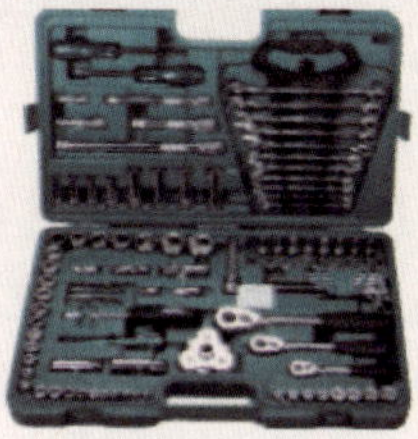	4	维修手册	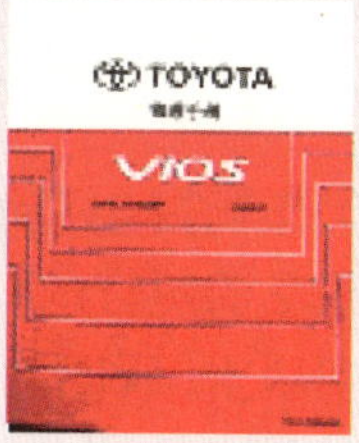

2. 操作步骤与要求

（1）根据维修手册拆卸和安装前照灯总成。
（2）开启、检查所有灯光确认完好。
（3）操作结束，车辆恢复原状，清洁、整理工具及场地。

五、练习与检测

雪佛兰科鲁兹车前照灯灯泡更换

1. 器材准备

表5-2-4列出了前照灯灯泡更换所需器材。

表5-2-4 前照灯灯泡更换所需器材

序号	名称	所需器材	序号	名称	所需器材
1	科鲁兹整车		3	维修手册	
2	套装工具	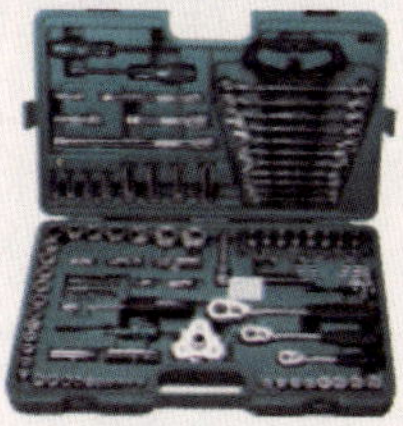	4	前照灯灯泡	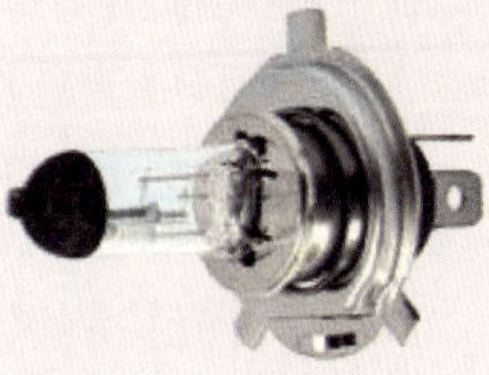

2. 操作步骤及要求

（1）查阅维修手册，根据工艺要求就车更换大灯灯泡。
（2）开启、检查前照灯确认完好。
（3）操作结束，车辆恢复原状，清洁、整理工具及场地。

任务2　前照灯的调整

一、任务描述

当车辆按《机动车运行安全技术条件》参加年检时，在众多的检查项目中，其中有一项是关于汽车前照灯的检查。由于汽车照明装置是汽车主动安全部件之一，是影响汽车行车安全的重要因素，所以世界各国包括我国对汽车前照灯的技术和要求均制定了相应的法规，并用专用的设备检测前照灯的性能。那么前照灯的检查内容有哪些？需要哪些检查设备？如何检查等这些有关检测的技术，需要通过你的学习和实践，获取有关这些专业知识和技能。

二、任务准备

为了保证前照灯的性能，应定期对前照灯进行检测和调整。前照灯的检测方法有两种，即屏幕法检测和前照灯检查仪检测。前一种检测方法简易方便，但受环境、场地等因素制约，很难实施，且无法检测灯光的发光强度。目前维修企业或车辆检验单位都采用仪器检测，据此检查和调整前照灯。

1. 灯光检测仪的类型

按照前照灯检测仪的结构与不同的测量方法，常用汽车前照灯检测仪可分为聚光式、屏幕式、投影式和自动追踪光轴式四种类型。这些不同类型的前照灯检测仪均由接收前照灯光束的受光箱、行走机构两大部分组成。

1）聚光式前照灯检测仪

聚光式前照灯检测仪利用受光器的聚光透镜把前照灯的散射光束聚合起来，并导引到光电池的光照面上，根据其对光电池的照射强度，来检测前照灯的发光强度和光轴偏斜量。检测时，检测仪放在距离前照灯前方1 m处（该检测距离视检测设备而定）。

2）屏幕式前照灯检测仪

屏幕式前照灯检测仪在固定屏幕上装有可以左右移动的活动屏幕，在活动屏幕上装有能上下移动的内部带有光电池的受光器。当前照灯的光束照射到屏幕上后，调整指示旋钮检测发光强度和光轴偏移量，再通过调整前照灯调整螺钉，直至符合检测标准。

3）投影式前照灯检测仪

投影式前照灯检测仪采用把前照灯光束的影像映射到投影屏上，来检测发光强度和光轴偏移量。现以FD—2型灯光检测仪为例进行简单的介绍，其组成如图5-2-9所示。

FD—2灯光检测仪主要由光接收箱和行走机构两大部分组成。光接收箱安装在2根立柱的托架上（立柱上刻有高度指示数值，用mm表示），采用齿轮、齿条传动方式，使光接收箱能沿立柱上下方向运动,其左右方向的运动,则通过底座上的轮子在导轨上滚动完成。

当被检前照灯的光束经透镜汇聚后进入光接收箱,由反射镜将光束折射到显示屏幕上,屏幕上对称地分布5个光检测器,如图5-2-10所示。其中1#、2#检测垂直方向上的光分布情况,其平衡输出连接至光轴上下平衡指示表。3#、4#检测水平方向上的光分布情况,其平衡输出连接至光轴左右平衡指示表。5#检测发光强度,其输出连接到光轴发光强度指示表。

检测时分别旋转上下、左右光轴刻度盘上旋钮(光轴刻度盘的四周边缘印有向左、向右或向上、向下两种指示数值,分别是cm/m和弧度),就可改变反射镜的角度,从而使每个光轴平衡指示表指示为零。此时光轴刻度盘所指示的数值,就是被检前照灯的光轴,在垂直、水平方向上的偏移量,同时发光强度指示表也指示其发光强度,单位为cd(坎德拉)。

4)自动追踪光轴式前照灯检测仪

自动追踪光轴式前照灯检测仪采用光接收器自动追踪光轴的方法,检测前照灯发光强度和光轴偏移量。一般测距离为3 m,其构造如图5-2-11所示。

检测时,前照灯的光束照射到检测仪的光接收器上。此时,若前照灯光束照射方向偏斜,则主、副光接收器的上下光电池或左右光电池的受光量不等,由其电流的差值控制光接收器上下移动的电动机运转、或使左右移动的电动机运转,并通过传动机构驱动光接收器上下移动或驱动控制箱在轨道上左右移动,直至光接收器的上下、左右光电池受光量相等为止。在追踪光轴时,光接收器的位移方向和位移量由光轴偏移指示计指示,发光强度由光度计指示。

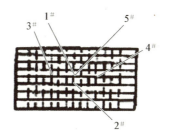

▲图5-2-10 光电池分布图

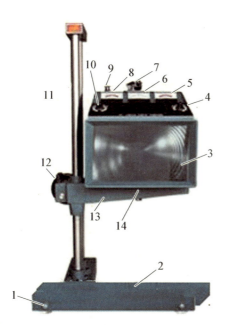

1—滚轮 2—底座 3—聚光透镜 4—光轴上下刻度盘及调整旋钮 5—光轴上下平衡表 6—发光强度表 7—对准瞄准镜 8—光轴左右平衡表 9—电源开关 10—光轴左右刻度盘及调整旋钮 11—立柱 12—上下升降手柄 13—托架 14—测距卷尺

▲图5-2-9 投影式前照灯检测仪

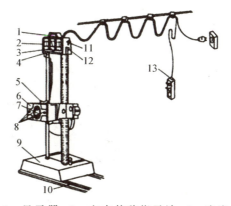

1—显示器 2—左右偏移指示计 3—光度计 4—上下偏移指示计 5—车辆对准瞄准镜 6—光接受器 7—聚光透镜 8—光电池 9—控制箱 10—导轨 11—电源开关 12—熔丝 13—控制盒

▲图5-2-11 自动追踪光轴式前照灯检测仪

2. 前照灯光轴偏移量及发光强度的检测方法

1) 检测前准备

（1）前照灯检测仪的检查。

检查聚光镜、光轴、光强指示仪表（是否模糊不清，指针是否处于中间区域内的位置和零位）、检查仪器上的水准器及导轨（气泡应位于水准器中心的圆圈内，导轨槽内无杂物）、如仪器是采用干电池作为电源的，则需检查电源电压（电源开关旋至"CHECK"挡，光强计指针位置至少 ≥ 300×100cd，如 < 300×100cd，则应更换干电池）。

（2）被检车辆的检查。

被检车必须空载（车内限乘一人）、检查前后轮胎气压是否符合标准、前照灯安装是否正确、抹净散光玻璃、允许发动机运转（装有空气悬挂的车辆，应起动发动机运转 4～5 min，使车辆恢复正常高度）、测量被检车与灯光检测仪之间的距离（视仪器而定）、找准车辆中心线（通过对准瞄准器及左右移动拉手，使车辆的纵轴中心线与仪器的光学中心线重合）。

2) 检测方法

由于前照灯检测仪的类型不同，其检测发光强度和光轴偏斜量的具体方法也不尽相同，但其检测的结果应是一致的，即必须符合国家颁布的《机动车运行安全技术条件》中有关前照灯检测的规定。

这里仅就投影式前照灯检测仪的检测方法作一介绍。

将被检汽车与前照灯检测仪的轨道保持垂直方向，前照灯与检测仪之间应保持一定的检测距离（检测距离视仪器的规定而定）。

用瞄准镜对准，使检测仪与被检汽车对正，然后移动至被检前照灯前。

开启前照灯和检测仪的电源开关，此时检测仪会自动调整，待仪器稳定后，此时光轴指示计上的读数就是被检前照灯的上下、左右光轴偏移量，光度计上的读数就是被检前照灯的发光强度。

三、任务实施

1. 雪佛兰科鲁兹车前照灯的检测

1) 器材准备

表 5-2-5 是前照灯检测所需器材。

表 5-2-5　前照灯检测所需器材

序号	名称	所需器材	序号	名称	所需器材
1	科鲁兹整车		3	维修手册	2013款雪佛兰科鲁兹维修手册
2	灯光检测仪（FD-2）		4	套装工具	

2)测前准备

(1) 检查聚光镜、光轴、光强指示仪表(有否模糊不清,指针是否处于中间区域内的位置和零位)。

(2) 检查仪器上的水准器及导轨(气泡应位于水准器中心的圆圈内,导轨槽内无杂物)。

(3) 检查电源电压(电源开关旋至"CHECK"档,光强计指针位置至少≥300×100cd,如<300×100cd,则应更换干电池)。

(4) 被检车必须空载(车内限乘一人);检查前后轮胎气压是否符合标准;前照灯安装是否正确;抹净散光玻璃;允许发动机运转(装有空气悬挂的车辆,应起动发动机运转4~5min,使车辆恢复正常高度)。

(5) 测量被检车与灯光检测仪之间的距离(应为1m);通过对准瞄准器及上下、左右移动拉手,使车辆的纵轴中心线与仪器的光学中心线重合。

3) 近光配光特性的检测

(1) 将左右、上下光轴刻度盘上旋钮的标记均置于"0"位。

(2) 通过对准瞄准器和移动拉手,使车辆的纵轴中心线与仪器的光学中心线重合。

(3) 开启远光灯,电源开关旋至"400"挡,打开影响瞄准器盖,移动光接收器位置,使被检前照灯的影响落在影像瞄准器的正中央,然后变换至近光灯,其光分布特性通过仪器的屏幕呈现出来(我国采用欧洲非对称性配光方式)。

(4) 分别旋转左右、上下刻度盘旋钮,使明截止线的水平部分与屏幕上垂直方向的"0"线重合,使明暗截止线的水平部分与斜线部分的拐点与屏幕上水平方向的"0"线重合,如图5-2-12所示。

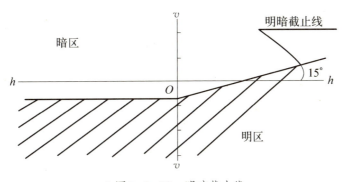

▲图5-2-12 明暗截止线

(5) 检测结果如不在上述范围内,应对该灯进行调整。经调整后仍不符要求,则应更换大灯灯泡或对前照灯进行检修,直至符合要求。

4) 远光灯光轴偏移及光强的检测

(1) 在上述检查的基础上,切换至远光灯,旋转左右、上下光轴刻度盘上的旋钮,使光轴平衡指示仪表指针指向正中位置(黑色区域内),此时,光轴刻度盘上的读数就是被检前照灯的左右、上下光轴的偏移量,发光强度计指示前照灯的发光强度(若发光强度计上指针偏出刻度范围,电源开关应选择"800"挡测量)。

(2) 由于每一款车的前照灯中心离地高度都有规定,在远光检测的同时,可通过立柱上的高度指示数值,显示被检前照灯中心离地的高度。如不符合要求则需检修,直至符合要求。

(3) 对每一只前照灯进行上述的检测,以求得每只灯的光轴在垂直、水平方向上的偏移量和发光强度。

（4）根据检测技术要求和实际检测结果，判断是否符合《机动车运行安全技术条件》中有关前照灯的规定。

2. 雪佛兰科鲁兹车前照灯的调整

1）器材准备

见表5-2-5所列。

2）操作要求

如前照灯检测结果不符合我国《机动车运行安全技术条件》中的规定，则需对前照灯进行调整，调整部位如图5-2-13所示（1为上下方向的调整、2为水平方向的调整）。

（1）车辆停放可靠，撑起发动机舱盖，检查蓄电池的电量，如低于12 V，起动发动机或更换蓄电池。

（2）开启远光灯，根据灯光检测仪上下指示仪表上的偏差，用内六角扳手转动上图中的1进行调整，直至符合检测标准。

（3）根据灯光检测仪左右指示仪表上的偏差，用内六角扳手转动图5-2-13中的2进行调整，直至符合检测标准。

（4）检测结束，车辆、仪器恢复原状。

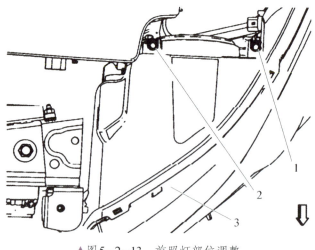

▲图5-2-13 前照灯部位调整

四、拓展学习

朗逸车前照灯的检测和调整

1. 器材准备

表5-2-6列出了前照灯检测所需器材。

表5-2-6 前照灯检测所需器材

序号	名称	所需器材	序号	名称	所需器材
1	朗逸整车		3	维修手册	
2	灯光检测仪（FD-2）		4	组合工具	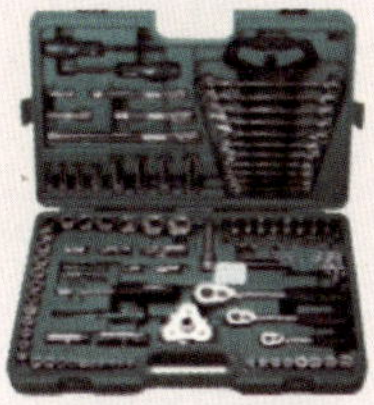

2. 操作步骤与要求

（1）参阅任务实施中的前照灯的检测、前照灯的调整进行操作。
（2）检测结束，车辆、仪器恢复原状，切断电源。

五、练习与检测

威驰车前照灯的检测和调整

1. 器材准备

表5-2-7列出了前照灯检测所需器材。

表5-2-7 前照灯检测所需器材

序号	名称	所需器材	序号	名称	所需器材
1	威驰整车		3	维修手册	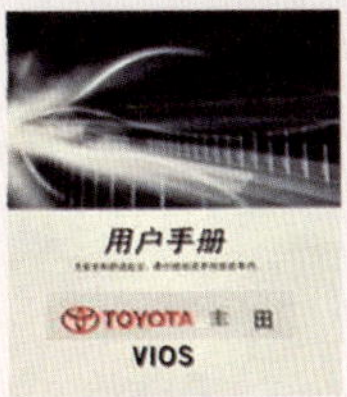
2	组合工具	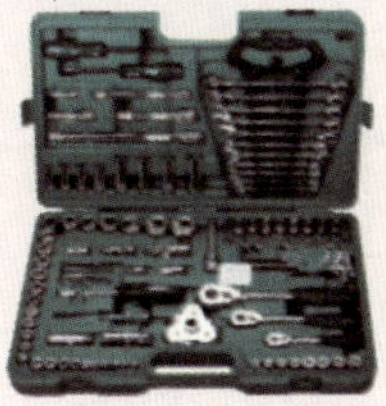	4	灯光检测仪（FD-2）	

2. 操作要求

（1）参阅任务实施中的前照灯的检测、前照灯的调整进行操作。
（2）检测结束，车辆、仪器恢复原状，切断电源。

任务3　照明系统电路检测

一、任务描述

车辆在夜间行驶过程中，打开前照灯，发现左侧近光灯不亮，而右侧近光灯正常。那么这是什么原因造成的？如何检修呢？这些有关照明电路的知识和技能，需要通过你的学习和实践，才能理解和掌握。

二、任务准备

在前面的学习过程中，我们知道了电路的基本组成由电源、开关、用电器和导线等构成。

前照灯基本控制电路如图5-2-14所示，一般由远光灯、近光灯、车灯开关、灯光继电器、变光器（又称变光开关）和熔丝等组成。

如图5-2-14所示，在灯光开关上有两个火线接线柱1和5，分别给前照灯电路和小灯电路供电，防止当一个电路出现断路故障时，全车灯均不亮。

灯光开关处于Off挡时，切断所有照明的供电电路。在Park挡时，通过接线柱3接通小灯、尾灯、牌照灯和仪表灯；在Head挡时，通过接线柱2接通前照灯电路，Park灯光开关电路继续接通，仪表灯的亮度调节旋钮是由一个变阻器组成的，可单独安装在仪表板上，也可安装在灯光开关上。

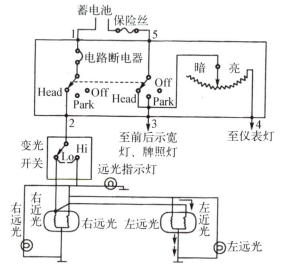

▲图5-2-14　前照灯基本电路的组成

项目五　汽车照明与信号系统检修

1. 照明系统电路的组成

图5-1-15是一张雪佛兰科鲁兹车的前照灯线路图。

在这张图上，我们可以学习车辆前照灯控制的原理，所以我们称此类图为原理图。为了能准确阅读电路图中的内容，我们需要查阅相关的电气设备列表，查阅维修手册后，整理后如表5-2-8所列。

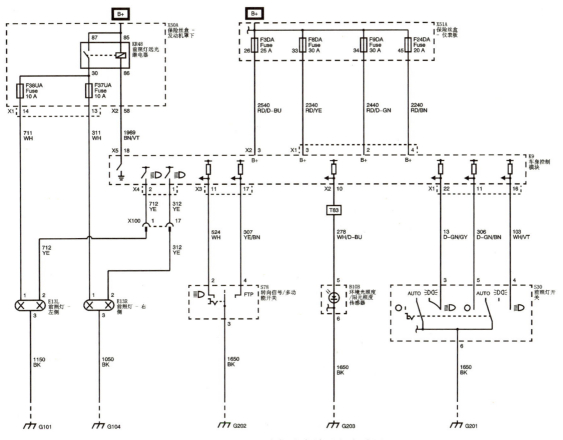

▲图5-2-15　科鲁兹车前照灯电路图

表5-2-8　电气设备列表

序号	代码	名称	选装件	位　　置	定　位　图	连接器端视图
1	E13L	前照灯—左侧		车辆左前角，前大灯内	车辆前部部件	E13L大灯总成—左侧
2	E13R	前照灯—右侧		车辆右前角，前大灯内	车辆前部部件	E13R大灯总成—右侧
3	S30	大灯开关		左侧仪表板下方，转向柱左侧	仪表板和中央控制台部件	S30大灯开关

(续表)

序号	代码	名称	选装件	位　置	定 位 图	连接器端视图
4	K9	车身控制单元（BCM）		仪表板中央下方,烟灰盒下方,靠近地板乘客舱右侧部件	仪表板和中央控制台部件	K9车身控制模块X1 K9车身控制模块X2 K9车身控制模块X3 K9车身控制模块X4 K9车身控制模块X5 K9车身控制模块X6 K9车身控制模块X7

在实际修理过程中,我们不仅需要看懂和理解电路图及控制原理,还需要在车上找到与电路有关的零部件。为此,通过定位图能帮助我们迅速找到相关的电气部件的安装位置,如图5-2-16为车身控制单元实际的安装位置。

2. 车身控制单元控制的照明系统

下面我们以科鲁兹车的前照灯电路图5-2-15为例,介绍车身控制单元控制的照明系统。

1) 近光灯控制

车辆前照灯由车身控制模块(BCM)根据来自大灯开关和转向信号/多功能开关的输入信号来控制。大灯开关有四个位置,分别为关闭、自动、驻车灯、近光灯。

对于装备有环境光照传感器的车辆,大灯开关默认位置为自动,通过此位置,车身控制模

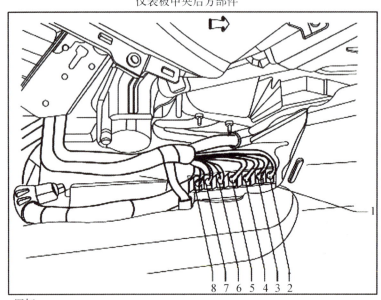

图标
1. K9车控制模块　　2. K9车身控制模块×7　　3. K9车身控制模块×6
4. K9车身控制模块×5　　5. K9车身控制模块×4　　6. K9车身控制模块×3
7. K9车身控制模块×2　　6. K9车身控制模块×1

▲图5-2-16　车身控制模块位置图

块根据环境光照传感器的信号,自动接通小灯或近光灯。

大灯开关置于关闭位置时,大灯开关向车身控制模块提供搭铁信号,车身控制模块关闭所有灯光。

大灯开关置于小灯位置仅点亮车辆的驻车灯和牌照灯。

大灯开关置于近光灯位置将点亮驻车灯和前照灯,此时车身控制模块不考虑其他因素(如环境光照)。其工作过程如下:

蓄电池 B+ 通过 X51 熔丝盒内 F3#、F8#、F9#、F24# 熔丝向 BCM(车身控制模块)常供电,当 S30(大灯开关)开至近光位置,该接地信号通过 S30 的 4#、BCMX1 插接器 16# 提供至 BCM。BCM 收到信号后,给 X4 号插接器 1#、2# 供电,然后分别通过左侧、右侧近光灯的 2#,经灯泡接地后,近光灯点亮。

2)远光灯控制

远光灯由超车闪光开关和变光开关控制,它们位于转向信号/多功能开关上。

超车闪光开关是瞬时接触开关,只要抬起开关就可点亮远光灯,释放熄灭。

前照灯变光开关允许操作者在全天候远光或近光操作之间选择,与超车闪光开关不同,它不是瞬时接触开关。当前照灯变光开关置于远光位置时,前照灯变光开关远光信号电路搭铁,这样会提示车身控制模块点亮远光灯。

3)前雾灯控制

如图 5-2-17 所示,按下前雾灯开关,+5 V 电源经开关、BCMX1 插接器的 9# 送至 BCM。

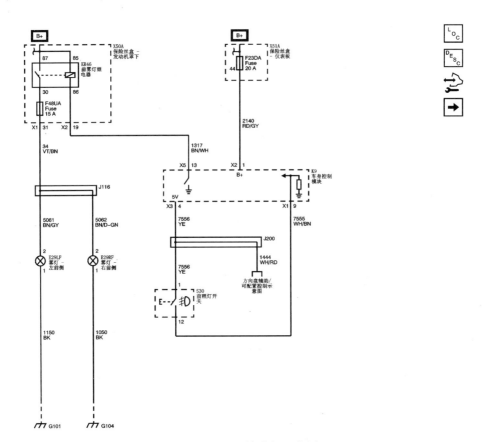

▲图 5-2-17 前雾灯示意图

BCM通过向前雾灯继电器控制电路提供搭铁,使前雾灯继电器内电磁线圈通电,继电器触点闭合,蓄电池B+通过X50A继电器、熔丝盒内的F48#熔丝提供至前雾灯电路,从而点亮前雾灯。

4) 后雾灯控制

如图5-2-18所示,按下后雾灯开关,+5 V电源经开关、BCMX1插接器的9#送至BCM。BCM通过向后雾灯继电器控制电路提供搭铁,使后雾灯继电器内电磁线圈通电,继电器触点闭合,蓄电池B+通过X50A(继电器、熔丝盒)内的F48#熔丝提供至后雾灯电路,从而点亮后雾灯。

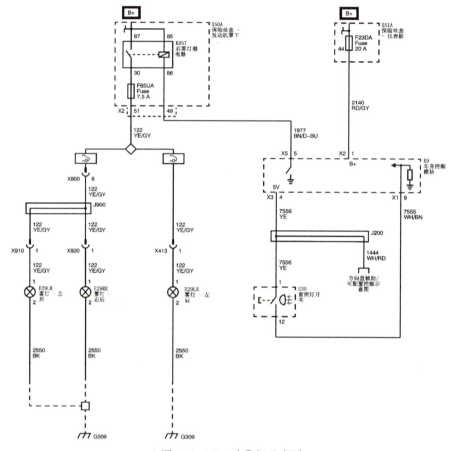

▲图5-2-18 后雾灯示意图

5) 车内灯控制(一)

如图5-2-19所示,BCM(车身控制模块)向顶灯/阅读灯、遮阳板灯、手套箱灯等开关提供蓄电池B+。当接通相关开关时,顶灯/阅读灯、左右侧遮阳板灯、手套箱灯将相应点亮,上述这些灯是不可调光的。

6) 车内灯控制(二)

如图5-2-20、5-2-21所示,当大灯开关开至驻车灯位置时,驻车灯电源电压电路向BCM(车身控制模块)提供一个输入信号,BCM通过变光控制电路向仪表板组合仪表变光器开关提供蓄电池B+电压,然后变光器开关的设置通过低电平参考电压电路向BCM提供一个能变化的电压信号,经BCM解读该电压信号后,随后BCM向车内所有可调光的背景灯(大灯开关、电子稳定控制开关、自动变速器换挡杆位置指示器、左侧方向盘控制开关、右侧方向盘控制开关、

项目五 汽车照明与信号系统检修

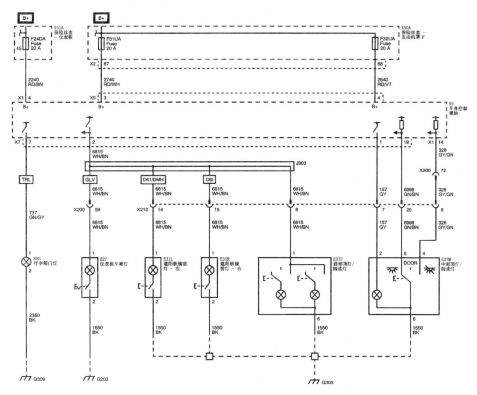

▲图5-2-19 车内灯示意图(顶灯和阅读灯、遮阳板灯和手套箱灯)

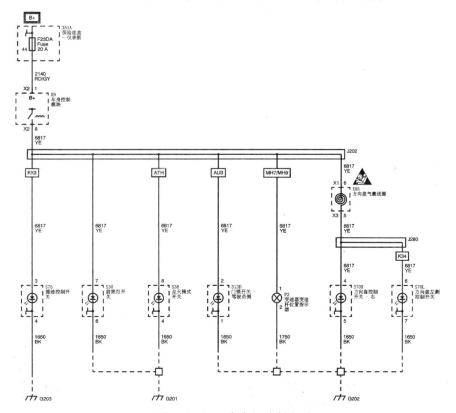

▲图5-2-20 车内灯控制(一)

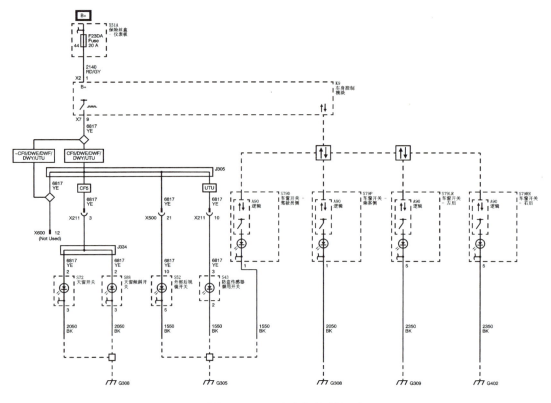

▲图5-2-21 车内灯控制(二)

安全气囊系统仪表板模块指示灯、驾驶员侧门锁开关、点火模式开关、车外后视镜开关、行李厢盖释放开关、天窗开关等指示灯)发送一个脉宽调制电压。此时,上述这些背景灯都获得一个特定电压,然后接地点亮。

当把仪表板组合仪表变光器开关从最小值移动到最大值时,所有背景灯都从最小亮度变为最大亮度,以响应仪表板组合仪表变光器开关。

三、任务实施

1. 雪佛兰科鲁兹车近光灯电路检测

1) 器材准备

表5-2-10列出了近光灯电路检测所需器材。

表5-2-10 近光灯电路检测所需器材

序号	名称	所需器材	序号	名称	所需器材
1	科鲁兹整车		2	数字万用表	

序号	名称	所需器材	序号	名称	所需器材
3	维修手册	上海通用汽车 SHANGHAI GM 2013款雪佛兰科鲁兹维修手册	4	套装工具	

2) 操作步骤及要求

(1) 阅读维修手册有关车外照明内容,按维修手册有关要求操作。
(2) 断开前照灯上的线束插接器,大灯开关置于近光挡。
(3) 万用表电压挡测试前照灯线束插接器上 $2^{\#}$ 插脚和接地之间的电压,应有 12 V 电压。
(4) 万用表电阻挡测试前照灯线束插接器 $3^{\#}$ 插脚和接地之间的电阻,应 $<5\ \Omega$。
(5) 检测结束,车辆、仪器恢复原状。

2. 雪佛兰科鲁兹车远光灯电路检测

1) 器材准备
见表 5-2-10 所列。

2) 操作步骤及要求

(1) 阅读维修手册有关车外照明内容,按维修手册有关要求操作。
(2) 断开前照灯上的线束插接器,大灯开关置于远光挡。
(3) 万用表电压挡测试 X50A(继电器、熔丝盒)中 $37^{\#}$、$38^{\#}$ 熔丝与接地之间的电压,应有 12 V 电压。
(4) 万用表电压挡测试前照灯线束插接器上 $1^{\#}$ 插脚和接地之间的电压,应有 12 V 电压。
(5) 万用表电阻挡测试前照灯线束插接器 $3^{\#}$ 插脚和接地之间的电阻,应 $<5\ \Omega$。
(6) 检测结束,车辆、仪器恢复原状。

四、拓展学习

雪佛兰科鲁兹车前雾灯电路检测

1. 器材准备
见表 5-2-10 所列。

2. 操作步骤与要求

(1) 阅读维修手册有关车外照明内容,按维修手册有关要求操作。
(2) 断开前雾灯上的线束插接器,雾灯开关置于前雾灯挡。
(3) 万用表电压挡测试 X50A(继电器、熔丝盒)中 $48^{\#}$ 熔丝与接地之间的电压,应有 12 V 电压。

（4）万用表电压挡测试前雾灯线束插接器上2#插脚和接地之间的电压，应有12 V电压。

（5）万用表电阻挡测试前照灯线束插接器1#插脚和接地之间的电阻，应<5 Ω。

（6）检测结束，车辆、仪器恢复原状。

五、练习与检测

雪佛兰科鲁兹车车内照明电路检测

1. 器材准备

见表5-2-10所列。

2. 操作步骤与要求

（1）阅读维修手册有关车内照明内容，按维修手册有关要求操作。

（2）检查相应的电路、熔丝、开关和灯泡。

（3）检测结束，车辆、仪器恢复原状。

模块三 汽车信号系统检修

学习目标

1. 能说明汽车信号装置的种类和功用。
2. 能完成汽车信号装置的操作。
3. 能完成汽车信号灯具的更换。
4. 能完成汽车信号系统的电路检测。
5. 培养分析、思考、沟通和表达能力。

学习导入

车辆信号系统也是一种交通语言,其存在的意义除了让驾驶员及时对其他车辆、行人发出提醒和警示,还能让周围的车辆、行人能够观察到自身车辆的行驶轨迹及去向,对于行车安全有着重要的意义。

任务1 信号装置的操作

一、任务描述

在汽车起步、转弯、变更车道或路边停车时,需要打开转向信号灯以表示汽车的趋向;当挂上倒挡时,倒车灯会自动点亮,在照明车后侧地面的同时警示后方车辆、行人注意安全。

如何区分这些信号灯具?它们各自的特点有哪些及如何使用这些装置?相信你通过本次任务的学习和实践,能说明信号灯具的种类和功用,并能完成这些信号灯具的操作。

二、任务准备

1. 汽车信号装置的种类与功用

信号装置的作用是向他人或其他车辆发出警告和示意的信号,主要有小灯、示廓灯、挂车标志灯、转向信号灯、危险警告灯、制动信号灯、倒车信号灯及喇叭等,如图5-3-1所示。各信号灯具的作用如下:

1) 小灯（也叫位置灯或示宽灯）

安装在汽车前部、后部的两侧，前部灯具光色为白色，后部位红色，以标志车辆的形位变化等状况。

夜间行驶或停靠路边时要求从车前和车尾 150 m 远处能确认这些灯光信号。

2) 转向信号灯

主转向灯一般安装在汽车头、尾部的左右两侧，用来指示车辆的变道、转弯、路边停车，以提醒周围车辆和行人注意，通常在汽车前侧翼子板上装有侧转向灯或安装在左右后视镜的背面上。

转向灯灯具光色为琥珀色，转向时，灯光呈闪烁状，频率为 1.5 ± 0.5 Hz（70～90次/min），起动时间不大于 1.5 s。

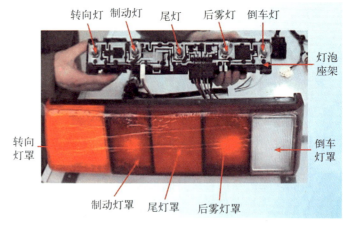

▲图 5-3-1 后组合灯

3) 危险警告灯

由转向灯兼任，在紧急遇险状态需其他车辆注意避让时，全部转向灯可通过危险报警灯开关接通同时闪烁。

4) 制动信号灯

安装在车辆尾部，在踩下制动踏板时，发出较强红光，以示制动。灯具显示面积较尾灯大，主体颜色为红色，以便后面行驶的车辆即使在能见度较低的情况下，易于发现前方车辆的制动，防止追尾事故的发生。

5) 高位制动灯

安装在后窗边沿上或车尾上部，以避免尾随大型车辆碰撞前车的危险。由于汽车已有两个制动灯安装在车后端，所以高位制动灯也叫第三制动灯，光色为红色。

6) 倒车信号灯

安装在汽车尾部，挂入倒挡时，自动点亮，在照亮车后侧地面的同时警示后方车辆、行人注意安全，光色为白色。

7) 示廓灯（俗称角标灯）

空载车高 3.0 m 以上的车辆均应安装示廓灯，标示车辆轮廓。

8) 警示灯

一般装于车顶部，用来标示车辆特殊类型。消防车、警车用红色；救护车为蓝色；警灯旋转速度为每秒 2～6 次。

9) 喇叭

用来警告行人和其他车辆，以引起注意，保证行车的安全。

 点拨

小型乘用车都采用组合灯具，即把前照灯、前转向灯、小灯等组合在一起，构成前组合灯。把倒车灯、制动灯、后转向灯、尾灯等组合在一起，构成后组合灯。

三、任务实施

1. 雪佛兰科鲁兹车信号装置的操作

1）器材准备

表5-3-1列出了车辆信号装置操作所需器材。

表5-3-1　车辆信号装置操作所需器材

序号	名称	所需器材	序号	名称	所需器材
1	科鲁兹整车		2	用户手册	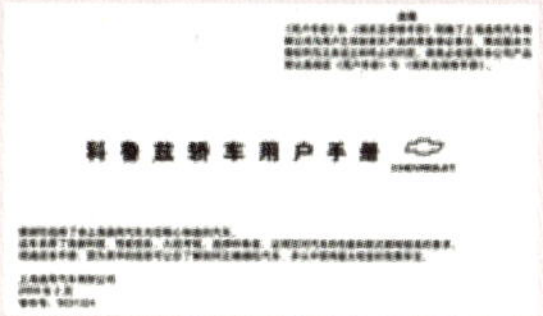

2）操作步骤及要求

（1）参考用户手册，找到车辆信号装置的控制开关。
（2）开启转向灯、危险警告灯，观察车外方向灯的位置和闪烁频率。
（3）踩刹车、挂倒挡，观察制动灯、倒车灯的位置。
（4）操作结束后，关闭车辆信号装置恢复原状。

2. 雪佛兰科鲁兹车后组合灯的更换

1）器材准备

表5-3-2上列出了后组合灯更换所需器材。

表5-3-2　后组合灯更换所需器材

序号	名称	所需器材	序号	名称	所需器材
1	科鲁兹整车		3	后组合灯总成	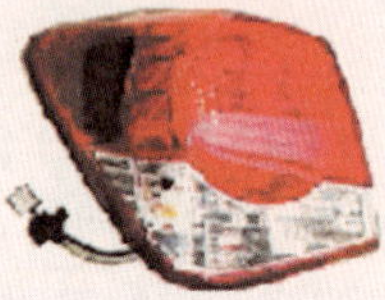
2	套装工具	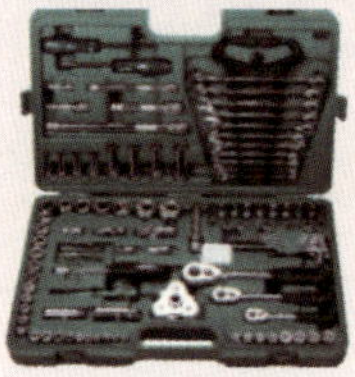	4	维修手册	 2013款雪佛兰科鲁兹维修手册

2）操作步骤及要求

（1）查阅维修手册中有关后组合灯更换说明。

(2) 打开行李箱盖,安放防护布。
(3) 翻开2个尾灯螺栓开口盖,如图5-3-2中的1。
(4) 拧下2个尾灯螺栓,如图5-3-2中的2,取下后组合灯,如图5-3-2中的3。
(5) 旋出所有灯座并将灯座旋入新组合灯上。
(6) 拧上两个固定螺钉合上开口盖。
(7) 开启灯光,组合灯应能正常亮起。
(8) 操作结束后,收起防护布和工具恢复原状。

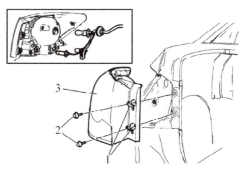

▲图5-3-2 后组合灯更换

四、拓展学习

威驰车信号装置的操作

1. 器材准备

表5-3-3列出了车辆信号装置操作所需器材。

表5-3-3 车辆信号装置操作所需器材

序号	名称	所需器材	序号	名称	所需器材
1	威驰整车		2	用户手册	

2. 操作步骤与要求

(1) 参考用户手册,找到车辆信号装置的控制开关。
(2) 开启转向灯、危险警告灯,观察方向灯的位置和闪烁频率。
(3) 踩刹车、挂倒挡,观察制动灯、倒车灯的位置。
(4) 操作结束后,关闭车辆信号装置恢复原状。

五、练习与检测

雪佛兰科鲁兹车高位制动灯的更换

1. 器材准备

表5-3-4列出了高位制动灯更换所需器材。

表5-3-4 高位制动灯更换所需器材

序号	名称	所需器材	序号	名称	所需器材
1	科鲁兹整车		3	高位制动灯	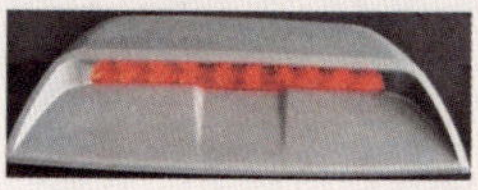
2	套装工具	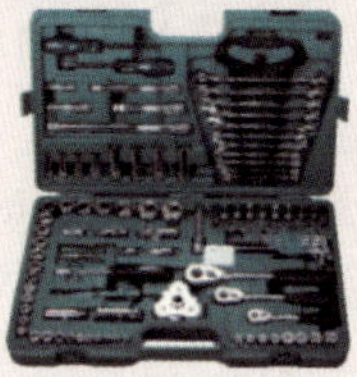	4	维修手册	2013款雪佛兰科鲁兹维修手册

2. 操作步骤与要求

（1）查阅维修手册中有关的更换说明，更换高位制动灯总成。
（2）确认高位制动灯点亮。
（3）操作结束，车辆恢复原状，清洁、整理工具及场地。

任务2　信号系统电路识读与检测

一、任务描述

车辆踩下踏板制动时，车后的2个制动灯均应点亮，但有时会发现车辆的制动灯，只有一个点亮。还有车辆转弯时，转向灯的闪烁频率变得异常，这些情况的发生，对后方行驶的车辆来说是很危险的。如何及时发现？如何减少这类安全隐患？这就是本次任务需要学习的内容。

二、任务准备

1. 制动信号灯电路的组成

制动信号灯是汽车行驶时向后方表示正在减速或要停车的信号，提请尾随其后的汽车驾驶员注意，以避免造成追尾事故。

由于制动信号灯的重要性，对于制动灯的安装有所要求，通常安装在车尾两侧，其上缘距地面高度不大于1.5 m，外缘距车外侧不大于400 mm，两制动灯应对称于汽车的纵轴线并在同一高度上。制动信号灯的光色为红色。高位制动灯安装在小型乘用车的后窗中心线附近，使尾随在后的汽车驾驶员能通过高位制动灯，了解前面汽车的行驶状况。

制动信号灯受汽车制动开关控制，其主要控制方式有：机械控制、液压控制和气压控制等，如图5-3-3所示，为常见机械开关控制制动灯电路。

机械控制开关与制动踏板连动，当踩下制动踏板时，开关闭合，制动灯亮。松开踏板，开关

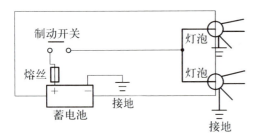

▲图 5-3-3 常见制动灯电路

断开,制动灯熄灭。

液压或气压式开关安装在制动总泵出口处或制动管路上,当踩下制动踏板,液压管路(或气压管路)中压力增加时,在开关膜片的作用下,开关闭合,制动灯点亮。松开制动踏板时,管路压力下降,开关断开,灯熄灭。

除了上述这些控制形式外,目前有些车辆装有制动踏板位置传感器,用于感测驾驶员踩下制动踏板的动作,如雪佛兰科鲁兹车就采用该种方式,通过车身控制单元控制制动灯的亮和灭,如图5-3-4所示。其工作过程如下:

制动踏板位置传感器提供一个模拟电压信号,当踩下制动踏板时该信号将增大。车身控制模块向制动踏板位置传感器提供一个低电平参考电压信号和一个 5 V 参考电压。当可变信号达到电压阈值(即制动器接合时),车身控制模块将向制动灯控制电路和中置高位制动灯控制电路提供蓄电池电压,控制电路通电时制动灯点亮。

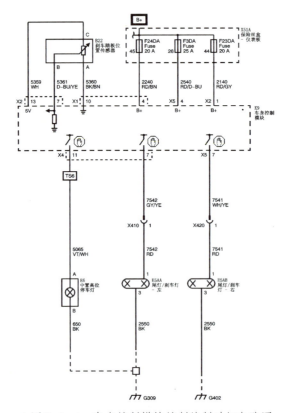

▲图 5-3-4 车身控制模块控制的制动灯电路图

2. 倒车灯电路的组成

汽车倒车时,为了提示车后的车辆或行人注意避让,在汽车的后部装有倒车灯和倒车蜂鸣器(或倒车语音报警器),它们均由装在变速器上的倒挡开关控制。

当变速杆挂入倒挡时,倒挡开关闭合,接通倒车报警器和倒车灯电路,从而发出声、光信号,

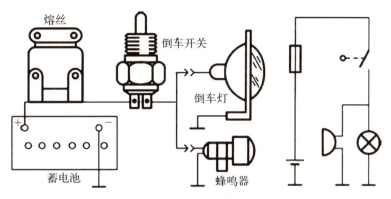

▲图 5-3-5 倒车灯电路图

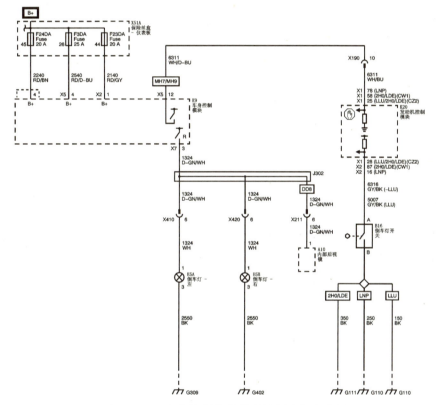

▲图 5-3-6 车身控制模块控制的倒车灯电路图

如图 5-3-5 为解放 CA1092 汽车倒车信号电路。

用车身控制模块（BCM）控制的倒车灯电路图如 5-3-6 所示，当换挡杆挂入倒车挡，变速器控制模块向车身控制模块发送串行数据信息，车身控制模块向倒车灯电路提供蓄电池电压，倒车灯点亮。当驾驶员将换挡杆移出倒挡位置，变速器控制模块就通过串行数据发送信息，车身控制模块从倒车灯控制电路上撤销蓄电池电压，倒车灯熄灭。

3. 转向灯电路的组成

转向灯电路主要由闪光继电器（简称闪光器）、转向灯开关、转向灯和转向指示灯等组成。在汽车起步、转弯、变更车道或路边临时停车需开启转向灯,此时要求闪光器能及时反应(<1.5 s),并按一定的频率(1.5±0.5 Hz、70～90次/min)使左边或右边的前后转向灯呈闪烁状。

汽车常见的闪光继电器大致有如下几种类型:电热丝式闪光器、电容式闪光器、翼片式闪光器、电子式闪光器和车身控制模块控制的闪光器。由于上述前三种闪光器很少使用,这里仅对其个别闪光器略作介绍,以了解闪光器的发展过程。

1) 电容式闪光器

电容式闪光器由一个继电器和一个电容器组成。在继电器的铁芯上绕有串联线圈和并联线圈,电容器采用大容量的电解电容(约1 500 μF)。其简单工作原理如下:

利用电容器的充、放电延时特性,使继电器的两个线圈产生的电磁吸力时而相加,时而相减,继电器便产生周期的开关动作,从而使转向信号灯闪烁。

2) 翼片式闪光器

翼片式闪光器的结构,如图5-3-7所示。其简单工作原理如下:

转向灯开关闭合后,转向灯点亮的同时,电流流经热胀条,受热后发生弯曲,使翼片变形,从而接通或断开触点,使转向灯闪烁。

3) 电子闪光器

由于电子闪光器闪光频率稳定、亮暗分清晰、无发热元件、工作可靠等优点,故被广泛使用。电子闪光器按其结构特点,基本可分为带触点、无触点和集成电路等形式,这里仅对使用较广的带触点晶体管闪光器和车身控制模块控制的转向灯进行介绍。

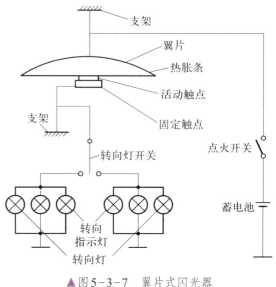

▲图5-3-7 翼片式闪光器

(1) 带触点的晶体管闪光器。

如图5-3-8所示,该闪光器主要由晶体管开关电路、继电器(一付常开触点)、电解电容器、电阻等组成。其简单工作原理如下:

当开关合上时,电源+→SW→R_4→V_{2b}→V_{2e}→接地(V_2导通);

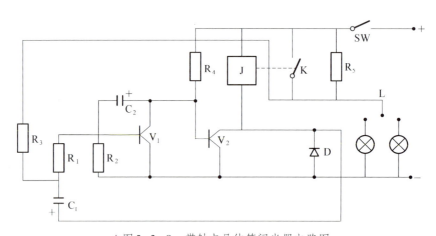

▲图5-3-8 带触点晶体管闪光器电路图

电源+→SW→J(线圈)→V_{2C}→V_{2e}→接地(J通电,K闭合);

电源+→SW→K→L→转向灯→接地(转向灯亮);

C_1→V_{2c}→V_{2e}→接地→R_2→R_1→C_1(C_1放电);

电源+→SW→K→R_3→R_1→V_{1b}→V_{1e}→接地(V_1导通);

电源+→SW→R_4→V_{1c}→V_{1e}→接地(V_2截止,J失电,K断开,转向灯熄灭);

L→R_3→R_1→R_2→接地→L(V_{1b}电位下降,V_1截止)。

于是重复上述步骤,实现了灯的闪烁。

(2) 车身控制模块控制的转向灯。

用车身控制模块(BCM)控制的转向灯电路图,如5-3-9所示。

从图中可看出转向信号/多功能开关始终提供搭铁,转向灯只能在点火开关置于ON(打开)或START(启动)位置时才点亮。

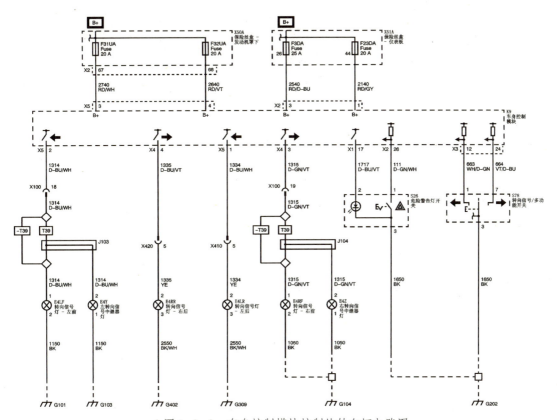

▲图5-3-9 车身控制模块控制的转向灯电路图

 点 拨

危险警告闪光灯可以在任何电源模式中激活,当危险警告开关置于接通位置时,通过危险警告开关信号电路向车身控制模块(BCM)提供搭铁。车身控制模块以ON(打开)和OFF(关闭)占空比形式向所有转向信号灯提供蓄电池电压。同时车身控制模块向组合仪表发送一个串行数据信息,请求转向信号指示灯点亮和熄灭。

当转向信号/多功能开关置于右转或左转位置时,通过右转或左转开关的信号电路向车身控制模块提供搭铁。车身控制模块接收到转向信号请求时,车身控制模块通过相应的电源电压电路向前转向灯和后转向灯提供脉冲电压,同时将串行数据信息发送至组合仪表,请求各转向信号指示灯点亮和熄灭。

4. 电喇叭电路的组成

1) 电喇叭的作用与类型

汽车上都装有喇叭,用来警告行人和其他车辆,以引起注意,保证行车安全。

喇叭按发音动力的不同分为气喇叭和电喇叭两类;电喇叭按外形分有螺旋形、筒形和盆形,如图5-3-10所示;按声频分有高音和低音两种。

(a) 螺旋(蜗牛)形喇叭　　(b) 盆形喇叭　　(c) 筒形电动气喇叭

▲图5-3-10　喇叭外形

气喇叭是利用气流冲击使金属膜片振动产生声响的,外形一般为长筒形,多用在具有空气制动装置的载货汽车上。

电喇叭按有无触点可分为普通电喇叭和电子喇叭两种,普通电喇叭主要是靠触点的闭合和断开,控制电磁线圈激励膜片振动而产生声响;电子喇叭则利用晶体管电路产生的脉冲激励膜片振动产生声响。

由于盆形喇叭具有体积小、质量轻、指向好、噪声小等优点,在小型乘用车上,多采用盆形喇叭。尽管有些城市道路禁鸣喇叭,但是喇叭也是《机动车运行安全技术条件》中的一个检查项目,具体要求是:汽车喇叭声级在距车前2 m、离地面1.2 m处用喇叭分贝仪测量时,其值应为90～105 dB(分贝)。

2) 电喇叭的控制电路

(1) 喇叭的控制电路。

汽车超车时,为了提示前方的车辆或行人注意避让,在汽车的前部装有电喇叭,由喇叭开关控制。

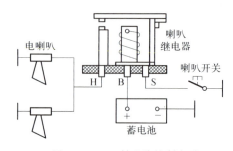

▲图5-3-11　喇叭的控制电路

当按下喇叭开关时,喇叭继电器通电,接通喇叭电路,从而喇叭发出响声,如图5-3-11为典型的电喇叭控制电路。

(2) 车身控制模块控制的喇叭电路。

用车身控制模块(BCM)控制的喇叭电路图,如图5-3-12所示。

从图中可看出车身控制模块检测喇叭开关信号电路,当按下喇叭开关时,喇叭信号电路接地,车

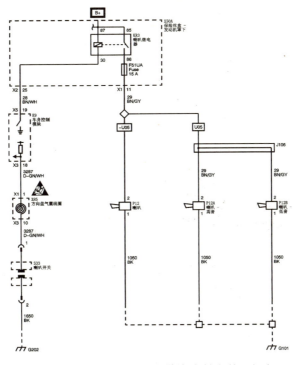

▲图5-3-12 车身控制模块控制的喇叭电路

身控制模块检测到喇叭开关信号电路的电压下降,于是车身控制模块向喇叭继电器线圈提供搭铁,触点闭合,B+经X50A继电器/熔丝盒中的51#熔丝向喇叭供电,鸣响喇叭。

三、任务实施

1. 雪佛兰科鲁兹车制动灯电路的绘制

1) 器材准备

表5-3-5上列出了绘制制动灯电路所需器材。

表5-3-5 绘制制动灯电路所需器材

序号	名　称	所需器材	序号	名　称	所需器材
1	维修手册	上海通用汽车 SHANGHAI GM 2013款雪佛兰科鲁兹维修手册	2	绘图工具	

2) 操作步骤与要求

(1) 查找和阅读制动灯电路图。
(2) 绘制一张制动灯电路简图。
(3) 在简图上标注出有关元件的名称和针脚号。

2. 雪佛兰科鲁兹车制动灯电路的检测

1)器材准备

表5-3-6列出了制动灯电路检测所需器材。

表5-3-6 制动灯电路检测所需器材

序号	名称	所需器材	序号	名称	所需器材
1	科鲁兹整车		3	测试灯	
2	套装工具		4	维修手册	2013款雪佛兰科鲁兹维修手册
5	数字万用表		6	KT600诊断仪	

2)操作步骤与要求

(1)阅读维修手册有关制动灯的内容,参考所绘制的电路简图。
(2)点火开关置于OFF位置,断开后组合灯的线束连接器。
(3)万用表电阻挡测试线束连接器端子3#和接地之间的电阻,应<5Ω。
(4)在线束连接器端子1#与接地之间连接测试灯。
(5)用故障诊断仪指令相应的制动灯点亮和熄灭以进行测试。切换不同的指令状态时,测试灯应点亮和熄灭。
(6)检测结束,车辆、仪器恢复原状。

四、拓展学习

1. 雪佛兰科鲁兹车转向灯电路的绘制

1)器材准备

见表5-3-5所列。

2)操作步骤与要求

(1)查找和阅读转向灯电路图。

(2) 绘制一张转向灯电路简图。
(3) 在简图上标注出有关元件的名称和针脚号。

2. 雪佛兰科鲁兹车转向灯电路的检测

1) 器材准备

见表 5-3-6 所列。

2) 操作步骤与要求

(1) 阅读维修手册有关制动灯的内容,参考所绘制的电路简图。
(2) 点火开关置于 OFF 位置,断开相应转向灯的线束连接器,断开蓄电池负极。
(3) 万用表电阻挡测试相应线束连接器端子 2# 和接地之间的电阻,应 <5 Ω。
(4) 在相应线束连接器端子 1# 与接地之间连接测试灯。
(5) 用故障诊断仪指令相应的转向灯点亮和熄灭以进行测试。切换不同的指令状态时,测试灯应点亮和熄灭。
(6) 检测结束,车辆、仪器恢复原状。

五、练习与检测

1. 雪佛兰科鲁兹车危险警告灯电路的绘制

1) 器材准备

见表 5-3-5 所列。

2) 操作步骤与要求

(1) 查找和阅读危险警告灯电路图。
(2) 绘制一张危险警告灯电路简图。
(3) 在简图上标注出有关元件的名称和针脚号。

2. 雪佛兰科鲁兹车危险警告灯电路的检测

1) 器材准备

见表 5-3-6 所列。

2) 操作步骤与要求

(1) 阅读维修手册有关危险警告灯的内容,参考所绘制的电路简图。
(2) 按维修工艺要求进行检测。
(3) 检测结束,车辆、仪器恢复原状。